D1692035

ЗАПРЕЩЕННАЯ ИСТОРИЯ

ОТ ВАС ЭТО СКРЫВАЮТ!

Дмитрий Лысков

Запретная правда о «сталинских репрессиях»

«Дети Арбата» лгут!

Москва
«ЯУЗА-ПРЕСС»
2012

УДК 93/94
ББК 63.3(2)622
Л 88

Оформление серии *П. Волкова*

Л 88 Лысков Д.
Запретная правда о «сталинских репрессиях». «Дети Арбата» лгут! / Дмитрий Лысков. — М. : Яуза-пресс, 2012. — 288 с. — (Запрещенная история. От вас это скрывают!).

ISBN 978-5-9955-0361-3

«Страшный 1937 год», «ужасы ГУЛАГа», «сто миллионов погибших»... Этот демонизированный образ «проклятой сталинской эпохи» усиленно навязывается общественному сознанию вот уже более полувека. Эту ложь вбивают в головы со школьной скамьи. Этот черный миф отравляет умы и сердца. А любая попытка разобраться в проблеме репрессий объективно и беспристрастно встречается истерикой «либеральной» прессы, травлей неугодных, а в последнее время еще и требованием законодательно запретить «отрицание преступлений сталинского режима» под угрозой изгнания с госслужбы, а то и тюремного срока.

Вопреки всем запретам и «демократической» цензуре эта книга исследует одну из самых великих и трагических эпох нашей истории, опираясь не на эмоции, слухи и домыслы, а на документы и факты, которые неопровержимо доказывают, что реальные масштабы сталинских репрессий, как и цифры пострадавших, завышены антисоветской пропагандой в СТО РАЗ!

УДК 93/94
ББК 63.3(2)622

ISBN 978-5-9955-0361-3

© Лысков Д. Ю., 2012
© ООО «Яуза-пресс», 2012

ВВЕДЕНИЕ

Тема сталинских репрессий является одной из самых идеологизированных и одновременно наиболее табуированных в истории СССР. С середины 50-х годов XX века предпринимались попытки сформировать обобщенный демонизированный образ сталинского периода как времени, наполненного исключительными страданиями нашего народа. Попытки рассмотреть происходившее с других точек зрения (или просто рационально) встречали и встречают до сих пор серьезный отпор с привлечением авторитета науки.

Сформированный таким образом черный миф давно вышел за рамки истории, перейдя в область чистой идеологии. Сейчас все чаще раздаются призывы осудить сталинский период (и советский в целом) на государственном уровне, с введением, как следствие, юридической ответственности за отрицание образа репрессий. Такой шаг окончательно закапсулирует проблему в идеологическом поле, позволит вывести ее из сферы рационального обсуждения, сведя все попытки рассмотрения к деятельности маргинальных кругов.

Обсуждение темы репрессий кроме идеологических факторов, выводящих проблему «за грань добра и зла», осложнено еще и многоплановостью мифа, формируемого с разными целями в разные периоды времени. Н.С. Хрущев в 50-е годы использовал разоблачение культа личности как своеобразную «шоковую терапию» для удержания и легитимизации собственной власти. В 60—70-е она была использована против него самого, в 80—90-е годы XX века тема сталинских репрессий была раздута уже для свержения КПСС и уничтожения Советского Союза.

При этом важно понимать, что многие «факты», ныне воспринимаемые как безусловное доказательство преступлений или произвола сталинского режима, изначально вообще не планировались как элемент развенчания культа личности, а были созданы ситуативно, с целью персонального ухода от ответственности конкретных лиц. В рамках уже созданной антисталинской парадигмы казалось банально удобным списать на волюнтаризм ушедшего в мир иной «отца народов» многие мелкие и крупные прегрешения.

Так, при Хрущеве был введен в оборот широко разошедшийся по литературе, доживший до наших дней миф о «взорванной Линии Сталина» — якобы уничтоженном комплексе укреплений старой границы. Это очень хороший пример, позволяющий понять методику мифотворчества многих лет.

Созданный при участии Никиты Сергеевича послевоенный негативный миф о взорванных укреплениях отталкивался от куда более раннего, созданного в конце 30-х — начале 40-х годов позитивного мифа о несокрушимости укреплений старой границы. В первые месяцы Великой Отечественной войны население СССР было уверено, что враг будет остановлен на «Линии Сталина».

Н.С. Хрущев в 1938—1940 годах отвечал за обороноспособность укрепрайонов Киевского и Одесского военных округов. Новому Первому секретарю были совершенно не нужны острые вопросы о боеспособности возведенных под его контролем укреплений и о причинах, по которым немцы без труда преодолели их в 1941-м. Простейшим выходом из положения оказалось свалить объективную небоеспособность недостроенных УРов на самодурство Сталина, который якобы и приказал их взорвать.

Эта попытка самооправдания превратилась спустя десятилетия в стойкий элемент идеологического мифа, который встречается сегодня у многочисленных авторов как в художественной литературе, так и в публицистике. Увидеть его можно во всех вариациях: здесь и несокрушимые укрепления старой границы, и безумное (а скорее преступное) решение Сталина их уничтожить, и даже сталинский расчет на завоевание Европы.

Важным следствием этого примера является вывод о том, что миф далеко не всегда опирается на какое-либо реальное событие. Первоосновой мифа может служить заведомая фальсификация, вымысел, а часто — и более ранний миф. Возникающая в итоге идеологическая пирамида, нагромождение фальсификаций и выводов из них крайне устойчива, ей могут обманываться и серьезные исследователи, падкие же до сенсаций псевдоисторики с радостью выводят отсюда громкие утверждения, вроде того, что «Сталин готовил войну против Германии».

Мифы, созданные в советский период, преследовали самые разные цели, подчас создавались по велению момента, а затем отбрасывались за ненадобностью. Однако реальные факты на их фоне выглядят куда менее сенсационно и значительно реже появлялись в печати, оставаясь достоянием малотиражной специализированной литературы. В период распада СССР именно на противоречии официальных мифов, отбрасывая серьезные исследования, удалось выстроить уникальную по своей монолитности идеологическую картину тоталитарного прошлого, сформировавшую современный черный миф.

Не претендуя на глубину исторического исследования, как журналист я предприму попытку в первую очередь рассмотреть именно массив мифов, создающих сегодняшний образ сталинских репрессий, историю их возникновения и модернизации. Понятно, что факты, очищенные от идеологической шелухи, уже не будут блистать черными бриллиантами преступлений против человечности и вряд ли найдут одобрение у сторонников нюрнберга над коммунизмом.

Однако если мы хотим иметь представление о своей истории, грань идеологии пора переступить. Ни одно общество не может развиваться, имея противоречивые установки в отношении собственного прошлого.

Довлеющие сегодня над массовым сознанием «красный миф», «белый миф», «демократический» и «тоталитарный» мифы — в действительности лишь разбивают общество на части, не позволяя консолидироваться для движения вперед — в полном соответствии с концепцией «разделяй и властвуй».

Любой серьезный разговор, с неизбежностью опираясь на исторические примеры, становится попросту невозможен, если видение истории у его участников разное. Элементарная невозможность договориться — одно из прямых следствий внедрения в массовое сознание идеологических мифов о целых этапах истории страны.

* * *

Выделим основные составляющие современного представления о сталинских репрессиях и рассмотрим их с фактической стороны, а также и историю их формирования. Это, без сомнения, десятки (и даже сотни) миллионов репрессированных, ГУЛАГ, «Большой террор» 1937 года (также и сам 37-й год стал именем нарицательным), НКВД, неразрывно связанное с ним имя Лаврентия Берии. Депортация народов. Наконец, появившееся не так давно утверждение о рабском труде миллионов заключенных на стройках коммунизма, с чем и были связаны экономические успехи Советской России и СССР первых пятилеток.

Обособленной подтемой в рамках понятия репрессий стоят события Великой Отечественной войны, в том числе отношение к бывшим военнопленным, узникам концлагерей и лицам, оказавшимся на оккупированных территориях (в том числе вышедшим из окружения). Их, по распространенному мнению, ждал все тот же ГУЛАГ. Показательным является произведение В.Шаламова «Последний бой майора Пугачева». Снятый по его мотивам телефильм регулярно транслируется по федеральным телеканалам ко Дню Победы.

Наконец, репрессии в отношении коллаборационистов, а также выданных «на растерзание Сталину» англичанами казаков казачьих подразделений вермахта, бежавших в западную зону оккупации.

Обозначив общими штрихами тему, попытаемся рассмотреть ее подробнее.

Часть 1
ФАКТИЧЕСКИЙ МАТЕРИАЛ

Глава 1
СОТНИ МИЛЛИОНОВ РЕПРЕССИРОВАННЫХ

Вопрос о числе репрессированных по сей день остается краеугольным камнем в обсуждении темы сталинских репрессий. Верхнюю планку в оценке числа «жертв коммунизма» задал, пожалуй, А. Солженицын, заявив в 1976 году в интервью испанскому телевидению о 110 млн. жертв. Учитывая, что население России на 1906 год составляло, согласно «Брокгаузу и Ефрону», 149 млн. человек, СССР в 1926 году — 147 млн., а в 1939-м — 170,5 млн. (согласно БСЭ), эта цифра вызывает определенные сомнения.

Интересна история появления у Солженицына цифры в 110 миллионов жертв. Во втором томе «Архипелага ГУЛАГ» встречается другая цифра — 66 миллионов. Точная цитата выглядит так: «По подсчетам эмигрировавшего профессора статистики Курганова, это «сравнительно легкое» внутреннее подавление обошлось нам с начала Октябрьской революции и до 1959 года в... 66 (шестьдесят шесть) миллионов человек. Мы, конечно, не ручаемся за его цифру, но не имеем никакой другой официальной» [1].

Интересные подробности можно найти в примечаниях к французской книге «Солженицын» Жоржа Нива (Georges Nivat). В ней сказано: «Эта страшная цифра [66 млн. чел. из второго тома «Архипелага ГУЛАГ»] взята из трудов демографа И.А. Курганова, который, объясняя «дыры» в демографической статистике СССР, определил потери населения между 1917 и 1959 годами в 110 миллионов и больше половины их отнес за счет политических событий. Статья Курганова, послужившая источником для

Солженицына, была опубликована сначала по-русски в Нью-Йорке в 1964-м, а затем по-французски в журнале «Эст-Уэст» в мае 1977-го» [2].

Первоисточником информации о 110 миллионах жертв, которые нобелевский лауреат А.Солженицын озвучил в эфире испанского телевидения, является, таким образом, статья демографа И.Курганова, который вывел ее, «объясняя «дыры» в демографической статистике СССР». Нужно отметить, что, пользуясь тем же методом статистического анализа, уже после перестройки демократические историки насчитали не менее 400 (четырехсот) миллионов жертв коммунизма — исходя из данных о числе населения на 1913 год и прогнозов его линейного роста.

Лишь после того, как уже в середине XX века подобная методика «выведения русского народа» была поднята на смех в прессе («если бы каждая баба рожала каждые два года по одному ребенку...»), апологеты «демографического» подсчета потерь России ушли в тень. Демография не развивается линейно, на рождаемость оказывает влияние множество факторов, причем урбанизация, к примеру, влияет на темпы прироста населения даже сильнее, чем война.

Упорствующим исследователям обычно напоминают, что, применяя аналогичный метод экстраполяции, известный британский писатель Герберт Уэллс спрогнозировал в XIX веке закат цивилизации Земли. В связи с массовым использованием гужевого транспорта, утверждал он, крупные города к двадцатому столетию будут по крыши домов завалены конским навозом.

Однако в отдельных случаях этот «метод исследований» встречается до сих пор. Интернет-версия «Православной газеты» Екатеринбурга сообщает в 2005-м: «Если бы русский народ в начале XX века не отошел от веры в Бога, то население России сегодня составляло бы 640 миллионов человек», — заявил настоятель московского храма Всемилостивого Спаса протоиерей Александр Ильяшенко ... Священник сослался на исследования великого русского ученого Дмитрия Менделеева, который попытался спрогнозировать демографическую ситуацию в России, исходя из общих тенденций и уровня здравоохранения начала XX века» [3].

А современный украинский историк Станислав Кульчицкий, как сказано в «Википедии», «в своем исследовании, основывающемся на опубликованных результатах Всесоюзной переписи 1937 года, а также на других данных демографической статистики», высчитал число жертв «украинского Голодомора» в 3,2 миллиона человек.

* * *

Вернемся к оценкам числа жертв сталинских репрессий. Основная проблема публикаций 60—80-х годов прошлого века (и это хорошо видно по работам Солженицына) заключалась в том, что официальная советская историография, скованная идеологическими установками, не могла беспристрастно рассматривать этот вопрос.

Западные советологи и эмигрантская публика, не имея (впрочем, как и советские исследователи) доступа к архивным материалам, а также большинству доступных в СССР источников информации, свои суждения о масштабах репрессий вынуждены были фактически высасывать из пальца. В лучшем случае они довольствовались интервью с диссидентами, которые либо сами в прошлом прошли через заключение, либо приводили рассказы тех, кто прошел через ГУЛАГ.

Научная ценность такого рода информации была, естественно, ниже всякой критики из-за ангажированности респондентов и годилась преимущественно для антисоветской пропаганды на радио «Свобода». Характерно, что очень многие застрельщики ГУЛАГовской темы из политически активной эмиграции второй половины XX века так или иначе прошли именно через этот идеологический радиоканал или аналогичный ему «Голос Америки».

Несмотря на более осторожные со времен Солженицына оценки числа жертв сталинских репрессий, данные по сей день встречаются самые разнообразные.

Так, в работах британского исследователя темы ГУЛАГа Роберта Конквеста («Великий террор», 1969, «Жатва скорби», 1986), утверждается, что в советских трудовых лагерях содержалось 25—30 млн. заключенных, 1 млн. политзаключенных был умерщвлен между 1937—1939 гг., еще 2 млн. умерли от голода. Впрочем, Конквест пользуется неоднозначной репутацией, в последние годы в британской прессе появлялась информация, что его реальным местом работы был отдел дезинформации разведывательного ведомства Великобритании.

К современным исследователям темы можно отнести правозащитное общество «Мемориал», которое, согласно официальной декларации, «стремится сохранить память о жертвах политических репрессий и помочь людям восстановить историю их семей». Также указано, что «с 1998 года общество ведет работу по созданию единой базы данных по жертвам политического террора».

Глава правозащитного общества «Мемориал» Арсений Рогинский в интервью агентству «Интерфакс» от 29.10.07 говорит: «В масштабах всего Советского Союза жертвами политических репрессий считаются 12,5 миллиона человек». Здесь же историк добавляет: «В широком смысле репрессированными можно считать до 30 миллионов человек».

В мае 2008 года общество «Мемориал» при поддержке Уполномоченного по правам человека в РФ, партии «Яблоко» и Международного фонда им. Д.С.Лихачева презентовало результаты своей работы за 10 лет — компакт-диск «Жертвы политического террора в СССР»: поименный список репрессированных с указанием приговоров, дат ареста, сроков заключения. Источниками информации, как следует из аннотации, послужили «более 280 томов Книг памяти из разных регионов бывшего СССР». Всего в сборнике удалось собрать данные о 2 миллионах 600 тысячах репрессированных, причем, видимо по небрежности составителей, в списки репрессированных попали уголовники, диск содержит многочисленные повторы и другие неприятные недочеты.

Глава 2
ИСТОРИЧЕСКИЙ ВЗГЛЯД НА ПРОБЛЕМУ

В 1989 году Президент СССР М.С.Горбачев открыл для исторических исследований архивы ЦК КПСС. Значение этого события трудно недооценить, идущая в печати того времени демократическая истерия активно эксплуатировала тему сталинских репрессий (многим памятен перестроечный «Огонек», ни одного номера которого не выходило без очередного шокирующего разоблачения).

Как ни удивительно, основанные на архивных данных, многократно перепроверенные по разным источникам (подсчет заключенных, к примеру, велся как по приговорам и статистике НКВД, так и по пищевому и вещевому довольствию лагерей ГУЛАГа и тюрем, а также по данным железнодорожных «этапов») работы отечественных историков остались практически неизвестны внутри страны.

Ситуация с диссидентами, которые публиковались на Западе в 70—80-е годы, повторилась в 90-е в СССР в зеркальном отображении. Теперь многочисленных диссидентов с удовольствием печатали внутри страны, работы же профессиональных историков оказались востребованы преимущественно на Западе. Как итог: ведущие западные вузы на данный момент рекомендуют преподавать вопрос сталинских репрессий по работам В.Земскова, который у нас известен разве что специалистам.

Образ «тупых американцев», сформированный отечественными сатириками, конечно, льстит нашему самолюбию, но особо обольщаться на этот счет не стоит. Запад вовсе не склонен к самообману, отличается прагматизмом и прекрасно представляет цену реального знания. Хорошее представление о происходивших в то время научных и общественных дискуссиях, переоценке событий советского периода и, что немаловажно, внутренних, «для своих», оценках данных наших диссидентов дает статья в испанской газете «La Vanguardia» в 2001 году [4]:

«Я встретился с историком Виктором Земсковым в Институте всеобщей истории РАН. В 1989 году, выполняя директиву Политбюро во главе с Михаилом Горбачевым, РАН поручила Земскову прояснить вопрос о реальном числе жертв сталинских репрессий. До того времени эта тема находилась в руках тех, кого один из крупнейших западных специалистов по советской истории профессор Моше Левин называл «людьми с богатым воображением».

В своей статье «ГУЛАГ (историко-социологический аспект)» [5] В.Земсков приводит подробную, с разбивкой по годам, статистику численности заключенных ГУЛАГа с 1934 по 1953 год. То есть за весь период, который принято относить к сталинским репрессиям. Работы ученого доступны в сети Интернет, поэтому здесь остановимся лишь на ключевых моментах.

В 1934 году всего заключенных ГУЛАГа насчитывалось 510 тысяч 307 человек. Рост наблюдается уже в следующем году — 965 742 человек. К 1936 году число заключенных возрастает до 1 млн. 296 тыс. 494 человек, а в 1937-м («Большой террор») — снижается до показателя 1 196 369. Реальные показатели «Большого террора» мы видим далее, в 39-м году, когда число заключенных возрастает до 1 672 438 человек.

В годы Великой Отечественной войны число заключенных снижается с показателя 1 929 729 в 1941 году до числа 1 179 819 человек в 1944-м. Новый рост наблюдается с 1945 года, в 1948 году значения переваливают за два миллиона — 2 199 535.

Максимальное число заключенных ГУЛАГа за все время отмечено в 1950 году — 2 млн. 561 тыс. 351 человек.

Отдельно рассмотрено число заключенных в тюрьмах СССР, оно колеблется от 200 до 400 тысяч человек — от 350 538 на январь 1939 года до 230 614 человек на декабрь 1949 года.

Здесь следует обратить внимание читателя на два важных момента. Прежде всего для получения общей цифры прошедших через лагеря ГУЛАГа в период с 1934 по 1953 год неверным будет простое суммирование числа заключенных по годам. Так, человек, осужденный в 1934 году на 10 лет лишения свободы, в этом случае был бы вновь посчитан в 1935-м, 36-м и далее.

Более важным для понимания приведенных Земсковым статистических данных является то, что лагеря ГУЛАГа и тюрьмы не являлись исключительным местом заточения политзаключенных. При здравом размышлении мало кто сомневается, что в СССР сталинского периода существовала преступность. Приведенные выше цифры — это данные по общему числу заключенных в СССР периода с 1934 по 1953 год. Здесь учтены все осужденные — как по уголовным статьям, так и по политическим. К сожалению, в публикациях последних лет все чаще «забывают» значение термина репрессии, то есть преследование (за что-либо, например «уголовные репрессии»). Бывшее ранее в ходу понятие «политические репрессии Сталина» заменяют на просто «репрессии», что сильно сбивает с толку и мешает адекватной оценке явления.

«Термин «репрессии» можно толковать по-разному, — говорит в этой связи В.Земсков в уже цитированной статье газеты «La Vanguardia». — Я ограничиваюсь «политическими репрессиями», то есть теми гражданами, которым была инкриминирована статья 58 УК (контрреволюционная деятельность и другие тяжкие преступления против государства)».

В статистических данных историк в процентном соотношении к общему числу заключенных приводит пропорции осужденных за контрреволюционные преступления за каждый год. Этот показатель колеблется от 12 процентов в 1936 году до 26,9 в 1953-м. Процент осужденных по ст. 58 УК значительно возрастает — до 59% — в период 1945—1946 годов. Однако здесь нужно учитывать, что статья «контрреволюционные преступления» массово применялась в это время к коллаборационистам, перешедшим на службу Германии в годы Великой Отечественной войны.

Давая общую оценку числа жертв политических репрессий, В. Земсков говорит испанскому журналисту: «С 1921 по 1953 год таких (осужденных по ст. 58 УК. — *Авт.*) было около 4 миллионов человек. Из них около 800 тысяч были приговорены к расстрелу. Кроме того, мы предполагаем, что около 600 тысяч умерли в тюрьме, так что общее число жертв достигает 1,4 миллиона человек».

В статье «ГУЛАГ (историко-социологический аспект)» историк приводит более детальные данные: «... в действительности число осужденных по политическим мотивам (за «контрреволюционные преступления») в СССР за период с 1921 г. по 1953 г., т.е. за 33 года, составляло около 3,8 млн. человек».

«В феврале 1954 г., — значится далее в тексте, — на имя Н.С. Хрущева была подготовлена справка, подписанная Генеральным прокурором СССР Р.Руденко, министром внутренних дел СССР С.Кругловым и министром юстиции СССР К.Горшениным, в которой называлось число осужденных за контрреволюционные преступления за период с 1921 г. по 1 февраля 1954 г. Всего за этот период было осуждено Коллегией ОГПУ, «тройками» НКВД, Особым совещанием, Военной коллегией, судами и военными трибуналами 3 777 380 человек, в том числе к высшей мере наказания — 642 980, к содержанию в лагерях и тюрьмах на срок от 25 лет и ниже — 2 369 220, в ссылку и высылку — 765 180 человек».

* * *

Подведем краткие итоги предыдущих глав. В предперестроечный, перестроечный период и позже в современной России различными исследователями на основании различных (не всегда адекватных) методик подсчета назывались разные данные о числе жертв репрессий в СССР. Озвученный Солженицыным потолок в 110 миллионов планомерно снижался до 12,5 млн. человек общества «Мемориал» (с не совсем понятным уточнением про 30 млн. в «широком смысле»). Однако, по итогам 10 лет работы, «Мемориалу» удалось собрать данные о 2,6 миллиона жертв политического террора, что вплотную приближается к озвученной Земсковым почти 20 лет назад цифре 3,8 млн. человек, осужденных с 1921 по 1953 год по статье «Контрреволюционные преступления».

Глава 3
КОНТРРЕВОЛЮЦИОННЫЕ ПРЕСТУПЛЕНИЯ

Выше мы приводили определение сталинских репрессий историка В. Земскова: «Я ограничиваюсь «политическими репрессиями», то есть теми гражданами, которым была инкриминирована статья 58 УК (контрреволюционная деятельность и другие тяжкие преступления против государства)». Отдельные демократические исследователи трактуют это понятие шире, однако такой подход не представляется рациональным и вряд ли приблизит нас к пониманию проблемы.

Долгие годы сталинский период осуждали именно за политические репрессии, 58-я статья Уголовного кодекса стала в этой связи именем нарицательным. Уже к названию статьи «Контрреволюционные преступления» это относится в меньшей мере, его в последние годы элементарно мало кто знает. О содержании статьи, преступлениях, включенных в перечень контрреволюционных, о значении самого термина «контрреволюционный» бесполезно спрашивать основную массу населения.

Пласт мифов, укоренившихся здесь, чрезвычайно обширен и простирается от выхваченного из старых фильмов революционного матроса с наганом и неизменным «Контра!» на устах до «сажали за анекдоты». Излишне напоминать, что элементарное незнание фактического материала вовсе не мешает строить суждения об этой сложной проблеме.

Между тем 58-я статья УК РСФСР заслуживает отдельного пристального изучения. Это одна из важнейших составляющих черного мифа о сталинских репрессиях, и обойти ее молчанием, исследуя тему, просто невозможно.

В силу этого интересно привести текст статьи целиком. Автор лишь позволит себе снабдить его необходимыми комментариями в связи со спецификой юридического языка и тем, что за тяжеловесными оборотами могут остаться незамеченными важные составляющие документа. Текст статьи приводится по электронной версии сайта «Досье Калинина» [6] со ссылкой на «Уголовный кодекс РСФСР. С изменениями на 1 июля 1938 г.».

УГОЛОВНЫЙ КОДЕКС РСФСР
ОСОБЕННАЯ ЧАСТЬ

Глава первая
ПРЕСТУПЛЕНИЯ ГОСУДАРСТВЕННЫЕ

1. Контрреволюционные преступления

58-1. Контрреволюционным признается всякое действие, направленное к свержению, подрыву или ослаблению власти рабоче-крестьянских Советов и избранных ими, на основании Конституции Союза ССР и конституций союзных республик, рабоче-крестьянских правительств Союза ССР, союзных и автономных республик или к подрыву или ослаблению внешней безопасности Союза ССР и основных хозяйственных, политических и национальных завоеваний пролетарской революции.

В силу международной солидарности интересов всех трудящихся такие же действия признаются контрреволюционными и тогда, когда они направлены на всякое другое государство трудящихся, хотя бы и не входящее в Союз ССР.

Комментарий автора:
Часть 1 статьи 58 дает определение понятию «Контрреволюционное преступление». «Революционными» в ней названы «основные хозяйственные, политические и национальные завоевания пролетарской революции», то есть существующий строй, а также органы власти СССР. Соответственно «контрреволюционными» считаются преступления против существующего строя.

Современным аналогом является Раздел 10 УК РФ «Преступления против государственной власти» и входящие в него 29-я глава «Преступления против основ конституционного строя и безопасности государства», а также гл. 30 «Преступления против государственной власти, интересов государственной службы и службы в органах местного самоуправления». Нестандартной является лишь приписка про «другое государство трудящихся», впрочем, на тот момент таких в мире существовало только два — Монголия и Тува.

58-1а. Измена Родине, т.е. действия, совершенные гражданами Союза ССР в ущерб военной мощи Союза ССР, его государственной независимости или неприкосновенности его территории, как то: шпионаж, выдача военной или государственной тайны, переход на сторону врага, бегство или перелет за границу,

караются высшей мерой уголовного наказания — расстрелом с конфискацией всего имущества, а при смягчающих обстоятельствах — лишением свободы на срок 10 лет с конфискацией всего имущества.

Комментарий автора:
Обращает на себя внимание необычная по сегодняшним меркам часть статьи, касающаяся «бегства или перелета за границу». Нужно отметить, что речь идет не о выезде за границу (вопросы выезда регламентировались совсем другими документами), а именно о «бегстве или перелете», что приравнивается, по смыслу, к «переходу на сторону врага». Такая трактовка не должна удивлять, учитывая, что Советская Россия и позже СССР с 1917 года находились в условиях идеологического и военно-политического противостояния с ведущими капиталистическими странами мира, в дипломатической и экономической изоляции, постепенное преодоление которой началось лишь с середины 30-х годов XX века.

58-1б. Те же преступления, совершенные военнослужащими, караются высшей мерой уголовного наказания — расстрелом с конфискацией всего имущества.

58-1в. В случае побега или перелета за границу военнослужащего совершеннолетние члены его семьи, если они чем-либо способствовали готовящейся или совершенной измене, или хотя бы знали о ней, но не довели об этом до сведения властей, караются — лишением свободы на срок от 5 до 10 лет с конфискацией всего имущества.
Остальные совершеннолетние члены семьи изменника, совместно с ним проживавшие или находившиеся на его иждивении к моменту совершения преступления, подлежат лишению избирательных прав и ссылке в отдаленные районы Сибири на 5 лет.

Комментарий автора:
Здесь мы встречаем печально знаменитую «ответственность семей врагов народа». Важно, что применяется

оно лишь к семьям изменников-военнослужащих, бездействие которых при знании об измене или пособничество измене также трактуются как предательство.

Однако даже этот жестокий пункт часто становится средством манипуляции. Типичным примером является запись на сайте «Ассоциации жертв политических репрессий Иркутска» [7]:

Имя: Баженов Георгий Евсеевич.
Год рождения: 1889.
Место рождения: г. Нижнеудинск, ул. Подгорная, 12.
Адрес: г. Нижнеудинск, ул. Подгорная, 12.
Профессия: железнодорожник.
Место работы, должность: ст. Нижнеудинск ВСЖД — проводник паровоза.
Образование: м/г.
Национальность: русский.
Партийность: б/п.
Дата ареста: 19.11.37.
Характер преступления: кр. статья УК: 58-1в.
Кем осужден: Тр. УНК-ВД ИО 11.12.37 г.
Приговор: ВМН.
Дата смерти: 16.12.37.
Место и причина смерти: расстрелян.
Реабилитация: 13.06.59 г. ИОС.

Остается, к сожалению, только гадать, за что в действительности был осужден и расстрелян беспартийный малограмотный проводник паровоза. Сохранившаяся информация о нем гласит, что к нему применена «58-1в», которая, как видно из текста статьи, вообще не предполагала ВМН (высшей меры наказания).

Нужно также отметить, что, согласно исследованию В. Земскова «ГУЛАГ (историко-социологический аспект)», наказание в сталинских лагерях по «58-1в» отбывали 0,6 процента от осужденных по 58-й статье.

58-1г. Недонесение со стороны военнослужащего о готовящейся или совершенной измене влечет за собой лишение свободы на 10 лет.

Недонесение со стороны остальных граждан (не военнослужащих) преследуется согласно ст.58-12.

Комментарий автора:

Не менее знаменитый пункт «О недоносительстве». И вновь речь идет не о доносе о любом правонарушении, а именно о сокрытии информации об измене Родине. Разная ответственность для военнослужащих и гражданских лиц не является спецификой законодательства 30-х, применяется она поныне. Далее, чтобы проследить логику составителей статьи, перейдем сразу к 12-му пункту, касающемуся ответственности для граждан.

58-12. Недонесение о достоверно известном, готовящемся или совершенном контрреволюционном преступлении влечет за собой — лишение свободы на срок не ниже шести месяцев.

Комментарий автора:

С современной точки зрения пункт выглядит необоснованно жестоко. Конечно, предотвращение (или непредотвращение) антигосударственных преступлений — дело совести каждого гражданина. Такова точка зрения, общепринятая сегодня.

И снова обратим внимание, что речь в 58-12 идет не о «доносительстве» как таковом, а об ответственности за недонесение о «достоверно известном» контрреволюционном преступлении.

58-2. Вооруженное восстание или вторжение в контрреволюционных целях на советскую территорию вооруженных банд, захват власти в центре или на местах в тех же целях и, в частности, с целью насильственно оторгнуть от Союза ССР и отдельной союзной республики какую-либо часть ее территории или расторгнуть заключенные Союзом ССР с иностранными государствами договоры влекут за собой — высшую меру социальной защиты — расстрел или объявление врагом трудящихся с конфискацией имущества и с лишением гражданства союзной республики и, тем самым, гражданства Союза ССР и изгнание из пределов Союза ССР навсегда, с допущением при смягчающих обстоятельствах понижения до лишения свободы на срок не ниже трех лет, с конфискацией всего или части имущества.

58-3. Сношения в контрреволюционных целях с иностранным государством или отдельными его представителями, а равно способствование каким бы то ни было способом иностранному государству, находящемуся с Союзом ССР в состоянии войны или ведущему с ним борьбу путем интервенции или блокады, влекут за собой — меры социальной защиты, указанные в ст.58-2 настоящего кодекса.

Комментарий автора:
По сути, речь идет об ответственности за контакты с иностранными государствами или их представителями с целью свержения существующего строя. Карается современными УК различных стран.

58-4. Оказание каким бы то ни было способом помощи той части международной буржуазии, которая, не признавая равноправия коммунистической системы, приходящей на смену капиталистической системе, стремится к ее свержению, а равно находящимся под влиянием или непосредственно организованным этой буржуазией общественным группам и организациям в осуществлении враждебной против Союза ССР деятельности, влечет за собой — лишение свободы на срок не ниже трех лет с конфискацией всего или части имущества, с повышением, при особо отягчающих обстоятельствах, вплоть до высшей меры социальной защиты — расстрела или объявления врагом трудящихся, с лишением гражданства союзной республики и, тем самым, гражданства Союза ССР и изгнанием из пределов Союза ССР навсегда, с конфискацией имущества.

Комментарий автора:

Если отбросить диковатый на современный взгляд слог, речь идет о прямом пособничестве силам, стремящимся к свержению государственного строя СССР.

58-5. Склонение иностранного государства или каких-либо в нем общественных групп, путем сношения с их представителями, использования фальшивых документов или иными средствами, к объявлению войны, вооруженному вмешательству в дела Союза ССР или иным неприязненным действиям, в частности: к блокаде, к захвату государственного имущества Союза ССР или союзных республик, разрыву дипломатических сношений, разрыву заключенных с Союзом ССР договоров и т.п., влечет за собой — меры социальной защиты, указанные в ст.58-2 настоящего кодекса.

Комментарий автора:

В Уголовном кодексе РФ в редакции 1996 года входит в главу 34 «Преступления против мира и безопасности человечества». Статья 353 гласит: «Планирование, подготовка, развязывание или ведение агрессивной войны — наказываются лишением свободы на срок от семи до пятнадцати лет».

58-6. Шпионаж, т.е. передача, похищение или собирание с целью передачи сведений, являющихся по своему содержанию специально охраняемой государственной тайной, иностранным государствам, контрреволюционным организациям или частным лицам, влечет за собой — лишение свободы на срок не ниже трех лет, с конфискацией всего или части имущества, а в тех случаях, когда шпионаж вызвал или мог вызвать особо тяжелые последствия для интересов Союза ССР, — высшую меру социальной защиты — расстрел или объявление врагом трудящихся с лишением гражданства союзных республик и, тем самым, гражданства Союза ССР и изгнанием из пределов Союза ССР навсегда, с конфискацией имущества.

Передача, похищение или собирание с целью передачи

экономических сведений, не составляющих по своему содержанию специально охраняемой государственной тайны, но не подлежащих оглашению по прямому запрещению закона или распоряжению руководителей ведомств, учреждений и предприятий, за вознаграждение или безвозмездно организациям и лицам, указанным выше, влекут за собой — лишение свободы на срок до трех лет.

Примечание 1. Специально охраняемой государственной тайной считаются сведения, перечисленные в особом перечне, утверждаемом Советом народных комиссаров Союза ССР по согласованию с Советами народных комиссаров союзных республик и опубликовываемом во всеобщее сведение.

Примечание 2. В отношении шпионажа лиц, упомянутых в ст.193-1 настоящего кодекса, сохраняет силу ст.193-24 того же кодекса.

58-7. Подрыв государственной промышленности, транспорта, торговли, денежного обращения или кредитной системы, а равно кооперации, совершенный в контрреволюционных целях путем соответствующего использования государственных учреждений и предприятий, или противодействие их нормальной деятельности, а равно использование государственных учреждений и предприятий или противодействие их деятельности, совершаемое в интересах бывших собственников или заинтересованных капиталистических организаций, влекут за собой — меры социальной защиты, указанные в ст. 58-2 настоящего кодекса.

58-8. Совершение террористических актов, направленных против представителей Советской власти или деятелей революционных рабочих и крестьянских организаций, и участие в выполнении таких актов, хотя бы и лицами, не принадлежащими к контрреволюционной организации, влекут за собой — меры социальной защиты, указанные в ст. 58-2 настоящего кодекса.

58-9. Разрушение или повреждение с контрреволюционной целью взрывом, поджогом или другими способами железнодорожных или иных путей и средств сообщения, средств народной связи, водопровода, общественных складов и иных сооружений или государственного и общественного имущества, влечет за собой — меры социальной защиты, указанные в ст. 58-2 настоящего кодекса.

58-10. Пропаганда или агитация, содержащие призыв к свержению, подрыву или ослаблению Советской власти или к совершению отдельных контрреволюционных преступлений (ст.ст. 58-2 — 58-9 настоящего Кодекса), а равно распространение, или изготовление, или хранение литературы того же содержания влекут за собой — лишение свободы на срок не ниже шести месяцев.

Те же действия при массовых волнениях или с использованием религиозных или национальных предрассудков масс, или в военной обстановке, или в местностях, объявленных на военном положении, влекут за собой — меры социальной защиты, указанные в ст. 58-2 настоящего кодекса.

Комментарий автора:

Знаменитая статья об антисоветской агитации. Характерно, что наказание установлено «на срок не ниже 6 месяцев». Одновременно антисоветская агитация с использованием религиозных предрассудков приравнивается к вооруженному восстанию (58-2) и карается расстрелом. В последние годы существования СССР мы своими глазами видели, к каким последствиям приводила агитация с использованием религиозных предрассудков — в ряде бывших республик СССР, а также на Северном Кавказе.

58-11. Всякого рода организационная деятельность, направленная к подготовке или совершению предусмотренных в настоящей главе преступлений, а равно участие в организации образованной для подготовки или совершения одного из преступлений, предусмотренных настоящей главой, влекут за собой — меры социальной защиты, указанные в соответствующих статьях настоящей главы.

Комментарий автора:
11-й пункт 58-й статьи вводит ответственность не только за совершение контрреволюционных преступлений, но и за подготовку к их совершению. На данный момент, как известно, наказываются уже и призывы к свержению конституционного строя.

58-12. — (см. выше, «недонесение». — *Авт.*).

58-13. Активные действия или активная борьба против рабочего класса и революционного движения, проявленные на ответственной или секретной (агентура) должности при царском строе или у контрреволюционных правительств в период гражданской войны, влекут за собой — меры социальной защиты, указанные в ст. 58-2 настоящего кодекса.

Комментарий автора::
Наиболее спорный пункт 58-й статьи, задним числом устанавливающий ответственность за преступления прошлых лет, в том числе и военные — совершенные во время Гражданской войны. Однако он имеет исторические аналоги. Активно сотрудничавших с фашистами в годы Великой Отечественной войны советских граждан выявляли и судили вплоть до начала 90-х (судя по парадам легионеров СС, в некоторых бывших советских республиках осудили далеко не всех). Спецслужбы Израиля продолжают работу по розыску нацистских преступников по сей день, подчас не заботясь о соблюдении юридических или процессуальных норм.

58-14. Контрреволюционный саботаж, т.е. сознательное неисполнение кем-либо определенных обязанностей или умышленно небрежное их исполнение со специальной целью ослабления власти правительства и деятельности государственного аппарата, влечет за собой — лишение свободы на срок не ниже одного года, с конфискацией всего или части имущества, с повышением, про особо отягчающих обстоятельствах, вплоть до высшей меры социальной защиты — расстрела, с конфискацией имущества.

Комментарий автора:
Пункт, очевидно нацеленный на борьбу с коррупцией. Вести умышленный саботаж, не исполняя свои обязанности с целью «ослабления власти правительства и деятельности государственного аппарата» может лишь человек, занимающий пост в самом аппарате.

* * *

Подведем итоги 3-й главы. 58-я статья УК РФ включает в себя преступления против существовавшего государственного строя — под названием «Контрреволюционные преступления». Любое государство имеет право (и даже обязанность) на защиту собственного строя, меры, предпринимаемые Советским государством, не выглядят в этом смысле исключением. Причем многие из них находят свои аналоги в современности.

Излишне жесткими, с современной точки зрения, выглядят наказания по многим пунктам. Пункт 58-1в устанавливает коллективную ответственность («ответственность родственников»), а пункт 58-13 вводит ответственность задним числом.

Одновременно видим, что положения 58-й статьи практически не затрагивают жизнь простого человека, являясь перечнем особо тяжких преступлений. В этой связи не лишены оснований сомнения в том, что все осужденные по 58-й статье были несправедливо репрессированы и являлись политическими заключенными. Вряд ли найдутся люди, склонные утверждать, что в СССР 30-х годов (Гражданская война, напомним, закончилась в 22-м, а отдельные эксцессы продолжались вплоть до начала 30-х) не было шпионажа, терроризма, а все население безоговорочно приняло новую Советскую власть и не помышляло об измене новому рабоче-крестьянскому отечеству.

С другой стороны, необходимо отметить, что многочисленные экономические, хозяйственные и коррупционные преступления того периода часто трактовались как контрреволюционные. Соответственно, к осуждённым по ним применялась 58-я статья УК (часто в дополнение к уголовной).

Наконец, не следует огульно отвергать утверждения об очень вольной трактовке понятия контрреволюционных преступлений судебными и внесудебными органами того периода: «Был бы человек, а статья найдётся». Такой подход, к сожалению, известен нам и сегодня, что же говорить о молодом Советском государстве первой половины XX века.

Тем не менее не остаётся сомнений, что сформированный в массовом сознании образ «карательной 58-й статьи» очень далёк от реального положения вещей.

Глава 4
МНОГО ИЛИ МАЛО? МАТЕРИАЛ ДЛЯ СРАВНЕНИЯ

Понимание масштабов сталинских репрессий невозможно без сравнений. К этому вынуждает сама структура мифа, представляющая события в СССР 30—50-х годов в виде уникального зла, не имеющего аналогов в развитых странах.

Вопрос об уникальности явления становится, таким образом, одним из важнейших. При этом нужно понимать, что научная ценность таких сравнений стремится к нулю, область их применения — чистая идеология. Для получения результата, претендующего на научность, имеет смысл сравнивать сопоставимые сущности. В случае с репрессиями 30 — 50-х годов таким объектом мог бы стать лишь «другой СССР», прошедший тот же путь, но иными методами.

Впрочем, в нашем случае мы имеем дело с идеологической конструкцией, помимо нашей воли сформировавшей противопоставление и указавшей объекты для сравнения. Поэтому, с необходимыми оговорками, рассмотрим обоснованность утверждения об уникальности репрессивной политики Сталина на примере развитых стран.

Размах террора в отношении собственных граждан не может не отразиться на статистике, явление, не имеющее аналогов в новейшее время, должно дать всплеск числа заключенных, показательный на фоне других стран. В абсолютных цифрах подобные соотношения возможны лишь для стран с одинаковым числом населения (в идеале, конечно, следует учитывать множество факторов, от социального и национального состава населения до внутри- и внешнеполитических факторов). Соответственно, наиболее адекватным для нашего небольшого эксперимента является показатель относительного количества заключенных на 100 тысяч населения (ОКЗ).

Из работ В. Земскова мы знаем данные об общем числе заключенных ГУЛАГа по годам — с 1934-го по 1953-й. Из данных статистики следует исключить годы Великой Отечественной войны, так как репрессивная политика этого периода строилась по законам военного времени и не является типичной.

Наиболее показательными для нас будут 1934 год (510 307 заключенных, начало репрессий) и предвоенный пик 1939 года (1 672 438 заключенных, период «Большого террора»). Также для примера возьмем и пиковый 1950 год, в который был достигнут абсолютный максимум ГУЛАГа — 2 561 361 заключенных. Не забывая при этом, что существенный рост числа заключенных в послевоенный период был связан с войной и послевоенной разрухой (на естественный рост преступности наложилось и массовое поступление в лагеря коллаборационистов, сотрудничавших с фашистами в годы ВОВ).

Согласно БСЭ, население СССР составляло 194,1 млн. на 1 января 1940 года; 178,5 млн. на 1 января 1950-го. Данные переписи населения 1937 года недостоверны, нет и полных данных о численности населения более раннего периода — вплоть до 1913 года, когда население царской России составляло 159,2 млн. человек. Опираясь на существующие данные, можно с высокой точностью вычислить относительное количество заключенных на 100 тысяч населения для СССР 39-го и 51-го годов и с определенной погрешностью — для 1934-го:

1934 — 263 заключенных на 100 тысяч населения (используя данные 1940 года);
1939 — 862;
1950 — 1 416.

Российская правозащитная организация «Центр содействия реформе уголовного правосудия» приводит [8] такие данные по ОКЗ для современных (данные 2004 года) стран мира:

«США — 700, Белоруссия — 555, Казахстан — 520;
Украина — 415, ЮАР — 400, Латвия — 350, Эстония — 330, Куба — 300,
Литва — 260, Иран — 230, Азербайджан — 220, Польша — 210, Чили — 205».

Из приведенного сравнения видно, что пиковый 1939 год «Большого террора» лишь незначительно опережает по показателям ОКЗ современные США. На 1950 год Советский Союз вдвое опережает современные Соединенные Штаты, но ведь эта страна не пережила в минувшие 5 лет чудовищной войны на своей территории.

Данные достаточно показательны. Кстати, для США 1940 года показатель ОКЗ действительно был в разы ниже советского и составлял всего 222, на уровне современного Ирана или Польши. Однако при взгляде на динамику числа заключенных [9] в США с 1910 года по 2000 год (см. график) можно, при желании, сделать вывод о том, что современные американские власти проводят репрессии, как минимум, сравнимые со сталинскими.

Глава 5
ДРУГИЕ РЕПРЕССИВНЫЕ ЗАКОНЫ: «ТРИ КОЛОСКА»

Примером закона, который принято относить к репрессивным, является известный закон «о трех колосках». В литературе также встречаются его упоминания как закона «о пяти колосках» или закона 7/8 — по дате принятия. Формально закон от 7 августа 1932 года не попадает в период сталинских репрессий 1934—1953 годов, однако из-за многократного расширения самого понятия репрессий во времена перестройки «три колоска» прочно вошли в общественное сознание наравне с 58-й статьей УК и 37-м годом.

Буква закона и причины его появления мало кому известны. Как и в случае с 58-й статьей, этот вопрос крайне мифологизирован. Общим местом в упоминаниях закона «о трех колосках» являются утверждения о его преимущественной «аграрной» направленности. Интернет-издание «Полит. Ру» пишет [10]:

«Так, в преддверии наступающего голода, 7 августа 1932 года принимается печально знаменитый закон «о трех колосках», который затем получает все более и более расширительное толкование. Он становится стандартной мерой наказания для сельских жителей. Нарушения, которые еще два-три года назад могли повлечь за собой штраф, теперь караются расстрелом или 10 годами тюремного заключения».

Цитируемый фрагмент претендует на комплексный подход, он обозначает причину появления закона — «в преддверии голода». Действительно, это крайне интересная тема, к ней мы еще вернемся. Пока отметим лишь свойственное черному мифу объяснение, которое ничего не объясняет: почему в преддверии голода? Единственным разумным выводом из этого построения будет «власть хотела уморить как можно больше людей». Что сутью мифа и является.

Газета «Известия» дает более широкую трактовку закона [11]:

«Закон обрушился и на колхозников, и на завмагов, и на подпольных советских миллионеров. Были и такие — один из них купил особняк за 100 тысяч рублей, другой, директор московского гастронома № 1, коммунист и член Моссовета, обзавелся особняком в Малаховке. (Сейчас трудно понять, как такие траты и шумные кутежи в ресторанах совмещались со всеобщим, предписанным свыше аскетизмом: привлекать к себе внимание было смертельно опасно.)

...А нищих крестьян не защищал никто, и к ним закон об охране социалистической собственности применялся на всю катушку. Они шли в лагеря не за многотысячные махинации и хищения, а за три сорванных на колхозном поле колоска».

Здесь для нас интересна, в первую очередь, структура сложившегося на сегодняшний день мифа. В заметке «Известий» она в значительной мере изложена: закон коснулся всех, но именно нищие беззащитные крестьяне вызывают наибольшее сочувствие. Действительно, непросто вызвать жалость к подпольному миллионеру или завмагу с особняком в Малаховке.

Харьковская газета «Время» рассказывает [12] историю семейной трагедии:

«Соседку моей бабушки увели из дому вооруженные люди пасмурным августовским днем. В доказательство «хищения народного имущества» соседям была предъявлена изъятая кастрюля с пшеничной кашей. Плакали дети. Крестились: «Да минует нас эта беда» — соседи.

Постановление ЦИК и СНК СССР, провозгласившее преступлением хищение государственной и общественной собственности (включая собственность колхозов) в деревне на Полтавщине объявили буквально накануне. А Екатерина Буряк стала одной из первых его жертв.

По этому закону от 7 августа 1932 года... за хищение полагалась смертная казнь».

Работа харьковских журналистов эксплуатирует тему бедных крестьян, хотя акценты в ней расставлены достаточно странно. Ответственность за случившееся возлагается на Постановление ЦИК и СНК СССР, провозгласившее преступлением хищение государственной и общественной собственности. Попробуйте похитить государственную собственность в любой цивилизованной стране и объяснить суду, что ответственность за это существовала только в сталинском СССР.

На основании анализа множества современных публикаций по вопросу о применении закона от 7 августа 1932 года можно констатировать общую тенденцию к забвению причин применения репрессивных мер. Во всех без исключения случаях без рассмотрения остается факт хищения или его отсутствие. К несправедливым относится само постановление, что представляется явно иррациональным. С точки зрения сегодняшнего дня можно осуждать его излишнюю жестокость, но не факт уголовного преследования за хищение.

Здесь важным элементом мифа является противопоставление ничтожности содеянного (срезание трех колосков для голодных детей) и жестокости кары — расстрел. Несовместимость тяжести содеянного с масштабами наказания, общая антигуманность такой практики исключают возможность рационального рассмотрения. Как бесчеловечная, несовместимая с нормами морали отметается сама практика применения закона, безотносительно к совершенному деянию.

Интересной особенностью этого мифа следует считать его практически полную оторванность от реальных фактов. В постановлении ЦИК и СНК СССР от 7 августа 1932 г. «Об охране имущества государственных предприятий, колхозов и кооперативов и укреплении общественной (социалистической) собственности» отсутствуют «колоски», само постановление трудно определить как «аграрное». Взглянем на этот документ [13]:

«За последнее время участились жалобы рабочих и колхозников на хищение (воровство) грузов на железнодорожном и водном транспорте и хищения (воровство) кооперативного и колхозного имущества со стороны хулиганствующих и вообще противообщественных элементов. Равным образом участились жалобы на насилия и угрозы кулацких элементов в отношении колхозников, не желающих выйти из колхозов и честно и самоотверженно работающих на укрепление последних.

ЦИК и СНК Союза ССР считают, что общественная собственность (государственная, колхозная, кооперативная) является основой советского строя, она священна и неприкосновенна, и люди, покушающиеся на общественную собственность, должны быть рассматриваемы как враги народа, ввиду чего решительная борьба с расхитителями общественного имущества является первейшей обязанностью органов Советской власти.

Исходя из этих соображений и идя навстречу требованиям рабочих и колхозников, ЦИК и СНК Союза ССР постановляют:

I

1. Приравнять по своему значению грузы на железнодорожном и водном транспорте к имуществу государственному и всемерно усилить охрану этих грузов.

2. Применять в качестве меры судебной репрессии за хищения грузов на железнодорожном и водном транспорте высшую меру социальной защиты — расстрел с конфискацией всего имущества и с заменой при смягчающих обстоятельствах лишением свободы на срок не ниже 10 лет с конфискацией имущества.

3. Не применять амнистии к преступникам, осужденным по делам о хищении грузов на транспорте.

II

1. Приравнять по своему значению имущество колхозов и кооперативов (урожай на полях, общественные запасы, скот, кооперативные склады и магазины и т.п.) к имуществу государственному и всемерно усилить охрану этого имущества от расхищения.

2. Применять в качестве меры судебной репрессии за хищение (воровство) колхозного и кооперативного имущества высшую меру социальной защиты — расстрел с конфискацией всего имущества и с заменой при смягчающих обстоятельствах лишением свободы на срок не ниже 10 лет с конфискацией всего имущества.

3. Не применять амнистии к преступникам, осужденным по делам о хищении колхозного и кооперативного имущества.

III

1. Повести решительную борьбу с теми противообщественными кулацко-капиталистическими элементами, которые применяют насилия и угрозы или проповедуют

применение насилия и угроз к колхозникам с целью заставить последних выйти из колхоза, с целью насильственного разрушения колхоза. Приравнять эти преступления к государственным преступлениям.

2. Применять в качестве меры судебной репрессии по делам об охране колхозов и колхозников от насилий и угроз со стороны кулацких и других противообщественных элементов лишение свободы от 5 до 10 лет с заключением в концентрационный лагерь.

3. Не применять амнистии к преступникам, осужденным по этим делам».

Вопреки расхожему представлению колхозная собственность не является в законе основной, наряду с ней значительное внимание уделено хищениям на водном и железнодорожном транспорте, что составляло в те годы существенную проблему. Образ советского подпольного миллионера Корейко назидательно прописан в произведениях Ильфа и Петрова, напомним, что своим богатством он был обязан «исчезновению» нескольких эшелонов. В эпохальном фильме «Место встречи изменить нельзя» Володя Шарапов, представляясь бандитам, говорит о своем «отце», известном воре: «Вагонами воровал». Речь в фильме идет как раз о начале 30-х.

Как и во всех других случаях, невозможно отрицать вольных трактовок закона на местах, в результате которых люди могли страдать за незначительные правонарушения. Неверным, однако, будет утверждать, что это носило системный характер, а закон был направлен в первую очередь против крестьян.

В бюллетене «Население и общество» за декабрь 2007 года [14] российский демограф, руководитель Центра демографии и экологии человека РАН Анатолий Вишневский приводит данные о применении закона «О социалистической собственности...». Только в РСФСР по нему было осуждено в 1932—1939 годах 183 тысячи человек, в том числе только в 1933—103,4 тысячи, значится в статье.

Из самых общих соображений следует, что число осужденных за 7 лет относительно невелико для преимущественно аграрной страны с населением более 100 миллионов человек. Из данных А.Вишневского следует, что если в 1933 году по статье о «колосках» было осуждено 103 тысячи человек, в последующие годы преследованию по ней подвергалось в среднем 11 тысяч человек в год.

В современной России, согласно справке МВД «Состояние преступности в Российской Федерации за январь — ноябрь 2005 года» [15], за 11 месяцев зарегистрировано 619 тысяч случаев хищений, в том числе 3537 на железнодорожном, воздушном и водном транспорте. При том что закон «о колосках» у нас не действует.

* * *

Значительный интерес представляет анализ причин, толкнувших советские власти к принятию закона от 7 августа 1932 года. Его репрессивная составляющая действительно выходит за рамки представлений о достаточном наказании. Из переписки И.В. Сталина с членами Политбюро летом 1932 года следует, что тому есть причины. Крайне интересны задачи, возлагаемые на новый закон, а также методы, взятые И.В. Сталиным из опыта построения капитализма в Великобритании и примененные в СССР.

В июле 1932 года И.В. Сталин пишет [16]:

«Кагановичу, Молотову.

За последнее время участились, во-первых, хищения грузов на желдортранспорте (расхищают на десятки мил. руб.), во-вторых, хищения кооперативного и колхозного имущества. Хищения организуются глав[ным] образом кулаками (раскулаченными) и другими антиобщественными элементами, старающимися расшатать наш новый строй. По закону эти господа рассматриваются как обычные воры, получают два-три года тюрьмы (формально!), а на деле через 6—8 месяцев амнистируются. Подобный режим в отношении этих господ, который нельзя назвать социалистическим, только поощряет их по сути дела настоящую контрреволюционную «работу». Терпеть дальше такое положение немыслимо. Предлагаю издать закон (в изъятие или отмену существующих законов), который бы:

а) приравнивал по своему значению железнодорожные грузы, колхозное имущество и кооперативное имущество — к имуществу государственному;

б) карал за расхищение (воровство) имущества указанных категорий минимум десятью годами заключения, а как правило — смертной казнью;

в) отменил применение амнистии к преступникам таких «профессий».

Без этих (и подобных им) драконовских социалистических мер невозможно установить новую общественную дисциплину, а без такой дисциплины — невозможно отстоять и укрепить наш новый строй».

Во втором письме по этому вопросу И.В. Сталин дает дополнительные обоснования необходимости нового закона [17]:

Тт. Кагановичу, Молотову.

1. Если будут возражения против моего предложения об издании закона против расхищения кооперативного и колхозного имущества и грузов на транспорте, — дайте следующее разъяснение. Капитализм не мог бы разбить феодализм, он не развился бы и не окреп, если бы не объявил принцип частной собственности основой капит[алистического] общества, если бы он не сделал частную собственность священной собственностью, нарушение интересов которой строжайше карается и для защиты которой он создал свое собственное государство. Социализм не сможет добить и похоронить капиталистические элементы и индивидуально-рваческие привычки, навыки, традиции (служащие основой воровства), расшатывающие основы нового общества, если он не объявит общественную собственность (кооперативную, колхозную, государственную) священной и неприкосновенной. Он не может укрепить и развить новый строй и социалистическое строительство, если не будет охранять имущество колхозов, кооперации, государства всеми силами, если он не отобьет охоту у ан-

тиобщественных, кулацко-капиталистических элементов расхищать общественную собственность. Для этого и нужен новый закон. Такого закона у нас нет. Этот пробел надо заполнить. Его, т. е. новый закон, можно было бы назвать, примерно, так: «Об охране имущества общественных организаций (колхозы, кооперация и т. п.) и укреплении принципа общественной (социалистической) собственности».

И.В. Сталин прямо апеллирует к опыту построения капитализма в Великобритании, где для насаждения священного права частной собственности пошли на меры, куда более радикальные, нежели советские. Так, до XIX века в Англии вешали детей, укравших булку хлеба у торговца. В вышедшем недавно на экраны фильме «Суини Тодд» / Sweeney Todd (2007) показан как раз такой судебный процесс в викторианской Англии, где к повешению за кражу приговаривают 6-летнего мальчика.

История строительства капиталистических отношений также не отличалась гуманизмом. Насаждение нового типа хозяйства, ломка феодальных отношений, о которых пишет И.В. Сталин, вылились в масштабные репрессии против крестьянства (огораживание, лишение земли), создав совершенно дикий, не совместимый с современными взглядами рынок труда, где родители сдавали внаем на фабрики собственных детей. Частной собственностью, средством заработка стали не только предметы, но и люди и собственные дети. Во многом именно из этих отношений вытекает возрождение в западном обществе античного рабства, которое практиковалось в Америке вплоть до Гражданской войны Севера и Юга (1861—1865), то есть до второй половины XIX века. Заметим, что отмену рабства в США отделяет от Октябрьской революции всего 52 года.

Предвидя возражения, что рассматриваемый период в СССР отделяют от британского и американского целый век, предлагаю сравнить практику применения смертной казни к детям в XIX веке с репрессивной политикой любой из восточных деспотий Средневековья. В цивилизациях Востока и в X веке за кражу «только» рубили руку.

Советский Союз, столкнувшись с близкой по смыслу проблемой утверждения социалистической собственности «священной и неприкосновенной», также пошел на карательные меры. По сути, мы видим близкий аналог опыту капиталистических реформ, совпадает даже аргументация. Однако репрессивная составляющая в СССР относительно более гуманна.

Глава 6
ЗАКОН О ПРОГУЛАХ

Если закон «о трех колосках» принято однозначно относить к репрессивным, так называемый закон «о прогулах» упоминается в этой связи гораздо реже. Однако относить его к категории репрессивных есть куда большие основания. Указ Президиума Верховного Совета СССР от 26 июня 1940 г. «О переходе на восьмичасовой рабочий день...» запретил увольнения по собственному желанию, самостоятельный, без санкции руководства, переход с одного предприятия на другое, а также ввел судебную ответственность за прогулы.

Оснований для появления столь жесткого закона было несколько. В условиях нарастающей военной угрозы промышленность СССР переходила на мобилизационный режим работы. С 1939-го по июнь 1941 года доля военных расходов в советском бюджете увеличилась с 26 до 43 процентов. Рост выпуска военной продукции втрое опережал общий рост промышленного производства. Тем не менее, по оценке военных, для полного переоснащения армии новыми танками требовалось два года, самолетами — 1,5 года.

Неизбежность войны была очевидна, Советский Союз вел форсированную подготовку, создавались стратегические запасы продовольствия, жизненно необходимого сырья. Г.К. Жуков в «Воспоминаниях и размышлениях» [18] отмечает: «С 1940-го по июнь 1941 года общая стоимость государственных материальных резервов увеличилась с 4 миллиардов до 7,6 миллиарда рублей.

Сюда входили резервы производственных мощностей, топлива, сырья, энергетики, черных и цветных металлов, продовольствия. Эти запасы, заложенные накануне войны, хотя и были довольно скромными, помогли народному хозяйству, несмотря на тяжелый 1941 год, быстро взять темп и размах, необходимые для успешного ведения войны».

Практически двукратное увеличение стратегических запасов в течение одного года не могло не сказаться на экономике. В ряде регионов страны с прилавков магазинов исчезло продовольствие, за элементарными товарами выстраивались огромные очереди, пропало мыло, и медицинские службы констатировали начало эпидемий педикулеза.

Столь резкая мобилизация экономики именно в 1940 году объясняется масштабами задач, которые ставились перед страной в первые две пятилетки. И.В. Сталин, подводя итоги первой пятилетки, отмечал [19]:

«Осуществляя пятилетку и организуя победу в области промышленного строительства, партия проводила политику наиболее ускоренных темпов развития промышленности. Партия как бы подхлестывала страну, ускоряя ее бег вперед. [...] Нельзя не подгонять страну, которая отстала на сто лет и которой угрожает из-за ее отсталости смертельная опасность. [...]

Вот на какой основе выросли у нас в период первой пятилетки быстрый подъем нового строительства, пафос развернутого строительства, герои и ударники новостроек, практика бурных темпов развития.

Можно ли сказать, что во второй пятилетке придется проводить такую же точно политику наиболее ускоренных темпов?

Нет, нельзя этого сказать.

Во-первых, в результате успешного проведения пятилетки мы уже выполнили в основном ее главную задачу — подведение базы новой современной техники под промышленность, транспорт, сельское хозяйство. Стоит ли после этого подхлестывать и подгонять страну? Ясно, что нет в этом теперь необходимости.

[...] в результате успешного выполнения пятилетки

нам удалось построить десятки и сотни новых больших заводов и комбинатов, имеющих новую сложную технику. Это значит, что в объеме промышленной продукции во второй пятилетке основную роль будут играть уже не старые заводы, техника которых уже освоена, как это имело место в период первой пятилетки, а новые заводы, техника которых еще не освоена и которую надо освоить. Но освоение новых предприятий и новой техники представляет гораздо больше трудностей, чем использование старых или обновленных заводов и фабрик, техника которых уже освоена. Оно требует больше времени для того, чтобы поднять квалификацию рабочих и инженерно-технического персонала и приобрести новые навыки для полного использования новой техники. Не ясно ли после всего этого, что если бы даже хотели, мы не могли бы осуществить в период второй пятилетки, особенно в первые два-три года второй пятилетки, политику наиболее ускоренных темпов развития.

Вот почему я думаю, что для второй пятилетки нам придется взять менее ускоренные темпы роста промышленной продукции».

Масштабные проекты форсированного развития первой пятилетки (1929—1933) сменились освоением производств и внедрением технологий второй пятилетки 1933—1937 гг. В целом осуществлялся комплексный план развития промышленности, логичным продолжением которой стал план третьей пятилетки 1938—1942 годов. Военная промышленность, даже будучи приоритетной, просто не могла развиваться без смежных секторов промышленности, начиная от сельскохозяйственной и заканчивая текстильной и химической. До 1940 года никто другие сферы хозяйства в жертву оборонке приносить не собирался. Г.К. Жуков в «Воспоминаниях и размышлениях» отмечает трудности оснащения РККА этого периода, связанные с общими планами развития промышленности:

«Например, объективными обстоятельствами лимитировались предложения наркома обороны о расширении массового производства новейших образцов самолетов, танков, артиллерийских тягачей, грузовых автомобилей, средств связи и прочей боевой техники.

Конечно, в промышленной, оборонной сфере было много недостатков, трудностей [...] Порядок принятия нового образца вооружения в массовое производство был следующий.

Образцы проходили вначале заводские испытания, в которых принимали участие военные представители, затем войсковые, и только после этого Наркомат обороны давал свое заключение. Правительство при участии наркома обороны, наркомов военной промышленности и главных конструкторов рассматривало представленные новые образцы вооружения и военной техники и принимало окончательное решение по их производству.

На все это уходило порядочно времени. Бывало и так: пока шел процесс изготовления и испытания новой техники, у конструкторов был уже готов новый, более совершенный образец, и вполне закономерно, что в этом случае вопрос о принятии на вооружение откладывался до полного испытания новейшего образца.

Военных часто ругали за то, что они слишком настойчиво просили ускорить принятие того или иного образца на вооружение. Им говорили: «Что вы порете горячку? Когда надо будет — мы вас забросаем самолетами, танками, снарядами».

Для Жукова такой порядок принятия нового образца вооружения в массовое производство выглядит, конечно, как недостаток. Но нужно отдавать себе отчет, что молодая советская промышленность ориентировалась не только на нужды армии и каждый новый серийный образец вооружений требовал перераспределения сил, занимал производственную нишу другого товара, требовал паузы в работе предприятия для внедрения новой технологии. С этой точки зрения осторожное до определенного момента отношение к серийному производству новых образцов вооружений выглядит вполне оправданно. «Конечно, тогда мы, военные руководители, понимали, что в стране много первостепенных задач и все надо решать, исходя из большой политики», — добавляет в этой связи Жуков.

Момент, когда армию нужно было «забросать самолетами, танками, снарядами», возник в 1940 году. Но на этом пути советскую промышленность подстерегала новая беда: дефицит кадров. С.Г. Кара-Мурза в книге «История советского государства и права» отмечает [20]:

«С октября 1930 г. в связи с ликвидацией безработицы прекращалась выплата пособий по безработице. [...]

После ликвидации безработицы и в связи с коллективизацией прекратился стихийный приток рабочей силы в город. Предприятия стали испытывать острый недостаток в кадрах. Так, в 1937 г. промышленность, строительство и транспорт недополучили свыше 1,2 млн. рабочих, в 1938 г. — 1,3 млн. и в 1939 г. — более 1,5 млн. рабочих. 2 октября 1940 г. был принят указ «О государственных трудовых резервах» — о плановой подготовке кадров в ремесленных и железнодорожных училищах и школах ФЗО. Государственные трудовые резервы находились в распоряжении правительства СССР и не могли использоваться ведомствами без его разрешения».

Фактический переход промышленности на мобилизационные рельсы в предвоенный период, на который наложился острый дефицит кадров, явились в конечном счете причиной появления указа Президиума Верховного Совета СССР от 26 июня 1940 г. «О переходе на восьмичасовой рабочий день, на семидневную неделю и о запрещении самовольного ухода рабочих и служащих с предприятий и из учреждений» [21]:

«УКАЗ ПРЕЗИДИУМА ВЕРХОВНОГО СОВЕТА СССР

«О переходе на восьмичасовой рабочий день, на семидневную рабочую неделю и о запрещении самовольного ухода рабочих и служащих с предприятий и из учреждений»

Согласно представлению Всесоюзного Центрального Совета Профессиональных Союзов — Президиум Верховного Совета СССР постановляет:

1. Увеличить продолжительность рабочего дня рабочих и служащих во всех государственных, кооперативных и общественных предприятиях и учреждениях:

с семи до восьми часов на предприятиях с семичасовым рабочим днем;

с шести до семи часов — на работах с шестичасовым рабочим днем, за исключением профессий с вредными условиями труда, по спискам, утверждаемым СНК СССР;

с шести до восьми часов — для служащих учреждений;

с шести до восьми часов — для лиц, достигших 16 лет.

2. Перевести во всех государственных, кооперативных и общественных предприятиях и учреждениях работу с шестидневки на семидневную неделю, считая седьмой день недели — воскресенье — днем отдыха.

3. Запретить самовольный уход рабочих и служащих из государственных, кооперативных и общественных предприятий и учреждений, а также самовольный переход с одного предприятия на другое или из одного учреждения в другое.

Уход с предприятия и учреждения или переход с одного предприятия на другое и из одного учреждения в другое может разрешить только директор предприятия или начальник учреждения.

4. Установить, что директор предприятия и начальник учреждения имеет право и обязан дать разрешение на уход рабочего и служащего с предприятия или учреждения в следующих случаях:

а) когда рабочий, работница или служащий согласно заключению врачебно-трудовой экспертной комиссии не может выполнять прежнюю работу вследствие болезни или инвалидности, а администрация не может предоставить ему другую подходящую работу в том же предприятии или учреждении, или когда пенсионер, которому назначена пенсия по старости, желает оставить работу;

б) когда рабочий, работница или служащий должен прекратить работу в связи с зачислением его в высшее или среднее специальное учебное заведение.

Отпуска работницам и женщинам-служащим по беременности и родам сохраняются в соответствии с действующим законодательством.

5. Установить, что рабочие и служащие, самовольно ушедшие из государственных, кооперативных и общественных предприятий или учреждений, предаются суду и по приговору народного суда подвергаются тюремному заключению сроком от 2-х месяцев до 4-х месяцев.

Установить, что за прогул без уважительной причины рабочие и служащие государственных, кооперативных и общественных предприятий и учреждений предаются суду и по приговору народного суда караются исправительно-трудовыми работами по месту работы на срок до 6 месяцев с удержанием из заработной платы до 25%.

В связи с этим отменить обязательное увольнение за прогул без уважительных причин.

Предложить народным судам все дела, указанные в настоящей статье, рассматривать не более чем в 5-дневный срок и приговоры по этим делам приводить в исполнение немедленно.

6. Установить, что директора предприятий и начальники учреждений за уклонение от предания суду лиц, виновных в самовольном уходе с предприятия и из учреждения, и лиц, виновных в прогулах без уважительных причин, — привлекаются к судебной ответственности.

Установить также, что директора предприятий и начальники учреждений, принявшие на работу укрывающихся от закона лиц, самовольно ушедших с предприятий и из учреждений, подвергаются судебной ответственности.

7. Настоящий Указ входит в силу с 27 июня 1940 года.

Председатель Президиума Верховного Совета СССР
М. Калинин
Секретарь Президиума Верховного Совета СССР
А. Горкин»

Полное цитирование указов необходимо, так как спустя много лет, пользуясь массовым незнанием их фактического содержания, антисоветские идеологи «дополнили» их жуткими подробностями, превратив в емкие элементы мифа о сталинских репрессиях. Кто сегодня не знает, что за опоздание на работу при Сталине сажали в ГУЛАГ?

Центр имени Сахарова в статье-описании экспозиции, посвященной сталинскому террору, сообщает [22]:

«Арест выхватывал человека из привычной жизни неожиданно, иногда оставляя родным на память о нем всего несколько вещей, символов былого благополучия: столовую посуду, настенный коврик, спичечницу, охотничью мерку для пороха... И ощущение растерянности, непонимания — за что?

Поводом для ареста могло стать что угодно: непролетарское происхождение, собранная на колхозном поле горсть колосков, родственные или дружеские отношения с уже арестованным, «нарушение паспортного режима», даже опоздание на работу».

Разведчик-перебежчик Виктор Резун (Суворов) пишет [23]: «26 июня 1940 года прогремел над страной указ «О переходе на восьмичасовой рабочий день, на семидневную рабочую неделю и о запрещении самовольного ухода рабочих и служащих с предприятий и из учреждений»... По указу от 26 июня за прогул сажали, а прогулом считалось опоздание на работу свыше 20 минут. Сломался трамвай, опоздание на работу, опоздавших — в лагеря: там опаздывать не дадут».

Автору приходилось слышать личные свидетельства, в которых «вспоминали», как в Сибирь в 40-х шли и шли эшелоны с людьми, которые просто опоздали на работу.

В тексте указа, однако, четко прописаны применяемые к нарушителям закона меры:

1. За попытку «увольнения», то есть систематического невыхода на работу длительное время («самовольный уход с предприятия») — тюремное заключение сроком от 2-х месяцев до 4-х месяцев.

2. За прогул — исправительно-трудовые работы по месту работы на срок до 6 месяцев с удержанием из заработной платы до 25%.

Опоздания, отлучки, попытки отпроситься и т.д., чем пестрит современная литература, вообще не имеют к этому указу никакого отношения и никак им не регламентируются. Путаница возникает из-за неверного прочтения третьего пункта — «Запретить самовольный уход рабочих и служащих из государственных, кооперативных и общественных предприятий и учреждений» — и нежелания вникать в суть документа.

Ниже, в четвертом пункте, сказано, что директор предприятия обязан разрешить «уход рабочего и служащего с предприятия» в следующих случаях: по инвалидности, по старости, по поступлению в вуз и по беременности. Не опоздать же он разрешает и уж наверняка не на день отпускает работника по беременности или старости. Он дает разрешение на увольнение или отпуск (в случае беременности).

Но воз и ныне там, общество «Мемориал» во вводной статье к разделу своего сайта «Жертвы политического террора в СССР» сообщает [24]:

«...были еще миллионы людей, осужденных за разные незначительные «уголовные» преступления и дисциплинарные проступки. Их традиционно не считают жертвами политических репрессий, хотя многие репрессивные кампании, которые проводились силами милиции, имели явно политическую подоплеку. Судили ... за опоздание, прогул или самовольную отлучку с работы; за нарушение дисциплины и самовольный уход учащихся из фабричных и железнодорожных училищ; за «дезертирство» с военных предприятий... Наказания при этом, как правило, были не слишком тяжелыми — очень часто осужденные даже не лишались свободы. Трудно подсчитать число людей, которых настигли эти «мягкие» наказания: только с 1941 по 1956 г. осуждено не менее 36,2 миллиона человек, из них 11 миллионов — за «прогулы»!»

Здесь, кроме прочего, неизвестно, откуда возникает число 11 миллионов осужденных за прогулы (и опоздания с отлучками). Число осужденных в соответствии с этим указом и без того достаточно велико, не понятно, для чего и сегодня продолжается это бессмысленное закошмаривание читателей.

В. Земсков в статье «ГУЛАГ (историко-социологический аспект)» пишет:

«...пересыльные тюрьмы в это время [1940—1941 г. — *Авт.*] были переполнены осужденными по Указам от 26 июня («о прогулах». — *Авт.*) и 10 августа 1940 г. («об ответственности за выпуск недоброкачественной и некомплектной продукции». — *Авт.*). По Указу от 26 июня 1940 г. к лишению свободы сроком от двух до четырех месяцев приговаривалась меньшая часть нарушителей, но все равно таковых было сотни тысяч».

С началом Великой Отечественной войны Президиумом Верховного Совета СССР был издан указ о досрочном освобождении некоторых категорий заключенных, не совершивших тяжких преступлений, с передачей в РККА лиц призывного возраста. В их число попали и осужденные по статье «о прогулах». Всего было освобождено 420 000 человек.

Глава 7
ЛАВРЕНТИЙ БЕРИЯ

Вряд ли в отечественной истории найдется более демоническая фигура. Это имя четко ассоциируется со сталинским произволом, причем на всем его протяжении. «Документы обличают прямую причастность Л. Берии, начиная с 20-х годов, к абсолютно незаконным репрессиям от «Большого (всесоюзного) террора» до личного участия в убийствах и избиениях», — сообщает в 2003 году информагентство «Культура» в статье, приуроченной к 50-й годовщине со дня смерти Л. Берии.

Никита Петров, исследователь общества «Мемориал», говорит в интервью, которое публикует «Библиотека центра экстремальной журналистики» [25]: «Преступления Советской власти не заключаются только в преступлениях Берии, все гораздо шире. Берию и его сообщников обвиняли в проведении репрессий 1937—1938 гг., и вне всякого сомнения, в материалах дела это есть, в этом он повинен — в репрессиях на территории Грузии».

Обвинялся Берия и в разгроме советской военной разведки накануне Великой Отечественной. Так, Овидий Горчаков, разведчик, писатель и кинорежиссер, автор телефильма «Вызываем огонь на себя», писал в предисловии к русскому изданию глав из книги Джона Ле Карре «Шпион, который вернулся с холода»: «Мы еще не воздали по-настоящему Сталину, Берии и присным за разгром нашей военной разведки и контрразведки в канун величайшей из войн».

В печати можно встретить такие упоминания: «По указанию Берии к середине 1938 года почти все резиденты внешней разведки были отозваны в Москву, многим из них выражено недоверие, и назад они не вернулись». Или о репрессиях в РККА: в отношении «Тухачевского и других военачальников, дела которых были состряпаны Берией и его подручными».

Образ палача настолько емок, что многие с искренним недоумением встречают информацию о том, что Берия никак не мог «состряпать дело Тухачевского», нести ответственность за «Большой террор» 1937 года и разгромить советскую военную разведку в середине 1938-го.

В это время Лаврентий Берия вообще не имел отношения к НКВД, занимаясь партийной работой в Закавказье. Первым заместителем наркома внутренних дел он был назначен лишь 22 августа 1938 года, а наркомом внутренних дел — 25 ноября 1938 года, сменив на этом посту Ежова.

В цитировавшемся выше интервью исследователя «Мемориала» Никиты Петрова есть важная оговорка, которая касается участия Л. Берии в репрессиях 1937—1938 годов: «В этом он повинен — в репрессиях на территории Грузии». Оставим за скобками тот факт, что в таком случае в репрессиях на всех советских территориях повинны десятки людей, в том числе и Н.С. Хрущев — и в Москве, и на Украине.

Как известно, «ежовщина» (а именно к ней относятся репрессии 1937 года) была осуждена еще при Сталине, причем Лаврентий Берия воспринимался на посту главы НКВД как полная противоположность Ежова. Так, Константин Симонов в книге «Глазами человека моего поколения. Размышления о И.В. Сталине» писал [26]: «В свое время, в конце тридцать восьмого года, Сталин назначил его вместо Ежова, и начало деятельности Берии в Москве было связано с многочисленными реабилитациями, прекращением дел и возвращением из лагерей и тюрем десятков, если не сотен тысяч людей».

Не менее интересна биография Л. Берии, публикуемая современной электронной энциклопедией «Кругосвет»: «Получив назначение, Берия, в отличие от Ежова, отнюдь не был бесцветной и несамостоятельной фигурой. Берия изгнал из карательных органов множество работников, участвовавших в репрессиях 1937 года. Первоначально его приход к руководству НКВД вызвал ослабление массового террора. «На свою должность, — вспоминал видный политический деятель 1930—1960-х годов Анастас Микоян, — он заступил дипломатично. Первым делом заявил: хватит «чисток», пора заняться настоящей работой. От таких речей с облегчением вздохнули многие...» Некоторая часть репрессированных была освобождена. В ноябре 1939 года вышел приказ «О недостатках в следственной работе органов НКВД», требовавший строго соблюдать уголовно-процессуальные нормы».

Безусловно, не подпадающие под жесткие рамки черного мифа действия Л. Берии можно трактовать как тонкий политический маневр, своеобразную игру в «доброго следователя». Однако в архивах хранятся документы, способные еще более запутать сложившуюся на сегодняшний день картину.

После смерти И.В. Сталина в 1953 году Л. Берия развил бурную деятельность, о которой нам известно преимущественно как о попытке узурпировать власть и ввергнуть страну в пучину нового террора. Якобы предотвращая такое развитие событий, группа реформаторов во главе с Хрущевым произвела арест Берии, вскоре он был расстрелян.

Однако с момента смерти Сталина и до своего ареста Л. Берия успел подготовить ряд постановлений, которые, по объективным причинам, так и остались в виде проектов. Среди них «Приказ министра внутренних дел Л.П. Берии

«О запрещении применения к арестованным каких-либо мер физического воздействия» от 4 апреля 1953 г., «Об упразднении паспортных ограничений и режимных местностей» от 13 мая 1953 г., многочисленные записки о реабилитации партийных и советских деятелей [27].

Не меньше выпадает из сложившегося стереотипа и поведение Л. Берии во время берлинского кризиса 1953 года, известного в отечественной историографии как «Мармеладный бунт». В обширном исследовании «Советский Союз в локальных конфликтах» [28] так описана эта ситуация:

«27 мая 1953 г. министр иностранных дел СССР В. Молотов, курировавший ситуацию в ГДР, вынес вопрос о положении в Германии на заседание Президиума Совета Министров СССР. На этом заседании был сделан решительный вывод: без наличия советских войск существующий в ГДР режим неустойчив.

Мидовцы предлагали «не проводить форсированную политику строительства социализма в ГДР». Но еще более неожиданным стало выступление на заседании нового министра внутренних дел Л. Берии, предложившего вообще выбросить из решения слово «форсированный». На вопрос, почему он так считает, Берия ответил: «Потому что нам нужна только мирная Германия, а будет там социализм или не будет, нам все равно». Для Советского Союза, продолжал Л. Берия, будет достаточно, если Германия воссоединится — пусть даже на буржуазных началах. Свою позицию он мотивировал частично и тем, что единая, сильная Германия станет серьезным противовесом американскому влиянию в Западной Европе.

Но подобная позиция вызвала жесткую реакцию В. Молотова. Он подчеркнул, что вопрос, по какому пути пойдет страна в самом центре Европы, очень важен. Хотя это и «неполная Германия», но от нее многое зависит. Следовательно, надо «взять твердую линию» на построение социализма в ГДР, но не торопиться с этим».

Кто знает, прислушайся тогда Совмин к словам Берии, как повернулись бы отношения внутри социалистического блока много лет спустя. Не было бы Берлинской стены и длительного противостояния СССР и США по линии, разделившей Германию.

С другой стороны, не стоит сбрасывать со счетов обоснования Молотова [29]: «По словам руководителя МИДа, «отказ от создания социалистического государства в Германии будет означать дезориентацию партийных сил не только Восточной Германии, но и во всей Восточной Европе в целом. А это, в свою очередь, откроет перспективу капитуляции восточноевропейских государств перед американцами».

Исключить такое развитие событий также было нельзя. Впрочем, их развитие зависело от гибкости советской дипломатии, ниже мы увидим, что в реальности события развивались едва ли не худшим образом.

Не стоит забывать и о сути реформ, которые готовил Л. Берия. Основной их смысл сводился к передаче власти от партийных органов Совету министров СССР, то есть правительству. Фактически Л. Берия готовил частичную деидеологизацию управляющих механизмов, рассредоточение властных полномочий, широкую амнистию заключенных и реформирование системы госбезопасности и правоохранительных органов. С полным основанием можно утверждать, что Лаврентий Берия планировал десталинизацию, как минимум сравнимую с той, что осуществил позже Н.С. Хрущев.

* * *

Читателю может показаться, что перед ним предстал совсем другой Берия, а автор всеми силами пытается обелить кровавого палача. Признаться, я не ставил перед собой такой цели, но не сыграть на контрастах оказалось невозможно.

Без сомнения, Л. Берия несет ответственность за послевоенные репрессии, а одним из первых его приказов на посту главы НКВД, наряду с реабилитацией и требованиями о соблюдении законности, стала отмена системы досрочного освобождения за ударный труд. С именем Берии принято связывать расширение полномочий ОСО —

Особого совещания, на Лаврентия Берию принято возлагать ответственность за депортацию народов 1944 года. Последняя тема, впрочем, требует отдельного рассмотрения, и ее мы поднимем позже.

Одновременно нельзя не упомянуть вклад Л. Берии в создание советского ядерного оружия. Атомный проект, реализованный под его непосредственным контролем (причем назначить его на эту работу просил лично Курчатов), показал блестящие организаторские способности Л. Берии, вдумчивое понимание стоящих перед учеными задач. Что не удивительно: в молодости Л. Берия окончил техническое училище, учился в Политехническом институте.

На примере этой главы мы видели, насколько нетрудно представить одного и того же человека в черном или белом свете. Естественно, в реальности не бывает столь четких градаций, выпячивание одной стороны характера или деятельности, огульное очернение (демонизация) или превращение в ангела во плоти — классический признак работы пропагандистов. Нередко случается, что они перевыполняют план, создавая вместо негативного персонажа карикатурного абсолютного злодея из комиксов.

Что-то подобное произошло и с образом Л. Берии. Если перечислить в одном абзаце все преступления, в которых он был обвинен начиная с 1953 года, не забывая и многочисленные изнасилования девушек, которых якобы ловили по его приказу на улицах Москвы, выглядеть это будет если не комично, то заставит задуматься.

Конечно, Л. Берия был неоднозначной фигурой, вряд ли он был добряком-дедушкой, и, скорее всего, у людей были основания опасаться перейти ему дорогу. Профессиональная деформация не могла не сказаться на характере человека, многие годы возглавлявшего спецслужбы огромной страны.

Однако образ кровавого монстра, малообразованного, без следа человечности, мало соответствует действительности, являясь очередным элементом черного мифа о сталинских репрессиях.

Глава 8
О ВНЕСУДЕБНЫХ ОРГАНАХ И ДРУГИХ ПРЕСТУПЛЕНИЯХ БОЛЬШЕВИКОВ

В числе непреложных доказательств преступлений советского периода обычно приводят широкое использование в первой половине XX века чрезвычайных мер и внесудебных органов. Отвлечемся на время от истории формирования образа сталинских репрессий и рассмотрим подробнее этот важный для темы книги вопрос.

Претензии исследователей, стоящих на антисоветских позициях, опираются, как правило, на две укоренившиеся в конце XX века либеральные идеологемы — о неприкосновенности частной собственности и о примате права. Соответственно, любые действия, ведущие к изъятию собственности или внесудебному разбирательству (лишенному состязательности и права на защиту), объявляются неправовыми, а следовательно, преступными.

Сегодня мы знаем, что эти идеологемы не абсолютны, рынок в период кризисов легко переходит к планированию, игнорируя как примат права, так и частную собственность в тех объемах, насколько велика глубина кризиса.

В обществах же, не знавших идеологии либерализма (не стоит забывать, что эта идеология — порождение Европы последних веков), изложенные выше идеи и вовсе способны вызвать лишь недоумение.

Широко известные нам из истории земские суды, суды офицерской чести, товарищеские суды являются типичными внесудебными органами, и разница между ними, с точки зрения современного права, лишь в уровне санкций, которые они вольны применять. Если один неправовым образом (не с точки зрения кодифицированных правил — законов, а с точки зрения справедливости) решал имущественные вопросы, то другие при особых обстоятельствах — вопросы жизни и смерти.

Рассматривая под призмой либерализма преступления большевиков, авторы старательно делают вид, что чрезвычайные меры были большевиками изобретены и реализованы как метод изощренного преступления против народа. Ярчайшим примером является продразверстка, предшественник раскулачивания и коллективизации — чрезвычайная мера, введенная для обеспечения города и фронта продовольствием в период Гражданской войны.

При этом традиционно забывают, что история продразверстки шире большевистского периода, впервые она была введена еще в 1916 году для снабжения фронта Первой мировой по постановлению министра земледелия царского правительства Александра Риттиха.

И в этом случае переход к прямому изъятию продовольствия не был уникальным, он наследовал политике предыдущих лет «не доедим, но вывезем», обеспечивавшей хлебный экспорт царской России. У России того времени не было нефти и газа, основной статьей экспорта был хлеб, и в этом отношении большевики, уже гораздо позже, при Сталине, отличались от царского правительства только тем, что централизованно закупали на полученные деньги станки и технологии, позволившие провести индустриализацию и выиграть Великую Отечественную войну.

Кстати, после Октябрьской революции 1917 года практика продразверстки была прекращена, и вновь возобновлена в отдельных губерниях лишь в конце 1918 года, а на территории Советской России — в январе 1919 года. Просуществовала она при большевиках до 1922 года, когда, в связи с окончанием Гражданской войны, была заменена на продналог, что ознаменовало начало НЭПа.

Аналогично выглядит ситуация с внесудебными репрессивными органами. Чрезвычайная комиссия (ЧК, ВЧК), созданная в 1917 году как специальный орган по борьбе с контрреволюцией и саботажем, первоначально имела полномочия лишь на предание саботажников и контрреволюционеров суду Военно-революционного трибунала. Но уже в 1918 году, с началом Гражданской войны и общим обострением ситуации, ВЧК была наделена внесудебными функциями: получила право непосредственно расстреливать шпионов, диверсантов и других активных врагов революции.

Такое положение, впрочем, просуществовало лишь

один год. Уже в 1919-м постановлением ВЦИК внесудебные полномочия ВЧК были отменены, а рассмотрение всех дел ВЧК было передано трибуналам. За чекистами оставалось лишь право на применение наказания в областях, объявленных на военном положении, и только за преступления, особо оговоренные в постановлении о военном положении.

Конечно, в условиях военного времени и послереволюционной разрухи это не могло предотвратить всех злоупотреблений, но налицо стремление большевиков максимально снизить число эксцессов и четко регламентировать действия главной спецслужбы.

Но и сама ВЧК просуществовала лишь до 1922 года, то есть 5 лет, из которых только год была наделена широкими внесудебными полномочиями. С окончанием Гражданской войны необходимость в чрезвычайном органе отпала. 9-й Всероссийский съезд Советов, отметив заслуги органов ВЧК в деле охраны и укрепления завоеваний революции, принял решение о сужении компетенции органов ВЧК и ее реорганизации в Государственное политическое управление (ГПУ). Новая структура была лишена судебных функций, ее полномочия строго ограничивались: она имела право лишь на розыск, дознание, предварительное следствие. Задержание подследственных на срок свыше двух месяцев не допускалось.

Большевики активно строили мирную жизнь, руководствуясь подчас совершенно идеалистическими принципами. Для того чтобы страна зажила мирной жизнью, недостаточно большого желания и либерализации законодательства. Последнее, напротив, существенно вредит в ситуации, когда в стране существует политическая и общественная нестабильность.

В условиях разгула преступности, несовершенства правоохранительных органов и судебной системы уже в конце 1922 года ГПУ были вновь предоставлены внесудебные полномочия. Их осуществление возлагалось не на всю организацию, а на отдельный орган — Особое совещание при ОГПУ, в задачу которого входило рассмотрение дел по государственным преступлениям. Позже внесудебные полномочия были предоставлены также Судебной коллегии ОГПУ и межведомственным органам, так называемым «тройкам».

В 1934 году Сталин упразднил все внесудебные органы ОГПУ — Судебную коллегию, Особое совещание при ОГПУ и «тройки». Их функции были централизованы и отходили к только что созданному Особому совещанию при НКВД СССР, в задачи которого входило рассмотрение дел о государственных преступлениях.

Попытка возродить внесудебные органы прошлых лет — «тройки» (глава НКВД области, секретарь обкома и прокурор области), «двойки» (глава НКВД и прокурор) была предпринята в августе 1937 года, но уже 17 ноября 1938 года постановлением СНК СССР и ЦК ВКП(б) они были вновь упразднены.

Таким образом, широко известные по беллетристике и публицистике «тройки», ответственные якобы за большинство несправедливых приговоров периода сталинских репрессий, просуществовали чуть более года (точнее, 14 месяцев). Они были структурами краевого или областного масштаба и физически не могли нести ответственность за массовые репрессии этого периода. Их негативный образ, скорее всего, напрямую связан с докладом Хрущева на XX съезде КПСС и его трактовкой «Большого террора» 1937 года, когда под волну репрессий попало значительное число руководящих кадров партии. Ниже этот вопрос мы рассмотрим подробнее.

Основным внесудебным органом, действовавшим весь период репрессий (вплоть до 1953 года), было Особое совещание при НКВД СССР (впоследствии при МГБ СССР) — ОСО. В его полномочия входило рассмотрение уголовных дел и вынесение приговоров по контрреволюционным преступлениям в рамках существующего Уголовного кодекса. Выносить приговоры о высшей мере наказания ОСО права не имело, за исключением периода ВОВ 1941—1945 годов.

Интересно, что и ОСО (как и его предшественники «тройки») не является исключительным изобретением большевиков. Их история прослеживается со времен Петра I, когда были созданы наделенные внесудебными полномочиями «Особые комиссии по расследованию», состоящие из трех офицеров гвардии. В XIX веке при Министерстве внутренних дел царской России действовало Особое совещание, в полномочия которого входило рассмотрение дел по положению о государственной охране. Дела революционеров, будущих руководителей Советского государства, также рассматривало царское ОСО.

Как мы видим, ничего специфически нового большевики не изобретали, предпочтя подстраивать под свои нужды исторически сложившиеся в России институты. Осуждение Советской России за практику применения чрезвычайных и внесудебных органов, по сути, равносильно осуждению всей российской истории, в ходе которой они также активно применялись. Забывчивость современных авторов, которые предпочитают не вспоминать исторические корни этих явлений, выдают в них идеологическую заданность, нацеленную на очернение советского периода.

Еще одно важное замечание, касающееся применения внесудебных органов. Мало кто ставит под сомнение право царского ОСО выносить приговоры российским революционерам XIX — начала XX веков. Однако в случае с аналогичными органами Советской России все приговоры ОСО априори считаются политическими и отметаются как сфабрикованные.

Глава 9
ДЕПОРТАЦИЯ НАРОДОВ

Как правило, сторонники примата права не способны рассуждать вне правовых понятий: «Закон не прав, но это закон». В этих критериях все остальные аргументы априори ставятся ниже требований закона.

Рассмотрим с этой точки зрения депортацию народов на примере депортации чеченцев, ингушей и крымских татар в 1944 году.

Документально подтверждено, что в период Великой Отечественной войны Чечено-Ингушскую АССР охватил массовый бандитизм, значительная часть мужского населения встала на сторону врага либо ушла в горы с оружием в руках. Не менее утешительно выглядит и ситуация с крымскими татарами. Это больные страницы истории, но их приходится ворошить.

Государственный комитет обороны докладывал Сталину 10 мая 1944 года [30]:

«...товарищу СТАЛИНУ И.В.

Органами НКВД и НКГБ проводится в Крыму работа по выявлению и изъятию агентуры противника, изменников Родине, пособников немецко-фашистских оккупантов и другого антисоветского элемента.

[...]
Следственным и агентурным путем, а также заявлениями местных жителей установлено, что значительная часть татарского населения Крыма активно сотрудничала с немецко-фашистскими оккупантами и вела борьбу против Советской власти. Из частей Красной Армии в 1941 году дезертировало свыше 20 тысяч татар, которые изменили Родине, перешли на службу к немцам и с оружием в руках боролись против Красной Армии.

[...]
«Татарские национальные комитеты» широко содействовали немцам в организации и сколачивании из числа дезертиров и татарской молодежи татарских воинских частей карательных и полицейских отрядов для действий против частей Красной Армии и советских партизан. В качестве карателей и полицейских татары отличались особой жестокостью».

[...]
«Татарские национальные комитеты» принимали активное участие вместе с немецкой полицией в организации угона в Германию свыше 50 тысяч советских граждан...»

Не думаю, что кто-либо из молодого поколения может полностью представить себе, что скрыто за строками этого документа, что чувствовали люди, читая: «В качестве карателей ... отличались особой жестокостью» или «принимали активное участие вместе с немецкой полицией в организации угона в Германию».

В условиях Великой Отечественной войны и действующих на тот момент законов военного времени кара за подобные преступления была одна: расстрел. И следует отметить, что подавляющее большинство населения СССР, испытавшее на себе ужасы фашизма, поддержало бы это решение. В том, что у Сталина была возможность осуществить «правовое решение вопроса», сомневаться не приходится — в 1944 году в воюющей стране нашлись силы и средства для переселения целых народов за тысячи километров.

19 мая 1944 года ГКО докладывает Сталину [31]:

«Сегодня, 20 мая, закончена операция по выселению крымских татар.
Выселено и погружено в эшелоны 180.014 человек. Эшелоны отправлены к местам нового расселения — в Узбекскую ССР.
Во время операции по выселению изъято оружия: минометов — 49, пулеметов — 622, автоматов — 724, винтовок — 9.888 и боепатронов — 326.887.
Происшествий во время операции не было».

Итак, правовое решение вопроса означало бы расстрел большей части мужского населения крымских татар, как и чеченского и ингушского народов. То есть геноцид. Не знаю, отдают ли себе в этом отчет сторонники примата права, но любое другое решение являлось бы неправовым. И в ряде серьезных публикаций можно встретить утверждения, что сами народы прекрасно понимали нависшую над ними угрозу: женщины плакали, узнав, что их только выселяют, а окружившие селения войска НКВД не поведут немедленно их мужей на расстрел.

И.В. Сталин недаром занимал до 1922 года пост наркома по делам национальностей. Как бы это ни прозвучало, он умел карать как отдельных людей, так и целые народы. Можно сказать, что в выборе между законностью и гуманизмом Сталин предпочел гуманизм, но думается, что подобный выбор перед ним просто не стоял. Он не был воспитан в либеральной традиции и выбора «народ или закон (геноцид)» не делал. Оторвав народ от почвы, от корней, переместив в иную культуру, он достаточно его наказал, и в этом Сталин, надо полагать, прекрасно отдавал себе отчет.

Предвоенные депортации из стран Прибалтики не шли ни в какое сравнение с депортациями народов Крыма и Северного Кавказа, но и их последствия подмечены достаточно точно. Историк Александр Дюков в основанной на материалах Нюрнбергского процесса книге «За что сражались советские люди» [32] отмечает:

«За одну ночь в Каунасе озверевшими националистами было убито более полутора тысяч человек... В Риге к началу июня были, как говорилось в докладе шефа полиции безопасности и СД, «разрушены все синагоги, расстреляно порядка 400 евреев». То, что на территории Латвии в уничтожении евреев на первых порах удалось достичь лишь весьма скромных успехов, бригаденфюрер Штальэккер объяснял весьма доходчиво:

«В основном это объяснялось тем, что национальное руководство было угнано Советами. Однако путем оказания влияния на латышскую вспомогательную полицию удалось организовать еврейский погром».

«Латыши, в том числе и находящиеся на руководящих постах, держали себя по отношению к евреям совершенно пассивно и не отваживались против них выступить, — значится в еще одном документе СД, приводимом Дюковым. — Значительно ослабляет активность латышского населения то обстоятельство, что за две недели до возникновения войны русские вывезли около 500 латышских семей, которые можно считать относящимися к интеллигенции, в глубь страны».

Тут сложно давать оценки преступной политике Сталина.

Глава 10
НЕСКОЛЬКО СЛОВ О ТЕРРОРЕ НКВД

Завершая рассмотрение репрессивной составляющей Советского государства, коснемся практики ее применения, действий правоохранительной системы страны. Весьма популярным мифом являются обвинения ВЧК — ОГПУ — НКВД в фактически беспределе: аресты велись по малейшему подозрению, показания выбивались под пытками, из попавших в советскую репрессивную машину выживали единицы.

Период 30—50-х годов XX века подробно рассмотрен в работах В. Земскова. Этап развития страны от Октябрьской революции и до 30-х годов в последнее время характеризуют как не прекращающийся «красный террор», в ходе которого был уничтожен цвет нации. Рассмотрим, насколько верны эти сведения.

Проект «История в документах. Россия XX век» академика Яковлева публикует справки спецотдела МВД СССР о количестве арестованных и осужденных органами ВЧК — ОГПУ — НКВД СССР в 1921—1953 гг. [33]. Согласно этим документам, по делам органов ВЧК — ОГПУ за 1921—1929 годы, то есть за 8 лет, были:

Подвергнуты аресту: 1 004 956 человек.
Из них по подозрению в совершении контрреволюционных преступлений: 590 146 человек.
По подозрению в совершении других преступлений: 414 810 человек.
Всего осуждено: 208 863 человек.
Из них к высшей мере наказания: 23 391 человек.

Мы видим, что более половины из подвергнутых аресту были заподозрены в совершении контрреволюционных преступлений. Это не удивительно, так как рассматриваемый период приходится на время Гражданской войны и годы сразу после ее окончания. Интересно, что лишь 20 процентов арестованных были осуждены. Из миллиона арестованных (подвергнутых следственной проверке) граждан были проверены и выпущены за недоказанностью вины 769 093 (!) человека.

Существует такой показатель работы правоохранительных органов — коэффициент подозреваемых на 100 000 населения (т.е. лиц, подвергнутых следственной проверке). В 1980 году в Польше он составил 677 — при коэффициенте осужденных 467, в ФРГ 2313–1190. На практике это выражается в том, что во многих странах следственные органы для раскрытия преступления, по сути, хаотично просеивают большое число потенциально причастных к правонарушению людей в надежде, что «что-нибудь выплывет». В социалистической Польше, напротив, берут редко, но метко.

Действительно, индекс эффективности следственных органов РСФСР крайне низок. В ходе следствия проверку проходит множество людей, чья вина впоследствии не получает никаких подтверждений. 80 процентов подвергнутых аресту и следственной проверке граждан подлежат освобождению.

Это, однако, никак не согласовывается с распространенным мифом о беспределе в органах ВЧК — ОГПУ. «Посадить» человека или отправить его на расстрел куда проще, чем доказать невиновность («был бы человек, а статья найдется»). В рассматриваемый нами период, напротив, видим массовое оправдание людей за недоказанностью вины. Напомним, что речь идет о крайне сложном периоде развития страны, захватывающем в том числе годы Гражданской войны.

Интересный материал для размышлений дает также справка об арестованных и осужденных по делам органов ОГПУ — НКВД за 1930–1936 годы [34]. Согласно этому документу, за 6 лет было:

Подвергнуты аресту: 2 255 722 человек.
Из них по подозрению в совершении контрреволюционных преступлений: 1 379 461 человек.
По подозрению в совершении других преступлений: 876 261 человек.
Всего осуждено: 1 391 093 человек.
Из них к высшей мере наказания: 40 137 человек.

Серьезно, до 61% возрос процент осужденных к общему числу арестованных. При этом можно констатировать, что пропорция подозреваемых по контрреволюционным и обычным преступлениям сохраняется прежняя. Очевидно, это свидетельствует о стремлении следственных органов квалифицировать преступления в первую очередь как контрреволюционные, а дальше разбираться с ними по сути.

Согласно В.Земскову [35], процент осужденных за контрреволюционные преступления заключенных ГУЛАГа на 1936 год составлял 12,6%. Следовательно, пропорция квалификации преступлений следственными органами не совпадает с пропорцией реальных приговоров по 58-й и уголовным статьям. Возможных объяснений два: либо в значительном количестве случаев статьи были переквалифицированы в уголовные, либо большая часть подозреваемых в контрреволюционных преступлениях были освобождены в ходе следствия.

Косвенное подтверждение этому факту можно встретить в уже упоминавшихся списках жертв политических репрессий, подготовленных обществом «Мемориал» [36]. Многие записи в них оканчиваются таким приговором: «Приговор: дело прекращено, из-под стражи освобожден за недоказанностью обвинения».

Общество «Мемориал» тем не менее склонно записывать таких людей в жертвы политических репрессий на том основании, что невиновные люди были подвергнуты аресту и следственной проверке.

Резюмируя, отметим, что распространенный миф о правоохранительных и судебных органах, которые хватали людей и в процессе следствия выбивали у них нужные показания для того, чтобы посадить побольше «врагов народа», не соответствует действительности. Практика работы следственных органов свидетельствует о том, что в разные годы от 80 до 40 процентов арестов заканчивались прекращением уголовного дела и освобождением из-под стражи.

ПРИМЕЧАНИЯ

1. *А. Солженицын.* «Архипелаг ГУЛАГ». Цит. по электронной версии lib.ru со ссылкой на изд. YMCA-PRESS, Paris, 1973.

2. *Ж. Нива* (Georges Nivat). «Солженицын». Цит. по электронной версии nivat.free.fr со ссылкой на изд.: М., «Художественная литература». 1992.

3. «Православная газета» Екатеринбурга, 2005. Цит. по http://orthodox.etel.ru/2005/38/rus.htm

4. «La Vanguardia» 03.06.2001. Перевод публикует Demoscope.ru

5. *В. Земсков*. «ГУЛАГ (историко-социологический аспект)». Социологические исследования. 1991. №.6. С. 10 — 27; 1991. №.7. С. 3—16, цит. по http://www.hrono.ru/statii/2001/zemskov.html

6. «Досье Калинина». http://kc.koenig.ru/aktkbg/KALININ/akkab_05e.htm, со ссылкой на «Уголовный кодекс РСФСР. С изменениями на 1 июля 1938 г.». М., Юридическое издательство НКЮ СССР. 1938. С. 27 — 32.

7. Цит. по эл.версии http://memory.irk.ru/mart/b/4135.htm

8. «Центр содействия реформе уголовного правосудия», http://www.prison.org

9. Доклад Justice Policy Institute, May 2000, http://www.prisonpolicy.org/scans/punishing.pdf

10. http://www.polit.ru/research/2006/01/16/demography.html

11. http://www.izvestia.ru/club/article36825/

12. http://www.time.kharkov.com/index.php?page_name=article&id=572

13. «Досье Калинина». Цит. по http://www.kc.koenig.ru/aktkbg/KALININ/akkab_05g.htm

со ссылкой на СЗ СССР 1932 г. № 62, ст. 360.

14. «Население и общество», декабрь 2007 г. Цит. по эл. версии http://www.demoscope.ru/weekly/2007/0313/tema02.php

15. МВД РФ, «Состояние преступности в Российской Федерации за январь — ноябрь 2005 года», данные официального сайта http://www.mvd.ru, раздел «Статистика».

16. Цит. по http://www.hrono.ru/dokum/193_dok/19320720stal.html со ссылкой на Ф. 81. Оп. 3. Д. 99. Л. 106—113. Автограф.

17. Там же. Со ссылкой на Ф. 81. Оп. 3. Д. 100. Л. 137—140. Автограф.

18. *Г.К. Жуков*. «Воспоминания и размышления». Цит. по http://militera.lib.ru/memo/russian/zhukov1/09.html

19. *И.В. Сталин*. Сочинения. Т. 13. М., Государственное издательство политической литературы. 1951. С. 182—186.

20. *С.Г. Кара-Мурза*. «История советского государства и права», цит. по эл. книге.

21. Цит. по http://www.hrono.ru/dokum/194_dok/19400626bkpb.html, со ссылкой на РЦХИДНИ. Ф. 17. Оп.3. Д. 1025. Л.74 — 76.

22. «Путь через ГУЛАГ». Центр А. Сахарова http://www.sakharov-center.ru/museum/expositions/way%2Dgulag/

23. В. Суворов. «День М: Когда началась Вторая мировая война?» М., 1994, цит. по http://militera.lib.ru/research/suvorov2/index.html

24. «Мемориал». «Жертвы политического террора в СССР». http://lists.memo.ru/

25. http://www.library.cjes.ru/online/?a=con&b_id=607&c_id=7225

26. *К. Симонов*. «Глазами человека моего поколения. Размышления о И.В. Сталине». Цит. по http://www.hrono.ru/dokum/197_dok/19790409sim.html

27. «Лаврентий Берия. 1953. Стенограмма июньского пленума ЦК КПСС и другие документы». Сост. В.П. Наумов, Ю.В. Сигачев. М., 1999.

28. *С. Лавренов, И. Попов*. «Советский Союз в локальных войнах и конфликтах». М., АСТ; Астрель. 2003. Цит. по эл. книге.

29. Там же.

30. Цит. по http://www.9may.ru/unsecret/m10011255, со ссылкой на ГАРФ. Ф. 9401. Оп. 2. Д. 65. Л. 41 — 43.

31. Там же.

32. *А. Дюков*. «За что сражались советские люди». М., Яуза, Эксмо. 2007. С. 177—179.

33. «История в документах. Россия XX век». http://www.idf.ru/documents/info.jsp?p=21&doc=55698

34. Там же.

35. *В.Земсков*. «ГУЛАГ (историко-социологический аспект)». Социологические исследования. 1991. № 6. С.10 — 27; 1991. № 7. С.3—16, цит. по http://www.hrono.ru/statii/2001/zemskov.html

36. http://lists.memo.ru/

Часть 2
РАЗОБЛАЧЕНИЕ КУЛЬТА ЛИЧНОСТИ

Глава 11
ОТ СМЕРТИ СТАЛИНА ДО XX СЪЕЗДА

5 марта 1953 года скончался Иосиф Джугашвили (Сталин), Генералиссимус, Генеральный секретарь ЦК ВКП(б), руководивший партией и государством 31 год. С первых часов после его кончины перед партийным руководством встали два ключевых вопроса: о преемственности власти и о разоблачении культа личности Сталина.

Неверным будет утверждать, что вопрос о культе личности поднимался в этот период из идеалистических соображений, с целью установления справедливости или осуждения преступной политики «отца народов». Прагматичное сталинское окружение отдавало себе отчет, что Сталин, тем более после своей кончины, сравнялся в массовом сознании с образами небожителей, и ни одна политическая фигура из руководства СССР не будет сравнима с ним в обозримой перспективе. Соответственно, не будет она иметь и должной легитимности на посту главы Советского государства.

О том, что в сталинский период совершались многочисленные «перегибы», партийное руководство было, естественно, осведомлено. Важно, однако, понимать, что и само окружение Сталина не сидело все эти годы в стороне, активно участвуя в управлении страной на своих должностях. За каждым из членов Президиума ЦК, Совета Министров, Верховного Совета тянулся шлейф своих «перегибов». В этой связи ситуация обострялась вдвойне — каждый приглядывался к каждому, ожидая, кто скажет первое слово.

Уже 6 марта 1953 года состоялось совместное заседание Пленума ЦК КПСС, Совета Министров СССР, Президиума Верховного Совета СССР. Решения заседания, по сути, сохраняли статус-кво. Был утвержден новый состав Президиума ЦК, в который вошли Г.М. Маленков, Л.П. Берия, В.М. Молотов, К.Е. Ворошилов, Н.С. Хрущев, Н.А. Булганин, Л.М. Каганович, А.И. Микоян, М.З. Сабуров, М.Г. Первухин. Фактически руководящий орган сохранял существовавшую на тот момент иерархию, причем число членов Президиума сократилось вдвое, из него были исключены все новые лица, создав плацдарм для действий 10 человек «сталинской гвардии». Кроме того, оставив в Президиуме только «старую гвардию», политики могли на время вздохнуть спокойно: шанс услышать обвинение в преступлениях от не менее в них виновных существенно снижался.

С другой стороны, решения заседания не устраняли главных проблем. Развернувшаяся вслед за этим бурная политическая деятельность обычно преподносится как попытка Л. Берии узурпировать власть. Впрочем, выше мы видели, что свой вариант «оттепели» готовил и он, являясь, кроме прочего, одним из самых опасных игроков на этом поле. Возглавляя МВД, Л. Берия имел в своих руках не только силовой аппарат, но и архивы уголовных дел. Записки Берии о реабилитации видных советских и партийных деятелей, которыми он бомбардировал своих коллег по Президиуму, остро ставили вопрос «Кто виноват?».

Так, 17 апреля 1953 года в Президиум ЦК КПСС поступило предложение «О реабилитации Н.Д. Яковлева, И.И. Волкотрубенко, И.А. Мирзаханова и других» [1]. В этом послании, адресованном Г. Маленкову, в частности, говорилось: «Постановлением Совета Министров СССР № 5444-2370 от 31 декабря 1951 года «О недостатках 57-мм автоматических зенитных пушек С-60» были сняты с занимаемых постов и отданы под суд заместитель Военного министра маршал артиллерии ЯКОВЛЕВ Н.Д., начальник Главного артиллерийского управления генерал-полковник артиллерии ВОЛКОТРУБЕНКО И.И. и заместитель министра вооружения МИРЗАХАНОВ И.А.».

Учитывая, что Г.М. Маленков в 1951 году занимал пост заместителя Председателя Совета Министров СССР (а председателем являлся сам Сталин), записка вполне могла восприниматься им (да, видимо, и воспринималась) как угроза. Маловероятно, что Берия не отдавал себе в том отчета. На попытку дешевого шантажа в условиях, когда «все знают обо всем», это тоже не тянет. Надо полагать, со стороны Л. Берии такие действия были попыткой своеобразной самообороны — ведь он, являясь главой НКВД — МВД, был первым на роль козла отпущения в связи с идущими процессами.

Развернувшуюся с мая по июнь 1953 года политическую кампанию правильнее было бы назвать «гонкой за право первым начать «оттепель». И первым проигравшим в ней стал Лаврентий Берия, арестованный 26 июня 1953 года. Характерно, что с докладом о его «преступных антипартийных и антигосударственных действиях» выступил на июльском пленуме ЦК КПСС все тот же Маленков.

Июльский пленум (1953 года) стал первым партийным мероприятием, на котором были вслух подняты вопросы о пороках в партийном руководстве, нарушениях ленинских норм партийной жизни и был открыто поднят вопрос о разоблачении культа личности. Представление о том, как это происходило, может дать фрагмент стенограммы пленума [2]:

«Тевосян (член ЦК КПСС, министр металлургической промышленности СССР):

Я хотел бы обратить внимание ... что после смерти товарища Сталина стало постепенно исчезать имя товарища Сталина из печати. С болью в душе приходилось читать высказывания товарища Сталина без ссылки на автора.

Вчера из выступления товарища Кагановича мы узнали, что этот мерзавец Берия возражал против того, чтобы, говоря об учении, которым руководствуется наша партия, наряду с именами Маркса, Энгельса, Ленина называть имя товарища Сталина. Вот до чего дошел этот мерзавец. Имя нашего учителя товарища Сталина навсегда останется в сердцах членов нашей партии и всего народа, и никаким берия не удастся вырвать его из нашего сердца. (Аплодисменты.)».

В заключительном слове Г. Маленков охлаждает пыл не разобравшихся в положении дел товарищей:

«Здесь на Пленуме ЦК говорили о культе личности и, надо сказать, говорили неправильно. Я имею в виду выступление т. Андреева. Подобные же настроения на этот счет можно было уловить и в выступлении т. Тевосяна. Поэтому мы обязаны внести ясность в этот вопрос.

Хрущев: Некоторые не выступившие вынашивают такие же мысли.

Маленков: Прежде всего, надо открыто признать, и мы предлагаем записать это в решении Пленума ЦК, что в нашей пропаганде за последние годы имело место отступление от марксистско-ленинского понимания вопроса о роли личности в истории...»

Совместные действия против Л. Берии, как наиболее опасного из претендентов на «десталинизацию» СССР, сплотили членов Президиума против явной угрозы и позволили заключить что-то вроде внутреннего пакта (который вряд ли был где-либо зафиксирован). По крайней мере, в дальнейшем члены Президиума выступали с общей позицией по вопросу осуждения культа личности. Также в качестве компромиссной фигуры руководителя Советского государства был выбран Н.С. Хрущев, ставший в сентябре 1953 года Первым секретарем ЦК КПСС (решение было принято единогласно).

Что же касается Л. Берии, то, кроме посягательства на светлое имя Сталина, он был обвинен в измене родине и как «агент иностранного капитала», а также агент иностранных разведок, планировавший использовать МВД против Коммунистической партии, расстрелян. Это были первые, но далеко не последние обвинения в его адрес. Их многократные наслоения в период разоблачения культа личности Хрущевым, перестройки Горбачева, демократизации при Ельцине и привели в итоге к созданию абсолютно демонической фигуры из предыдущей главы.

Глава 12
ИСТОРИЯ РАЗОБЛАЧЕНИЯ: XX СЪЕЗД

Специальный доклад Н.С. Хрущева на XX съезде КПСС называют «поворотным пунктом в истории страны». Для нашей темы он интересен в первую очередь как первооснова многочисленных мифов о сталинских преступлениях. Доклад Хрущева, будучи чисто политическим, не преследовал цели разобраться в происходившем в 30—50-е годы. Его задачей было максимально возможно на тот момент очернить Сталина.

В предыдущей главе мы отмечали, что «десталинизация», начавшаяся непосредственно со смерти И.В. Сталина, имела черты классической дворцовой интриги и преследовала глубоко прагматичные цели. Вопросы управления страной и поиска внутренних врагов были благополучно решены партийной верхушкой осенью 1953 года, однако запустить машину пропаганды и обрушить поток «откровений» на общество никто не решался в течение еще 2 лет.

И дальше управлять страной так, как будто Сталин жив, было невозможно. В этой связи подталкиваемый, с одной стороны, необходимостью, с другой — желанием получить всю полноту власти Н.С. Хрущев решился на публичное разоблачение «отца народов». «Эти вопросы созрели, и их нужно было поднять. Если бы я их не поднял, их подняли бы другие. И это было бы гибелью для руководства, которое не прислушалось к велению времени», — писал впоследствии Хрущев в своих воспоминаниях.

В штыки проект выступления встретили Молотов, Маленков, Каганович, Ворошилов — все те, кто в будущем станут «сталинистами». Свою «группу поддержки» в лице Булганина, Первухина и Сабурова Хрущев в воспоминаниях характеризует как людей, которые не знали о репрессиях 30-х и не принимали в них участия — в отличие от первой группы. Это утверждение крайне спорно, сам Никита Сергеевич в начале 30-х занимал не последние должности в партийной иерархии столицы, а с 1938 года возглавлял Центральный Комитет Компартии Украины.

Забегая вперед, отметим, что «антипартийную группу» «сталинистов» — Молотова, Кагановича, Маленкова и «примкнувшего к ним Шелепина» — Хрущев разгромит уже в 1957 году. Самого Хрущева снимут через семь лет, причем те, кто являлся его опорой в десталинизации — Брежнев, Суслов, Подгорный, Семичастный, Игнатов.

До сих пор остается открытым вопрос о причинах неожиданной смелости Хрущева, радикальной позиции, которую он занял в конце 1955 — начале 1956 года. Оппозиция проекту его доклада со стороны старых товарищей была вызвана скорее не боязнью сообщить правду, а излишним радикализмом, вложенным в него, при очевидном презрении к фактам. Причины, по которым Хрущев был уверен, что разоблачения не ударят по нему самому, объясняют обычно чисткой архивов, проведенной по его приказу с 1953 по 1956 год. Впрочем, подтверждений этой информации нет.

Представляя себе сложность разоблачения Сталина, Хрущев пошел по пути уничтожения одного высшего авторитета другим. В.И. Ленин, как символ Советского государства, подходил на эту роль как нельзя лучше.

Сегодня, когда вокруг репрессий навернуто невероятное количество фактов, их образ распространен на всю советскую историю, а Ленин обвинен в не меньшем терроре, сложно осознать и принять, что изначально в вину Сталину ставили именно несоответствие гордому званию коммуниста. Эти факты доказывались с привлечением многочисленных цитат из Маркса и Энгельса. Была проделана огромная идеологическая работа, чтобы доказать, что Сталин презрел принципы коллегиальности руководства ВКП(б) и нормы ленинского управления партией. Многие последующие годы люди, обличая Сталина, искренне верили в то, что основным его преступлением является именно отход от ленинского пути.

Глава 13
ФОРМИРОВАНИЕ МИФА: ЛЕНИН ПРОТИВ СТАЛИНА

С трибуны XX съезда Хрущев заявил [3]: «В декабре 1922 года в своем письме к очередному съезду партии Владимир Ильич писал:

«Тов. Сталин, сделавшись генсеком, сосредоточил в своих руках необъятную власть, и я не уверен, сумеет ли он всегда достаточно осторожно пользоваться этой властью».

Это письмо — важнейший политический документ, известный в истории партии как «завещание» Ленина, — роздано делегатам XX съезда партии. Вы его читали и будете, вероятно, читать еще не раз. Вдумайтесь в простые ленинские слова, в которых выражена забота Владимира Ильича о партии, о народе, о государстве, о дальнейшем направлении политики партии.

Владимир Ильич говорил:

«Сталин слишком груб, и этот недостаток, вполне терпимый в среде и в общениях между нами, коммунистами, становится нетерпимым в должности генсека. Поэтому я предлагаю товарищам обдумать способ перемещения Сталина с этого места и назначить на это место другого человека, который во всех других отношениях отличается от тов. Сталина только одним перевесом, именно, более терпим, более лоялен, более вежлив и более внимателен к товарищам, меньше капризности и т. д.».

В продолжении доклада Хрущев указывает на два новых документа, которые способны дополнительно «пролить свет» на личность Сталина. Приведу обширную, но важную цитату:

«Эти документы — письмо Надежды Константиновны Крупской председательствовавшему в то время в Политбюро Каменеву и личное письмо Владимира Ильича Ленина Сталину.

Зачитываю эти документы:

1. Письмо Н.К. Крупской:

«Лев Борисыч,
по поводу коротенького письма, написанного мною под диктовку Влад. Ильича с разрешения врачей, Сталин позволил вчера по отношению ко мне грубейшую выходку.

Я в партии не один день. За все 30 лет я не слышала ни от одного товарища ни одного грубого слова, интересы партии и Ильича мне не менее дороги, чем Сталину. [...] О чем можно и о чем нельзя говорить с Ильичем, я знаю лучше всякого врача, т. к. знаю, что его волнует, что нет, и во всяком случае лучше Сталина. Я обращаюсь к Вам и к Григорию, как более близким товарищам В.И., и прошу оградить меня от грубого вмешательства в личную жизнь, недостойной брани и угроз. В единогласном решении контрольной комиссии, которой позволяет себе грозить Сталин, я не сомневаюсь, но у меня нет ни сил, ни времени, которые я могла бы тратить на эту глупую склоку. Я тоже живая и нервы напряжены у меня до крайности.

Н. Крупская».

Это письмо было написано Надеждой Константиновной 23 декабря 1922 года. Через два с половиной месяца, в марте 1923 года, Владимир Ильич Ленин направил Сталину следующее письмо:

2. Письмо В.И. Ленина.

«Товарищу СТАЛИНУ.
Копия: Каменеву и Зиновьеву.

Уважаемый т. Сталин,
Вы имели грубость позвать мою жену к телефону и обругать ее. Хотя она Вам и выразила согласие забыть сказанное, но, тем не менее, этот факт стал известен через нее же Зиновьеву и Каменеву. Я не намерен забывать так легко то, что против меня сделано, а нечего и говорить, что

сделанное против жены я считаю сделанным и против меня. Поэтому прошу Вас взвесить, согласны ли Вы взять сказанное назад и извиниться или предпочитаете порвать между нами отношения. (Движение в зале.)

С уважением: Ленин.
5-го марта 1923 года».

Товарищи! Я не буду комментировать эти документы. Они красноречиво говорят сами за себя. Если Сталин мог так вести себя при жизни Ленина, мог так относиться к Надежде Константиновне Крупской, которую партия хорошо знает и высоко ценит как верного друга Ленина и активного борца за дело нашей партии с момента ее зарождения, то можно представить себе, как обращался Сталин с другими работниками. Эти его отрицательные качества все более развивались и за последние годы приобрели совершенно нетерпимый характер».

Подобранные Хрущевым цитаты породили впоследствии известное старшему поколению утверждение: «Ленин, незадолго до смерти, предупреждал партию о недопустимости назначения Сталина на руководящие посты. Но Ленина ослушались, что и привело к трагическим последствиям».

Встречаются упоминания об этом и в современной литературе. Авторов конца XX — начала XXI века уже не интересует, был ли Сталин достойным продолжателем дела Ленина. С другой стороны, утверждения Хрущева содержат яркий бытовой эпизод столкновения с Крупской, который характеризует Сталина не с лучшей стороны. Эдвард Радзинский в книге «Сталин» [4] так описывает этот случай:

«Крупская сообщила мужу о победе его решения, и едва оправившийся после припадков Ленин диктует письмо Троцкому...

На следующий же день Каменев, испугавшийся явного сближения Троцкого с Лениным, пишет записку Сталину о контакте вождей:

«Иосиф, сегодня ночью мне звонил Троцкий, сказал,

что получил записку, в которой Старик выражает удовольствие принятой резолюцией...»

Сталин отвечает: «Тов. Каменев... Как мог Старик организовать переписку с Троцким при абсолютном запрещении доктора Ферстера?» Новый тон: он уже не Иосиф, он — Генсек, никому не позволяющий нарушать партийное решение.

И тогда Сталин вызывает Крупскую по телефону и орет на нее. Попросту грубо орет.

Крупская в шоке. Вернувшись с работы домой, «она была совершенно непохожа на себя: рыдала, каталась по полу», — вспоминала Мария Ульянова.

Видимо, тогда же, в нервном срыве, Крупская не выдержала и рассказала Ленину об оскорблении. Взбешенный Ленин написал Сталину письмо о разрыве отношений».

Согласно Радзинскому, именно Сталин организовал изоляцию Ленина с тем, чтобы больной вождь не мешал ему узурпировать власть: «Свидания с Лениным запрещаются. Ни друзья, ни домашние не должны сообщать Ильичу ничего из политической жизни, чтобы не давать поводов для волнений... Вождю о партийном решении не докладывалось. Он так и не узнал, что поступил под надзор врага».

В книге «Сталин» мы видим одну из трактовок событий, прямо наследующую докладу Хрущева на XX съезде КПСС. Нужно отметить, что письма Крупской и Ленина, о которых автор пишет: «Видимо, тогда же...» — разделяет два с половиной месяца, о чем упоминает Хрущев, но забывает Радзинский. Нелишне также вспомнить, что в апреле 1922 года И.В. Сталин решением пленума ЦК партии был избран Генеральным секретарем РКП(б), причем выдвинул его на этот пост сам Владимир Ильич.

Более того, «Письмо к съезду» не скрывалось, все делегаты XIII съезда партии были ознакомлены с письмом В.И. Ленина, но вместо «перемещения» Сталина по ленинской рекомендации ограничились порицанием. Невозможно согласиться с утверждением Радзинского о том, что Сталин на тот момент уже вертел партией как хотел и Ленин был ему не указ. Даже если предположить, что

Сталин имел огромное влияние на Центральный Комитет (хотя на тот момент существовал и еще один центр сил в лице Троцкого), вряд ли это влияние распространялось и на всех делегатов XIII съезда. И уж тем более вряд ли имя Сталина могло перевесить на идеологических весах мнение Ленина — этого не случилось и 30 лет спустя, в период разоблачения Хрущевым культа личности.

Советский исследователь В. Надточиев пишет [5]: «Драматическая ситуация в партии сложилась в связи с политическим завещанием Ленина, и в первую очередь с «Письмом к съезду». В этом ключевом документе, как известно, давались итоговые, лаконичные, но чрезвычайно емкие по содержанию оценки членов Политбюро ЦК, говорилось о возможных рецидивах их прежних ошибок. [...]

Положение Сталина в этот момент было предпочтительнее других. В ожесточенной дискуссии с Троцким по вопросам партийного строительства и экономической политики партии, состоявшейся незадолго до смерти Ленина осенью 1923 года, он опирался на аппарат, на существовавшее в партии недоверие к Троцкому, к его политическому прошлому.

В результате авторитет Сталина значительно возрос, а делегаты XIII съезда РКП(б), высказавшись за его кандидатуру на посту Генерального секретаря ЦК партии, фактически предрешили решение этого вопроса на организационном пленуме ЦК в июне 1924 года...»

Авторитет Сталина значительно возрос на фоне Троцкого, но не более.

«Завещание», как мы помним, состояло не только из характеристик, но и из прямого предложения переместить Сталина с поста Генерального секретаря. Почему послание Владимира Ильича было оставлено без внимания? Рассмотрим этот вопрос подробнее.

В мае 1922 года у Ленина случился инсульт, который проявился утратой речи и частичным параличом правой стороны тела. После непродолжительного улучшения уже к осени симптомы вновь обострились. В декабре 1922 года у Ленина случился второй удар, и он оказался прикован к постели.

М.И. Ульянова вспоминает [6] об этом периоде:

«30 мая Владимир Ильич потребовал, чтобы к нему вызвали Сталина. Уговоры Кожевникова отказаться от этого свидания, так как это может повредить ему, не возымели никакого действия. Владимир Ильич указывал, что Сталин нужен ему для совсем короткого разговора, стал волноваться, и пришлось выполнить его желание. Позвонили Сталину, и через некоторое время он приехал вместе с Бухариным. Сталин прошел в комнату Владимира Ильича, плотно прикрыв за собою, по просьбе Ильича, дверь. [...] Через несколько минут дверь в комнату Владимира Ильича открылась, и Сталин, который показался мне несколько расстроенным, вышел. [...] Я пошла проводить их. Они о чем-то разговаривали друг с другом вполголоса, но во дворе Сталин обернулся ко мне и сказал: «Ей (он имел в виду меня) можно сказать, а Наде (Надежде Константиновне) не надо». И Сталин передал мне, что Владимир Ильич вызывал его для того, чтобы напомнить ему обещание, данное ранее, помочь ему вовремя уйти со сцены, если у него будет паралич. «Теперь момент, о котором я вам раньше говорил, — сказал Владимир Ильич, — наступил, у меня паралич и мне нужна ваша помощь». Владимир Ильич просил Сталина привезти ему яда».

Трудно сказать, где современные исследователи находят «руку Сталина» в изоляции В.И. Ленина зимой 1922 года. Запреты врачей сыплются на него непрерывно (и безрезультатно) целый год, но единственный результат, которого удается добиться, — это ограничение деятельности Ильича возможностью только диктовать, и не больше нескольких минут в день.

На фоне ухудшающегося здоровья Ленина 18 декабря 1922 года (уже после второго удара) пленум ЦК РКП(б) принимает решение оградить его от всякой информации. Решение пленума звучит так [7]: «На т. Сталина возложить персональную ответственность за изоляцию Владимира Ильича как в отношении личных сношений с работниками, так и переписки».

Дальнейшее развитие событий нам известно: Н.К. Крупская (возможно, просто чтобы порадовать) информирует Ленина о том, что его решение о монополии на внешнюю торговлю принято. Ленин загорается и диктует письмо

Троцкому. О письме узнает Сталин и звонит Надежде Константиновне.

«Легко представить себе возмущение Сталина, когда он узнал, что вопреки предписанному режиму Крупская спустя несколько дней приняла от Ленина диктовку... — пишет в статье «Сталин и Ленин» философ и публицист Р.И. Косолапов. — Последующие «доброхоты» пересказывали этот разговор с разными озадачивающими подробностями... но все выглядело, вероятно, проще. Крупская крепко обиделась, когда Сталин напомнил ей о существовании ЦКК (Центральной контрольной комиссии. — *Авт.*), которая призвана пресекать нарушения решений ЦК».

Аналогичную версию событий встречаем в уже цитировавшихся воспоминаниях М.И. Ульяновой: «При абсолютном запрещении врачей Крупская продолжала передавать записанные ею под диктовку Ленина его записки, письма соратникам, что вызвало раздражение Сталина, пригрозившего ей вызовом на заседание Контрольной комиссии ЦК партии (председателем которой был Каменев)».

Да и в самом письме Крупской говорится: «В единогласном решении Контрольной комиссии, которая позволяет себе грозить Сталин, я не сомневаюсь, но у меня нет ни сил, ни времени, которые я могла бы тратить на эту глупую склоку».

Очевидно, случившееся задело Надежду Константиновну до глубины души. «О чем можно и о чем нельзя говорить с Ильичем, я знаю лучше всякого врача...» — пишет она Каменеву. Видимо, вскоре история ссоры доходит и до В.И. Ленина.

Нужно упомянуть, что как у Хрущева, так и в дальнейшем в отечественной публицистике присутствует некоторая путаница с датировками. «Письмо к съезду» Хрущев верно датирует декабрем 1922 года, и касается оно не только Сталина, в нем Ленин дает характеристики многим партийным деятелям. Другая часть письма, начинающаяся со слов «Сталин слишком груб, и этот недостаток...», известна как «Дополнения от 4 января 1923 года к письму-диктовке В.И. Ленина».

В этот период, уже после того, как конфликт с Н.К. Крупской становится ему известен, В.И. Ленин диктует два письма. Известное нам дополнение к «Политическому завещанию» и личное письмо Сталину: «Вы имели грубость позвать мою жену к телефону и обругать ее...» Далее из письма Ленина следует, что Сталин и Крупская между собой давно это недоразумение разрешили: «Хотя она Вам и выразила согласие забыть сказанное, но тем не менее...» — и далее о разрыве отношений.

К сожалению, эти два весьма эмоциональных письма В.И. Ленина являются, видимо, следствием прогрессирующей болезни, на которую, возможно, наложилась обида за так и не исполненное Сталиным в мае обещание. По крайней мере, нет оснований полагать, что прикованный к постели Владимир Ильич за год болезни имел другие основания пересмотреть свое отношение к И.В. Сталину. В апреле он выдвинул его на пост Генерального секретаря, в мае просил помочь уйти из жизни, а через 8 месяцев призвал «переместить» на основании того, что он груб. Если реальные основания были, остается только удивляться, что они не приведены по существу.

Глава 14
ФОРМИРОВАНИЕ МИФА: «БОЛЬШОЙ ТЕРРОР» 1937 ГОДА

Из работ В. Земскова нам известно, что общее число заключенных ГУЛАГа в период с 1937 по 1939 год изменилось с 1 196 369 человек до 1 672 438 человек. Это не самый большой скачок в истории ГУЛАГа, куда большие перепады можно видеть в период с 1934 по 1936 (увеличение более чем вдвое, с 500 тысяч до 1,3 миллиона), а также с 1947 по 1950 год (увеличение в 1,5 раза, с 1,7 до 2,6 миллиона).

Почему же именно 1937-й стал именем нарицательным и вошел в историографию как год «Большого террора»? За ответом вновь обратимся к докладу «О культе личности и его последствиях» Н.С. Хрущева на XX съезде КПСС.

Закончив с грубостью Сталина, Первый секретарь переходит непосредственно к вопросу о массовых репрессиях. Этот вопрос логически связан с предыдущими обвинениями, из речи Хрущева следует: узурпировав власть и устранив коллегиальность руководства, Сталин развязал произвол по отношению к партии.

Собравшиеся в зале делегаты съезда слышат об этом впервые, для них информация, которую зачитывает Хрущев, является открытием и вызывает бурную эмоциональную реакцию.

Н.С. Хрущев: «Произвол Сталина по отношению к партии, к ее Центральному Комитету особенно проявился после XVII съезда партии, состоявшегося в 1934 году.

Центральный Комитет [...] выделил партийную комиссию Президиума ЦК, которой поручил тщательно разобраться в вопросе о том, каким образом оказались возможными массовые репрессии против большинства состава членов и кандидатов Центрального Комитета партии, избранного XVII съездом ВКП(б).

Комиссия ознакомилась с большим количеством материалов в архивах НКВД, с другими документами и установила многочисленные факты фальсифицированных дел против коммунистов, ложных обвинений, вопиющих нарушений социалистической законности, в результате чего погибли невинные люди.

Выясняется, что многие партийные, советские, хозяйственные работники, которых объявили в 1937—1938 годах «врагами», в действительности никогда врагами, шпионами, вредителями и т. п. не являлись [...]

Комиссия представила в Президиум ЦК большой документальный материал о массовых репрессиях против делегатов XVII партийного съезда и членов Центрального Комитета, избранного этим съездом. Этот материал был рассмотрен Президиумом Центрального Комитета.

Установлено, что из 139 членов и кандидатов в члены Центрального Комитета партии, избранных на XVII съезде партии, было арестовано и расстреляно (главным образом в 1937—1938 гг.) 98 человек, то есть 70 процентов. (Шум возмущения в зале.) [...]

Такая судьба постигла не только членов ЦК, но и большинство делегатов XVII съезда партии. Из 1966 делегатов съезда с решающим и совещательным голосом было арестовано по обвинению в контрреволюционных преступлениях значительно больше половины — 1108 человек. Уже один этот факт говорит, насколько нелепыми, дикими, противоречащими здравому смыслу были обвинения в контрреволюционных преступлениях, предъявленные, как теперь выясняется, большинству участников XVII съезда партии. (Шум возмущения в зале.)»

В дальнейшем Н.С. Хрущев многократно упоминает в своем докладе 1937 год в связи с массовыми чистками в рядах ВКП(б), при этом выражение «массовый террор» звучит в его речи рефреном. Задачей Хрущева по-прежнему является именно демонизация Сталина.

Н.С. Хрущев: «Используя установку Сталина о том, что чем ближе к социализму, тем больше будет и врагов, используя резолюцию февральско-мартовского Пленума ЦК по докладу Ежова, провокаторы, пробравшиеся в органы государственной безопасности, а также бессовестные карьеристы стали прикрывать именем партии массовый террор против кадров партии и Советского государства, против рядовых советских граждан. Достаточно сказать, что количество арестованных по обвинению в контрреволюционных преступлениях увеличилось в 1937 году по сравнению с 1936 годом более чем в десять раз!»

Десятикратное увеличение числа осужденных по 58-й статье не могло не отразиться на статистике (вряд ли обычная преступность решила в этот год снизиться пропорционально росту числа «политических»), однако такого всплеска числа заключенных ГУЛАГа в статистических данных не наблюдается.

В продолжении доклада Н.С. Хрущев уходит от общего рассмотрения вопроса, приводит ряд частных примеров незаконного осуждения партийных деятелей, после чего резюмирует: «Но нет сомнения, что наше продвижение вперед, к социализму, и подготовка к обороне страны осуществлялись бы более успешно, если бы не огромные потери в кадрах, которые мы понесли в результате массовых, необоснованных и несправедливых репрессий в 1937—1938 годах».

Утверждения о массовых репрессиях, которым подверг И.В. Сталин партийный аппарат, остро ставили вопрос мотивации «отца народов». Что подтолкнуло Сталина на эту чистку, затронувшую многих старых большевиков? Н.С. Хрущев ловко обходит эту тему и дает ничего не объясняющий ответ. Который тем не менее можно встретить во множестве публикаций и сегодня:

«Сталин был человек очень мнительный, с болезненной подозрительностью, в чем мы убедились, работая вместе с ним. Он мог посмотреть на человека и сказать: «Что-то у вас сегодня глаза бегают» или: «Почему вы сегодня часто отворачиваетесь, не смотрите прямо в глаза?». Болезненная подозрительность привела его к огульному недоверию, в том числе и по отношению к выдающимся деятелям партии, которых он знал много лет. Везде и всюду он видел «врагов», «двурушников», «шпионов».

Отдельно Н.С. Хрущев проходится по роли Л. Берии в массовых репрессиях сталинского периода: «Центральным Комитетом партии Берия был разоблачен вскоре после смерти Сталина. В результате тщательного судебного разбирательства были установлены чудовищные злодеяния Берии, и он был расстрелян.

Спрашивается, почему же Берия, который уничтожил десятки тысяч партийных и советских работников, не был разоблачен при жизни Сталина? Он не был раньше разоблачен потому, что умело использовал слабости Сталина, разжигая в нем чувство подозрительности, во всем угождал Сталину, действовал при его поддержке».

Выше мы рассматривали, при каких обстоятельствах был «разоблачен» и в чем обвинен Л. Берия. К сожалению, в речи Н.С. Хрущева это далеко не первая и не последняя подобная «оплошность». К преступлениям Берии добавлены «десятки тысяч» уничтоженных партийных и советских работников. Но особо нужно отметить фразу «умело использовал слабости Сталина, разжигая в нем чувство подозрительности, во всем угождал Сталину» —

здесь мы видим зародыш будущего мифа о Л. Берии как «сером кардинале» Кремля.

Доклад Н.С. Хрущева на XX съезде КПСС изобилует подобными утверждениями. Ярким примером является формирование мифа о «Большом терроре» 1937 года. Н.С. Хрущев, как мы могли убедиться, говорит вовсе не о репрессиях в нашем современном понимании. Речь идет именно о чистке рядов ВКП(б), которая пришлась на 1937—1938 годы. Фактами преследования старых большевиков возмущены и депутаты съезда. Цифры приводит сам Хрущев: 98 кандидатов в члены ЦК и 1108 депутатов XVII съезда.

Впоследствии тем же фактом будут возмущаться многочисленные читатели доклада «О культе личности и его последствиях». Публикация его тезисов состоялась 26 марта 1956 г. в газете «Правда», сам доклад официально не публиковался до 1989 года, однако в «самиздате» ходили его многочисленные копии, часто искаженные.

1937 год стал именем нарицательным, «потеряв» при этом большую часть смыслов, выраженных в докладе Хрущева. Современное понятие «Большого террора» 1937 года имеет уже совершенно иное значение.

В завершении главы лишь отметим, что в своей борьбе с культом личности Н.С. Хрущев был неразборчив в средствах и шел для достижения цели как на искажения, так и на откровенные подтасовки. В. Земсков в уже цитировавшейся статье «ГУЛАГ (историко-социологический аспект)» замечает: «Свою лепту в запутывание вопроса о статистике заключенных ГУЛАГа внес и Н.С. Хрущев, который, видимо, с целью помасштабнее представить собственную роль освободителя жертв сталинских репрессий, написал в своих мемуарах: «... когда Сталин умер, в лагерях находилось до 10 млн. человек». В действительности же 1 января 1953 г. в ГУЛАГе содержалось 2 468 524 заключенных: 1 727 970 — в лагерях и 740 554 — в колониях. В ЦГАОР СССР хранятся копии докладных записок руководства МВД СССР на имя Н.С. Хрущева с указанием точного числа заключенных, в том числе и на момент смерти И.В. Сталина. Следовательно, Н.С. Хрущев был прекрасно информирован о подлинной численности гулаговских заключенных и преувеличил ее в четыре раза преднамеренно».

Глава 15
СТАЛИН И НАПАДЕНИЕ ФАШИСТСКОЙ ГЕРМАНИИ

Подробный анализ доклада Н.С. Хрущева вряд ли возможен вне рамок специально посвященного ему исследования. Остановимся лишь на наиболее распространенных сегодня мифах, берущих свое начало из речи «О культе личности и его последствиях». Отдельным элементом в обличении Сталина становится для Н.С. Хрущева период Великой Отечественной войны. Здесь впервые звучат тезисы о вине Сталина за поражения 1941 года, а также подвергается сомнению внезапность удара фашистской Германии по СССР.

Н.С. Хрущев говорит: «В ходе войны и после нее Сталин выдвинул такой тезис, что трагедия, которую пережил наш народ в начальный период войны, является якобы результатом «внезапности» нападения немцев на Советский Союз. Но ведь это, товарищи, совершенно не соответствует действительности».

На каких основаниях делает Хрущев такие выводы? Далее в докладе значится: «Многочисленные факты предвоенного периода красноречиво доказывали, что Гитлер направляет все свои усилия для того, чтобы развязать войну против Советского государства, и сконцентрировал большие войсковые соединения, в том числе танковые, поблизости от советских границ. Из опубликованных теперь документов видно, что еще 3 апреля 1941 года Черчилль через английского посла в СССР Криппса сделал личное предупреждение Сталину о том, что германские войска начали совершать передислокацию, подготавливая нападение на Советский Союз».

«Само собой разумеется, что Черчилль делал это отнюдь не из-за добрых чувств к советскому народу, — говорится далее в докладе. — Он преследовал здесь свои империалистические интересы — стравить Германию и СССР в кровопролитной войне и укрепить позиции Британской империи. Тем не менее Черчилль указывал в своем послании, что он просит «предостеречь Сталина, с тем чтобы обратить его внимание на угрожающую ему опасность ... Однако эти предостережения Сталиным не принимались во внимание. Больше того, от Сталина шли указания не доверять информации подобного рода, с тем чтобы-де не спровоцировать начало военных действий».

Если Черчилль, что признает и Хрущев, «делал это отнюдь не из-за добрых чувств к советскому народу», а тем более преследовал интересы «стравить Германию и СССР в кровопролитной войне», как должен был Сталин оценивать такие предупреждения? Мог он предполагать, что Черчилль на время воспылал любовью к СССР и прислал предупреждение в порыве добрых чувств? Мог ли Сталин, напротив, заподозрить в британском предупреждении очередную интригу, нацеленную именно на стравливание СССР с Германией?

Факты предвоенного периода говорили не только о военных приготовлениях Гитлера. Ограничения, наложенные на германские вооруженные силы Версальским договором 1919 года, последовательно игнорировались Германией в 30-х, при полном безразличии стран-гарантов соблюдения договора — Великобритании и Франции. Кое-где не обходилось и без прямого поощрения: в 1935 году было подписано англо-германское Морское соглашение, санкционировавшее строительство Германией мощного военно-морского флота. В 1936-м Великобритания и Франция проигнорировали ввод немецких войск в демилитаризованную Рейнскую область, не обратили внимания на аншлюс Австрии и «подарили» Германии Судетскую область Чехословакии в результате Мюнхенского сговора.

В апреле — августе 1939 года по инициативе Москвы прошли переговоры между СССР, Великобританией и Францией о заключении договора о взаимопомощи, нацеленного против Германии. Однако эти переговоры были фактически сорваны представителями Великобритании.

Польская кампания вермахта сентября 1939 года хоть

и вынудила Великобританию и Францию объявить войну фашистской Германии, но это была «Странная война», ни одного выстрела в которой до оккупации Франции в 1940 году так и не прозвучало.

Многочисленные факты предвоенного периода, конечно, красноречиво доказывали, что Гитлер направляет свои усилия для того, чтобы развязать войну против СССР (а также и всей Европы). Более того, неоспорим тезис Хрущева о концентрации значительных войск на советской границе. Но почему особое доверие должно быть оказано предупреждению Черчилля — не ясно. Тем более что, по данным советской разведки, сходные силы были сконцентрированы и против Великобритании, последнего европейского противника Гитлера.

Не следовало ли рассматривать предупреждение как попытку отвести угрозу от Англии, спровоцировав германо-советский конфликт?

Далее в докладе XX съезду Н.С. Хрущев подчеркивает, что предупреждения поступали Сталину не только от политических противников:

«Следует сказать, что такого рода информация о нависающей угрозе вторжения немецких войск на территорию Советского Союза шла и от наших армейских и дипломатических источников, но в силу сложившегося предвзятого отношения к такого рода информации в руководстве она каждый раз направлялась с опаской и обставлялась оговорками.

Так, например, в донесении из Берлина от 6 мая 1941 года военно-морской атташе в Берлине капитан 1-го ранга Воронцов доносил: «Советский подданный Бозер... сообщил помощнику нашего морского атташе, что, со слов одного германского офицера из ставки Гитлера, немцы готовят к 14 мая вторжение в СССР через Финляндию, Прибалтику и Латвию. Одновременно намечены мощные налеты авиации на Москву и Ленинград и высадка парашютных десантов в приграничных центрах...»

Не ставя под сомнение слова Бозера, нетрудно предсказать реакцию главы государства на донесение военно-морского атташе со слов советского подданного, офицера из ставки Гитлера. Сейчас, кроме прочего, нетрудно оценить достоверность этого донесения: война, как мы знаем, началась не 14 мая, а направлением главного удара была отнюдь не Финляндия и Прибалтика.

«В своем донесении от 22 мая 1941 года помощник военного атташе в Берлине Хлопов докладывал, что «наступление немецких войск назначено якобы на 15.VI, а возможно, начнется и в первых числах июня...» — продолжает Хрущев. — В телеграмме нашего посольства из Лондона от 18 июня 1941 года докладывалось: «Что касается текущего момента, то Криппс твердо убежден в неизбежности военного столкновения Германии и СССР, и притом не позже середины июня. По словам Криппса, на сегодня немцы сконцентрировали на советских границах (включая воздушные силы и вспомогательные силы частей) 147 дивизий...»

«Несмотря на все эти чрезвычайно важные сигналы, не были приняты достаточные меры, чтобы хорошо подготовить страну к обороне и исключить момент внезапности нападения», — резюмирует Н.С. Хрущев.

Перед нами заготовка будущего мифа о недоверии И.В. Сталина собственной разведке, которая точно предсказала дату начала войны, но никаких выводов из донесений сделано не было. Как в 1956-м, так и сейчас при некритичном рассмотрении изложенные Хрущевым факты кажутся вопиющими. Впоследствии, когда многие документы Великой Отечественной войны были рассекречены, историография обогатилась многочисленными донесениями разведки, которые делают картину еще более трагичной. Известна резолюция Сталина: «Т-щу Меркулову. Может, послать наш «источник» из штаба герм. авиации к е... матери. Это не «источник», а дезинформатор. И. Ст.». Речь идет об очередном донесении обер-лейтенанта Шульце-Бойзене, который работал под псевдонимом «Старшина», резолюция начертана лично Сталиным. В свете формировавшегося мифа о недоверии разведке эти строки трактовались однозначно.

Совершенно по-другому заставляют взглянуть на этот вопрос рассекреченные в последние годы документы. Историк Игорь Пыхалов в книге «Великая оболганная война» [8] собирает воедино доклады «Старшины» и агента «Корсиканец» предвоенных месяцев: «В мартовских донесениях указывается приблизительный срок нападения около 1 мая... При этом делается оговорка, что «все это вообще может оказаться блефом».

В донесении от 2 апреля сказано, что война начнется 15 апреля.

...30 апреля Гитлер назначил новую дату нападения на СССР — 22 июня ... В отправленном в этот день донесении «Старшина» и «Корсиканец» сообщают, что выступления Германии против Советского Союза «следует ожидать со дня на день» (срок «15 апреля» уже прошел).

Между тем дни проходят, а войны все нет и нет. В результате в донесении от 9 мая называется очередной срок ее начала: 20 мая или июнь.

Наконец, 16 июня сообщается, что все приготовления закончены и теперь «удар можно ожидать в любое время».

Не менее показательны и собранные воедино донесения Рихарда Зорге:

«В его ранних донесениях (10 марта, 2 мая) утверждается, будто нападение на СССР произойдет после войны с Англией...

В донесениях от 2 и 19 мая указывается срок нападения — конец мая (в обоих случаях с оговорками: в первом донесении — «либо после войны с Англией», во втором — «в этом году опасность может и миновать»)... В донесении от 30 мая сказано, что война начнется во второй половине июня (срок «конец мая» уже прошел).

Два дня спустя Зорге «уточняет» дату начала войны — «около 15 июня»... В донесении от 15 июня говорится, что война с СССР «задерживается до конца июня» (срок «15 июня» уже прошел), и вообще неизвестно, будет она или нет.

Наконец, 20 июня сообщается, что «война неизбежна».

Какие действия и к какому числу должен был предпринять Сталин, получая столь противоречивую информацию? Неизбежность войны с фашистской Германией осознавалась руководством СССР с конца 30-х годов, Зимняя война с Финляндией, Освободительный поход РККА и присоединение Западной Украины и Западной

Белоруссии были явными элементами подготовки к войне. Не было это секретом и для западных держав. У.Черчилль, выступая по радио 1 октября 1939 года, заявил: «То, что русские армии должны были встать на этой линии, было совершенно необходимо для безопасности России против нацистской угрозы. Как бы то ни было, эта линия существует, и создан Восточный фронт, который нацистская Германия не осмелится атаковать».

И.В. Сталин на основании донесений разведки не мог принять обоснованных решений к какой-либо определенной дате. «Достаточные меры, чтобы хорошо подготовить страну к обороне», о которых говорит Хрущев, заключались бы в начале мобилизации в СССР. Что уже означало бы войну, как это и произошло в истории Первой мировой: Германия объявила России войну после того, как начались мероприятия по мобилизации населения.

Сталин не желал развязать войну, справедливо полагая, что лучше поздно, чем рано — перевооружение РККА должно было закончиться в 1942 году. Провоцировать в этих условиях отмобилизованную фашистскую Германию, ведущую войны с 1939 года, было, по меньшей мере, неразумно.

Глава 16
ПОСЛЕДСТВИЯ ДОКЛАДА «О КУЛЬТЕ ЛИЧНОСТИ»

Анализ доклада «О культе личности» был бы неполным без рассмотрения его последствий. Есть основания предполагать, что сам Н.С. Хрущев, решая сиюминутную задачу по легитимизации власти, не отдавал себе полного отчета в уровне поднимаемых проблем, а также последствиях их разрешения через разоблачение и демонизацию И.В. Сталина. К этой теме мы еще не раз вернемся в книге по мере рассмотрения все новых материалов.

Немаловажной характеристикой здесь является уровень аргументации Н.С. Хрущева. Примером может служить часть доклада, посвященная межнациональным отношениям и возможным националистическим проявлениям в СССР послевоенного периода. Характерна также и реакция зала. Для нас сегодня, пройдя через распад Советского Союза и многочисленные межнациональные конфликты, эта часть доклада особенно интересна.

«На основании подложных материалов утверждалось, что в Грузии якобы существует националистическая организация, которая ставит своей целью ликвидацию Советской власти в этой республике с помощью империалистических государств.

Мы знаем, что в Грузии, как и в некоторых других республиках, в свое время были проявления местного буржуазного национализма. Возникает вопрос, может быть, действительно в период, когда принимались упомянутые выше решения, националистические тенденции разрослись до таких размеров, что была угроза выхода Грузии из состава Советского Союза и перехода ее в состав турецкого государства? (Оживление в зале, смех.)»

Н.С. Хрущев, отмечая положительную реакцию зала, констатирует: «Это, конечно, чепуха. Трудно даже себе представить, как могли прийти в голову подобные предположения. Всем известно, как поднялась Грузия в своем экономическом и культурном развитии за годы Советской власти».

Речь идет о так называемом Мингрельском деле, одной из самых малоизученных страниц сталинских репрессий. О ней Хрущев говорит: «В связи с этим был арестован ряд ответственных партийных и советских работников Грузии. Как потом установлено, это была клевета на Грузинскую партийную организацию».

Что же считает Н.С. Хрущев прививкой от национализма? В полном соответствии с марксизмом это для него экономические показатели:

«Промышленная продукция Грузинской республики в 27 раз превышает производство дореволюционной Грузии. В республике заново созданы многие отрасли промышленности, которых не было там до революции: черная металлургия, нефтяная промышленность, машиностроение и другие. Уже давно ликвидирована неграмотность населения, тогда как в дореволюционной Грузии неграмотных насчитывалось 78 процентов.

Сравнивая положение в своей республике с тяжелым положением трудящихся в Турции, могли ли грузины стремиться присоединиться к Турции? В Турции в 1955 году выплавлено стали на душу населения в 18 раз меньше, чем в Грузии. В Грузии производится электроэнергии на душу населения в 9 раз больше, чем в Турции».

Сегодня аргументы такого плана вряд ли способны кого-либо убедить в отсутствии и даже невозможности национализма в том или ином территориальном образовании. Однако для Хрущева аргументы необходимы и достаточны. «В Грузии в годы Советской власти неизмеримо поднялось материальное благосостояние трудящихся. Ясно, что в Грузии по мере развития экономики и культуры, роста социалистической сознательности трудящихся все больше исчезает почва, которой питается буржуазный национализм».

Мы прекрасно знаем, как разгорелся «буржуазный национализм» в позднем СССР, который выплавлял стали и производил электроэнергии на душу населения многократно больше, чем в 1956 году. И материальному благосостоянию трудящихся в конце 90-х можно было лишь позавидовать из середины 50-х. Что не помешало лавинообразному росту национализма в республиках, это не исключает его и сейчас, в конце первой декады 2000-х.

Вывод, который можно сделать из этих слов Н.С. Хрущева, к сожалению, неутешителен. Первый секретарь совершенно не представлял себе сути проблемы; его восприятие национальной политики через призму вульгарного марксизма неприменимо на практике. Остается лишь радоваться, что в национальном вопросе он не пошел по пути широких реформ, ограничившись передачей Крыма Украине и возвращением на Северный Кавказ переселенных ранее чеченцев и ингушей.

Непонимание сути поднимаемых проблем и последствий, к сожалению, проявилось в случае с Н.С. Хрущевым не только в национальном вопросе. Разоблачение культа личности было проведено методами, породившими многоуровневую мифологию, но также и вбившими клин в основу Советского государства и социалистического блока. Внутриполитические последствия мы рассмотрим ниже, пока же остановимся на внешнеполитических последствиях действий Хрущева.

Авторы уже цитировавшегося выше исследования «Советский Союз в локальных войнах и конфликтах» отмечают [9]:

«Для социалистической системы едва ли не самым серьезным потрясением стал кризис в Венгрии 1956 г.[...] Основной причиной кризиса явилась попытка венгерского руководства «модернизировать» социалистический строй, реанимировав демократические принципы внутриполитической жизни и введя в экономику страны рыночные элементы.

Непосредственным поводом для этого стал «ветер перемен», казалось, пронесшийся над социалистическим лагерем после смерти Сталина ...»

Катализатором процессов послужили непродуманные действия советского руководства, стремление побыстрей преодолеть «сталинизм», записать в свой актив реальные свершения на международной арене. Одним из таких импульсивных действий стало форсированное примирение с югославской компартией после смерти Сталина. Последствия не заставили себя ждать.

«Примирение с Тито имело далеко идущие политические последствия. Если Тито таким образом реабилитирован Москвой, то, значит, немалое число людей, репрессированных в ходе кампании против «титоизма», осуждены невинно. Это оказало сильное отрезвляющее воздействие даже на тех, кто в странах Восточной Европы искренне верил в идеалы социализма. В этих государствах, в том числе и Венгрии, началась кампания по реабилитации лиц, пострадавших за «титоизм»...» [10].

Примирение с Тито привело к формальному улучшению отношений с Югославией (хотя даже самые прокоммунистические источники признают, что напряженность в отношениях Москвы и Белграда по-прежнему сохранялась, а сам Тито открыто бравировал отношениями с США), но посеяло зерна сомнений во всем социалистическом блоке. Последовавший далее доклад на XX съезде произвел эффект разорвавшейся бомбы. Авторы исследования «Советский Союз в локальных войнах и конфликтах» отмечают:

«Огромное значение имела разоблачавшая сталинский режим речь Хрущева на XX съезде КПСС (14—25 февраля 1956 г.), которая, несмотря на свою «секретность», в считаные недели стала широко известной в восточноевропейских странах. Критика недавнего прошлого, осуждение культа личности, ошибок и преступлений вызвала в социалистических странах Восточной Европы достаточно сильные, явные или скрытые, антисоветские настроения».

Причем Венгрия была здесь не одинока: «По-прежнему вдохновляющее воздействие на венгров оказывали события в Польше, где к середине октября 1956 г. своего апогея достигла борьба «за демократизацию социализма», — читаем далее в работе. — Повсеместно проходившие в Польше массовые митинги грозили перерасти в вооруженные столкновения. Социалистический блок, казалось, трещал по всем швам».

В действительности события в социалистическом блоке только начинались. Впереди была «Пражская весна» 1968 года, тлеющая революция «Солидарности» в Польше, развал социалистического блока в 1989 году — начиная с открытия границ Венгрией и заканчивая уничтожением Берлинской стены. Имеющий огромный государственный (и в то же время специфический) опыт Китай предпочел снизить до минимума отношения с СССР, нежели попасть под волну охватившего Европу краха сталинизма.

При всей своей противоречивости на образе Сталина строился весь послевоенный миропорядок в Восточной Европе и других социалистических странах. Сталин был символом и знаменем эпохи. Конечно, пропаганда играла свою роль, но и сам Сталин не давал повода усомниться в своем значении. Знаменитый впоследствии югославский диссидент, писатель Милован Джилас, который встречался со Сталиным еще в 1944 году, писал в своей книге «Беседы со Сталиным»: «Сталин был чем-то большим, чем просто великий полководец. Он являлся живым воплощением великой идеи, превратившимся в умах коммунистов в чистую идею и тем самым — в нечто несокрушимое и непогрешимое» [11].

Китай, понимая это, предпочел пойти на разрыв отношений с СССР, видя, как развивается советская политика после смерти И.В. Сталина. К сожалению, в руководстве самого СССР не нашлось человека, способного понять и принять вызов истории. Борясь с культом личности, никому не пришло в голову посмотреть, не стоит ли за ним что-нибудь важное, от него зависящее. «С водой и ребенка выплеснули».

ПРИМЕЧАНИЯ

1. *В.П. Наумов, Ю.В. Сигачев*. «Лаврентий Берия. 1953. Стенограмма июньского Пленума ЦК КПСС и другие документы». М., 1999.
2. Там же.
3. Доклад «О культе личности и его последствиях» здесь и далее цит. по http://www.hrono.ru/dokum/doklad20.html
4. *Э. Радзинский*. «Сталин». Цит. по эл. версии http://www.radzinski.ru/books/stalin/2.
5. *М. Лобанов*. «Сталин в воспоминаниях современников и документах эпохи». М., «Алгоритм». 2008. С.79 — 80.
6. Там же. С.155—156.
7. Там же. С.157.
8. *И. Пыхалов*. «Великая оболганная война». М., Яуза, Эксмо. 2005.
9. *С. Лавренов, И. Попов*. «Советский Союз в локальных войнах и конфликтах». М., АСТ; Астрель. 2003. Цит. по эл. книге.
10. Там же.
11. Там же.

Часть 3
СТАЛИНСКИЕ РЕПРЕССИИ В ПЕРИОД ВОВ

Глава 17
НЕСКОЛЬКО СЛОВ О ГЛОБУСЕ ХРУЩЕВА

Великая Отечественная война подверглась в последние 60 лет тотальной мифологизации. Многоэтапность и многоуровневость формирования черного мифа о сталинских репрессиях в полной мере характерна для отображения событий Великой Отечественной войны как ключевого этапа сталинского правления. Старт этим процессам был дан, как мы отмечали, Н.С. Хрущевым на волне разоблачения культа личности. Задачи, стоящие перед Хрущевым, не требовали глубокой проработки идеологем и соотнесения их с исторической реальностью или даже здравым смыслом. Так, славословиям о гении Сталина он противопоставил сделанное с трибуны XX съезда КПСС заявление, что Сталин руководил войсками по глобусу.

«Я позволю себе привести в этой связи один характерный факт, показывающий, как Сталин руководил фронтами. [...] А надо сказать, что Сталин операции планировал по глобусу. (Оживление в зале.) Да, товарищи, возьмет глобус и показывает на нем линию фронта» [1].

При всей анекдотичности таких утверждений на них продолжают ссылаться современные авторы. Возможно, ряд публицистов действительно допускают подобную возможность. Чтобы развеять сомнения, приведу фрагмент директивы Военного Совета Западного фронта № 0103/оп от 13 декабря 1941 г. [2]:

«ОСОБОЙ ВАЖНОСТИ

КОМАНДУЮЩИМ 30, 1, 20, 16 и 5-й АРМИЯМИ
Копия: НАЧАЛЬНИКУ ГЕНЕРАЛЬНОГО ШТАБА

ШТАБ ЗАПАДНОГО ФРОНТА № 0103/ОП 13.12.41.
Карта 500 000

1. Противник, ведя упорные арьергардные бои, продолжает отход на запад.

2. Ближайшая задача армиям правого крыла фронта — неотступным преследованием завершить разгром отступающего противника и к исходу 18.12.41 г. выйти на рубеж Степурино, Раменье, Шаховская, Андреевская, верховье р. Руза, Осташево, Васюково, Клементьево, Облянищево, Грибцово, Маурино.

3. ПРИКАЗЫВАЮ:

а) командующему 30-й армией, окружив частью сил Клин, главными силами армии 16.12.41 г. выйти на рубеж Тургиново, Покровское, (иск.) Теряева Слобода.

Прочно обеспечить правый фланг фронта.

Разграничительные линии: справа — до Тургиново прежняя, далее — (ориентировочно) (иск.) р. Шоша; слева — до Клин прежняя, далее — (иск.) Теряева Слобода, (иск.) Княжьи Горы; [...]»

Перед нами документ непосредственного управления фронтом, устанавливающий рубежи наступления и линии разграничения между войсками армий. Возьмите любой глобус и попробуйте найти на нем населенные пункты, указанные в директиве.

Завершая картину, замечу лишь, что Сталин вообще не планировал операций — для этого существует Генштаб.

Из доклада «О культе личности...» и воспоминаний Хрущева берет свое начало широко известный сегодня миф о том, что Сталин в первые дни войны впал в прострацию, не руководил страной, пока члены Политбюро не явились к нему с намерением чуть ли не арестовать.

Даже с обращением к народам СССР в связи с началом ВОВ был вынужден выступить Молотов.

В мемуарах Хрущева этот эпизод выглядит так (Хрущев столкнулся с серьезной проблемой, так как лично не мог участвовать в описываемых событиях; их он приводит со слов уже расстрелянного за «антисталинизм» Берии):

«Берия рассказал следующее: когда началась война, у Сталина собрались члены Политбюро. Не знаю, все или только определенная группа, которая чаще всего собиралась у Сталина. Сталин морально был совершенно подавлен и сделал такое заявление: «Началась война, она развивается катастрофически. Ленин оставил нам пролетарское Советское государство, а мы его просрали». Буквально так и выразился. «Я, — говорит, — отказываюсь от руководства», — и ушел. Ушел, сел в машину и уехал на ближнюю дачу» [3].

Согласно этой легенде, Сталин на длительный период устранился от работы, не появлялся в Кремле и ничем не руководил, пока члены Политбюро не решились ехать к нему просить вернуться к управлению страной. Хрущев продолжает:

«Когда мы приехали к нему на дачу, то я (рассказывает Берия) по его лицу увидел, что Сталин очень испугался. Полагаю, что Сталин подумал, не приехали ли мы арестовывать его за то, что от отказался от своей роли и ничего не предпринимает для организации отпора немецкому нашествию?» [4].

В дополняющих хрущевскую версию воспоминаниях Микояна читаем [5]:

«Приехали на дачу к Сталину. Застали его в малой столовой сидящим в кресле. Увидев нас, он как бы вжался в кресло и вопросительно посмотрел на нас. Потом спросил: «Зачем пришли?» Вид у него был настороженный, какой-то странный, не менее странным был и заданный им вопрос. Ведь, по сути дела, он сам должен был нас созвать. У меня не было сомнений: он решил, что мы приехали его арестовывать.

Молотов от нашего имени сказал, что нужно сконцентрировать власть, чтобы поставить страну на ноги. Для этого создать Государственный комитет обороны. «Кто во главе?» — спросил Сталин. Когда Молотов ответил, что во главе — он, Сталин, тот посмотрел удивленно, но никаких соображений не высказал».

У Микояна есть большой плюс — он лично присутствовал на этой встрече и не нуждается в ссылках на Берию или кого-либо еще из окружения Сталина. Казалось бы, Анастас Иванович личными воспоминаниями полностью подтверждает версию Н.С. Хрущева. Однако нужно заметить, что его официальные мемуары подверглись серьезной «литературной обработке» в целях большего соответствия линии партии. В двухтомном сборнике документов «1941 год», подготовленном фондом «Демократия» А. Яковлева, приведен изначальный текст мемуаров А. Микояна:

«Приехали на дачу к Сталину. Застали его в малой столовой сидящим в кресле. Он вопросительно смотрит на нас и спрашивает: зачем пришли? Вид у него был спокойный, но какой-то странный, не менее странным был и заданный им вопрос. Ведь, по сути дела, он сам должен был нас созвать.

Молотов от имени нас сказал, что нужно сконцентрировать власть, чтобы быстро все решалось, чтобы страну поставить на ноги. Во главе такого органа должен быть Сталин» [6].

К оригиналу, как мы видим, «всего лишь» добавлена пара фраз «вжался в кресло» и «у меня не было сомнений: он решил, что мы приехали его арестовывать»...

Эти утверждения прочно вошли в современную литературу и публицистику. Следуя им, можно заключить, что прострация Сталина длилась с первого дня войны до создания Государственного комитета обороны, то есть с 22 июня по 30 июня 1941 года. К счастью, архивы сохранили для нас журналы посещений кремлевского кабинета Сталина. Дежурный офицер в приемной скрупулезно отмечал, кто, когда и во сколько входил в кабинет и во сколько его покинул [7].

Для сравнения приведем записи предвоенного периода:
1 марта 1941 года Сталин принял в своем кабинете Тимошенко, Жукова, Кулика, Рычагова, Жигарева, Горемыкина. Прием продолжался с 20:05 до 23:00.

Следующая запись датирована 8 марта, состоялся прием Тимошенко, Кулика, Жукова, Мерецкова, Рычагова, прием продолжался с 20:05 до 23:30.

17 марта Сталин заслушал доклады Тимошенко, Жукова, Буденного, Рычагова и Жигарева с 17:15 до 23:10.

Последний приемный день в марте — 18 числа. С 19:05 до 21:10 Сталин выслушал Тимошенко, Жукова, Рычагова и Кулика.

Итого, в марте 1941 года у Сталина в его кремлевском кабинете было 4 приемных дня, в день он принимал до 6 человек — исключительно в вечернее и даже в ночное время.

Обратимся к журналам посещения кабинета Сталина в июне 1941 года:

До 22 июня приемными днями у Сталина были 3, 6, 9, 11, 17, 19, 20 и 21 июня. Прием традиционно проходил в вечернее время, максимальное число посетителей было в кабинете 11 июня — 8 человек, и 21 июня — 12 человек. Этот день закончился для Сталина, согласно журналу посещений, в 23:00. Была подписана директива № 1 в Западные приграничные военные округа.

22 июня, в день начала Великой Отечественной войны, И.В. Сталин начинает прием в своем кремлевском кабинете в 5:45 утра. До 16:45 он принял 28 человек.

23 июня прием у Сталина начинается в 3:20 ночи и продолжается до 0:55 следующего дня. За это время у Сталина побывали 21 человек.

24 июня 1941 года Сталин начинает прием в своем кремлевском кабинете с 16:20 и продолжает его до 21:30. Он принимает 20 человек.

25 июня прием начинается в 1 час ночи и длится до 1 часа ночи следующего дня. Через кабинет Сталина прошли 29 человек.

26 июня уже в 12:10 И.В. Сталин снова работает. До 22:20 он успевает принять 29 человек.

27 июня с 16:30 до 2:35 28 июня он принял 29 человек, в том числе Микояна в 19:30 и Берию в 21:25.

28 июня прием был возобновлен в 19:35, закончился в 00:15 29-го числа, через кабинет прошло «всего» 25 человек, в том числе Берия и Микоян.

После этого вид И.В. Сталина, который, согласно воспоминаниям Микояна, показался ему 30-го числа «каким-то странным», не должен удивлять. Непонятно, в какое время Сталин спал в эти дни за исключением 29-го числа, когда записей в книге посещений его кабинета нет. Нужно отметить, что работа Сталина не ограничивалась приемом в кремлевском кабинете, он посещал, в частности, Наркомат обороны, одно из таких посещений закончилось небезызвестным резким разговором с Г.Жуковым.

Описания этого эпизода интересно соотнести с воспоминаниями Хрущева. Как мы помним, когда началась война, Сталин якобы был совершенно подавлен и сделал такое заявление: «Началась война, она развивается катастрофически. Ленин оставил нам пролетарское Советское государство, а мы его просрали». «Я, — говорит, — отказываюсь от руководства», — и уехал на ближнюю дачу».

А вот как описывает визит Сталина в Наркомат обороны А. Микоян в своих воспоминаниях:

«29 июня вечером у Сталина в Кремле собрались Молотов, Маленков, я и Берия. Подробных данных о положении в Белоруссии тогда еще не поступило... Встревоженный таким ходом дела, Сталин предложил всем нам поехать в Наркомат обороны...» [8].

Далее обратимся к оригиналу воспоминаний Микояна из сборника фонда «Демократия»:

«В Наркомате были Тимошенко, Жуков, Ватутин. Сталин держался спокойно, спрашивал, где командование Белорусского военного округа, какая имеется связь.

Жуков докладывал, что связь потеряна и за весь день восстановить ее не смогли. [...]

Около получаса поговорили, довольно спокойно. Потом Сталин взорвался: что за Генеральный штаб, что за начальник штаба, который так растерялся, не имеет связи с войсками, никого не представляет и никем не командует [...]

Жуков, конечно, не меньше Сталина переживал состояние дел, и такой окрик Сталина был для него оскорбительным. И этот мужественный человек разрыдался как баба и выбежал в другую комнату. Молотов пошел за ним...

Минут через 5—10 Молотов привел внешне спокойного Жукова.

[...]

Когда мы вышли из Наркомата, он (Сталин. — *Авт.*) такую фразу сказал: «Ленин оставил нам великое наследие, мы — его наследники — все это просрали» [9].

Хрущев, ссылаясь на слова Берии, с которого уже не спросишь, передвинул этот эпизод на день начала войны, поместил события в кремлевский кабинет Сталина и добавил подробностей об отъезде на ближнюю дачу.

Никакой прострации, как мы видим, не было ни в первые, ни в последующие дни войны. Берия никак не мог рассказывать Хрущеву о прострации, так как все эти дни посещал кабинет Сталина по нескольку раз. То же относится и к Анастасу Микояну. История о прострации Сталина, отказе от управления, испуге, что его приехали арестовывать, — вымысел от начала и до конца.

Что касается утверждений о Молотове, который был вынужден выступить вместо Сталина с обращением к народам СССР о начале войны. В первую очередь у Сталина, который закончил работу в 23:00 21 июня и начал в 5 утра 22-го, для такого выступления банально не было времени.

Во-вторых, необходимость выступления Сталина в день начала войны обычно объясняют тем, что главе государства нужно было обратиться к народу в связи с трагедией, обрушившейся на страну. Это перенос сегодняшнего знания обо всем периоде 1941—1945 годов на события утра 22 июня. Нет никаких оснований считать, что с первых часов войны И.В. Сталин мог определить ее как великую трагедию. Все еще не было полной информации о положении на границе, о развитии наступления немецких войск. Ситуация могла повернуться в любую сторону.

В-третьих, кандидатура Молотова вместо Сталина выглядит странной лишь с точки зрения современной политики. Сталин не был публичен. Его выступления по радио за все время правления можно пересчитать по пальцам. Не слишком стремился он выступать и просто перед большой аудиторией, партийные мероприятия не в счет. Сталину не требовалось накручивать рейтинг популярности обращениями к народу, да и средств для такого обращения в ту пору, когда главным носителем информации были газеты, явно недоставало. Не был Сталин и великим оратором. Достаточно прослушать его выступление по радио 3 июля 1941 года.

Военные мифы о Сталине имеют ту же природу, что и мифы о сталинских репрессиях в целом. Художественные произведения и исторические исследования, вышедшие после 1956 года, не могли игнорировать формирующуюся «линию партии», что добавило путаницы в вопрос о событиях ВОВ.

Дальнейшие наслоения мифов привели к формированию постперестроечного образа Великой Отечественной войны, наполненного заградотрядами, штрафбатами, особистами, идущими в ГУЛАГ бывшими военнопленными и окруженцами, а также массово истребленными казаками и власовцами.

Теме мифологизации военной истории посвящен ряд серьезных исследований, появившихся буквально в последние годы. В этой книге остановимся лишь на тех моментах, что имеют непосредственное отношение к образу сталинских репрессий.

Глава 18
ДЕПОРТАЦИЯ НЕМЦЕВ

С началом Великой Отечественной войны массовому переселению из западных областей в глубь страны подверглись этнические немцы (Поволжье, Крым). Каких-либо внутренних законов или международных юридических норм, регламентирующих подобные действия, не существует, в силу чего отдельные современные исследователи (то же общество «Мемориал» или фонд «Демократия» академика Яковлева) однозначно записывают их в число жертв политических репрессий.

Логика таких авторов проста: то, что не описано в законе, является однозначно незаконным, а следовательно, совершено либо преступно, либо по политическим мотивам.

Как правило, забывается, что сама война сильно отличается от обычных отношений мирного времени, в том числе и в юридическом поле. В военный период можно встретить множество явлений, которые недопустимы с точки зрения обычного закона и общепринятой морали. Законно ли, оправданно ли вводить 12-часовой рабочий день на фабриках и заводах? А массовая эксплуатация в период 1941—1945 годов женского и детского труда в цехах?

Даже странно, что Сталину до сих пор не вменили это в вину наряду с другими преступлениями. Ведь за одну заводскую похлебку у станка работали в том числе и 12-летние дети.

Другое дело, что без этой работы под вопросом оказалось бы выживание как детей, так и в целом страны. Зато юридические формальности были бы полностью соблюдены.

В условиях войны происходят невероятные, с точки зрения мирного общества, изменения. На задний план отходит право личного, уступая требованиям общего. Под сомнение ставится и базовое право человека — право на жизнь. Государство может потребовать от каждого отдать свою жизнь для спасения жизней многих других.

Подчас отдать жизнь требуется в бессмысленной атаке на безымянную высотку. И лишь спустя десятилетия выясняется, что эта совершенно «бессмысленная» атака в пешем строю на пулеметы, повторенная несколько раз, являлась частью плана наступления, которое произойдет в 300 километрах и будет иметь успех за счет того, что атака сковала силы противника. Тысячи жизней будут спасены ценой сотен — такова арифметика войны.

Депортации военного времени не были советским изобретением. Ближайшим аналогом из отечественной истории является переселение российских немцев из прифронтовой зоны Первой мировой войны. Кампания, которая проводилась в 1914 году, мало соотносится с современным пониманием гуманизма. Достаточно упомянуть, что немцы были депортированы за свой счет. Далее, в 1915 году последовали указы «О ликвидации землевладения подданных и выходцев из враждебных государств» и «О ликвидации предприятий с участием немецкого капитала».

В период Второй мировой войны высылки, депортации и аресты применялись к представителям воюющих государств или выходцам из них повсеместно в Европе. Великобритания, подвергнув аресту «нежелательных элементов», депортировала их в Канаду. Бельгия и Франция изолировали в лагерях всех беженцев и эмигрантов из Германии наряду с гражданами Третьего рейха. Аналогичные меры предприняла Голландия.

Наиболее известную в истории Второй мировой войны депортацию по этническому признаку провели в 1942 году США. 19 февраля 1942 года Ф.Д. Рузвельт подписал чрезвычайный указ, согласно которому все проживающие на территории США этнические японцы (120 тысяч человек) были помещены в десять специально созданных концентрационных лагерей, откуда были освобождены лишь в 1946—1947 годах и отправлены, как выразились бы у нас, «на спецпоселение». «Особый правовой статус» был снят с них лишь в 1952 году.

Депортации или ограничения свободы, являясь внесудебной репрессией и незаконной, с точки зрения мирного права, мерой, тем не менее активно применялись всеми странами на всем протяжении конфликтов XX века. В современном мире ситуация не сильно изменилась. В британском учебном фильме «Нити» (Threads, 1984 год), который демонстрирует один из сценариев начала термоядерной войны, разъясняется одна из естественных мер предвоенного периода — превентивный арест всех неблагонадежных элементов в стране. Насколько широко трактуется это понятие, можно заключить уже по тому, что в их число попадают и участники антивоенных демонстраций.

В Советском Союзе 1941 года выселения немцев из западных областей начались с первых дней войны, однако из-за быстрого продвижения фашистских войск эта кампания не была полностью завершена, многие этнические немцы Белоруссии и Украины попали под оккупацию.

Первым массовым переселением стала депортация немцев Крыма, которая началась 20 августа 1941 года. Интересно, что проводилась она под предлогом эвакуации в связи с приближающейся линией фронта. Более 30 тысяч человек морем были вывезены через Керченский пролив в Краснодарский край, а оттуда в Казахстан.

Наиболее массовая операция по переселению советских немцев пришлась на сентябрь — ноябрь 1941 года. Выселению подверглись поволжские немцы (446 480 человек), АССР немцев Поволжья была ликвидирована. В Указе Президиума Верховного Совета СССР от 28 августа 1941 года «О переселении немцев, проживающих в районах Поволжья» говорилось:

«По достоверным данным, полученным военными властями, среди немецкого населения, проживающего в районах Поволжья, имеются тысячи и десятки тысяч диверсантов и шпионов, которые по сигналу, данному из Германии, должны произвести взрывы в районах, заселенных немцами Поволжья. О наличии такого большого количества диверсантов и шпионов среди немцев Поволжья никто из немцев, проживающих в районах Поволжья, советским властям не сообщал, следовательно, немецкое население районов Поволжья скрывает в своей среде врагов советского народа и Советской власти. В случае, если произойдут диверсионные акты, затеянные по указке из Германии немецкими диверсантами и шпионами в республике немцев Поволжья и прилегающих районах, и случится кровопролитие.

[...]

Во избежание таких нежелательных явлений и для предупреждения серьезных кровопролитий Президиум Верховного Совета СССР признал необходимым переселить все немецкое население, проживающее в районах Поволжья, в другие районы, с тем чтобы переселяемые были наделены землей и чтобы им была оказана государственная помощь по устройству в новых районах.

Для расселения выделены изобилующие пахотной землей районы Новосибирской, Омской областей, Алтайского края, Казахстана и другие соседние местности. В связи с этим Государственному комитету обороны предписано срочно произвести переселение всех немцев Поволжья и наделить переселяемых немцев Поволжья землей и угодьями в новых районах» [10].

Насколько обоснованы подозрения в сокрытии тысяч диверсантов населением АССР немцев Поволжья? Ответа на этот вопрос до сих пор нет. В силу сложившейся практики отметания всех обвинений Советской власти как надуманных исследования в этом направлении просто не проводились. С одной стороны, Великая Отечественная война действительно началась для СССР с волны диверсионных актов, нарушавших связь, железнодорожное сообщение и т.д., и далеко не все подобные эксцессы можно списать на только что заброшенные с территории Германии диверсионные группы. С другой — получается, что при депортации советских немцев тысячи гипотетических пособников врага были просто депортированы с основной массой населения?

Логика подсказывает, что обвинения немцев Поволжья были лишь поводом для стандартной процедуры изоляции или депортации военного периода. Ранее крымские немцы были переселены без всяких обвинений, а это явно элементы одного процесса. Но неприятная фигура умолчания в этом деле по-прежнему присутствует.

Речь здесь не идет о нарушении презумпции невиновности, советским немцам нет нужды доказывать, что они не совершали преступлений. Хорошо бы нам, для всестороннего понимания проблемы, ответить на этот вопрос для самих себя.

В тот же период в западных областях СССР проходила массовая эвакуация за Урал и в Среднюю Азию населения и промышленных предприятий. Сотни тысяч человек штурмовали отходящие эшелоны в надежде вырваться из-под бомбежек, бежать подальше от линии фронта. За 1941—1942 годы удалось эвакуировать в общей сложности 17 миллионов человек, 60—70 миллионов попали под оккупацию.

Условия, в которых проходила эвакуация, можно представить себе по статье «Война и эвакуация в СССР 1941—1942 гг.» академика РАЕН Г.А. Куманева. В частности, он приводит воспоминания первого секретаря Челябинского обкома ВКП(б) Н.С. Патоличева:

«Случалось, что в открытых полувагонах или на платформах ехали люди. Хорошо, если был брезент, которым можно было прикрыться от дождя. Иногда и этого не было. Здесь же станки или материалы, кое-что из вещей эвакуированных. Именно кое-что. Люди спасались от нашествия варваров, и было, конечно, не до вещей. При более благоприятной обстановке два-три крытых вагона выделяли для женщин с детьми. Вместо 36 человек в них набивалось по 80—100. Никто, разумеется, не роптал — горе объединяло людей, кров которых был захвачен фашистами» [11].

В числе остальных эвакуированных в глубь страны были и депортированные советские немцы. Вряд ли условия их перевозки сильно отличались от условий, в которых выбирались из прифронтовой зоны все остальные. Один несомненный плюс в их ситуации все же присутствовал — их организованно вывезли на новое место жительства в то время, как тысячи и тысячи советских людей были вынуждены правдами и неправдами добиваться места в отходящих на восток эшелонах.

Глава 19
ГУЛАГ В ГОДЫ ВОВ

В ведении ГУЛАГа НКВД на 1941 год находились исправительно-трудовые лагеря (ИТЛ), исправительно-трудовые колонии (ИТК), тюрьмы. Также при ГУЛАГе с 1940 года были сформированы БИРы — Бюро исправительных работ, ведавшие исполнением приговоров по статье «о прогулах». Эти осужденные хоть формально и находились в ведении Главного управления, не являлись тем не менее заключенными, отбывая наказание по месту работы с удержанием 25 процентов заработка. Во избежание дальнейшей путаницы их не стоит относить к контингенту ГУЛАГа наравне, к примеру, с осужденными по той же статье к полугодовому тюремному заключению за самовольное оставление предприятия.

В лагерях и колониях ГУЛАГа, по данным В.Земскова, на 1941 год находилось 1 929 729 человек, в тюрьмах — 487 739 человек (на начало года). В 1942 году происходит сокращение числа заключенных лагерей и колоний — до 1 777 043 человек. Наиболее показательно двукратное сокращение заключенных в тюрьмах в течение 1941 года — уже в июле их число снижается до 216 223 человек.

12 июля и 24 ноября 1941 года вышли указы Президиума Верховного Совета СССР о досрочном освобождении некоторых категорий заключенных, с передачей лиц призывных возрастов в Красную Армию. В соответствии с указами были освобождены 420 тысяч заключенных, в их числе осужденных за прогулы (с отбыванием наказания в тюрьмах), бытовые и незначительные должностные и хозяйственные преступления.

В период 1942—1943 годов были проведены досрочные освобождения еще 157 тысяч человек, всего же за годы ВОВ на укомплектование Красной Армии было передано 975 тысяч заключенных (включая освобожденных за отбытием сроков наказания). За боевые подвиги, проявленные на фронтах Великой Отечественной войны, бывшие заключенные ГУЛАГа Бреусов, Ефимов, Отставнов, Сержантов и другие были удостоены звания Героя Советского Союза [12].

В 1942 году постановлением Государственного комитета обороны (11 апреля 1942 года) был разрешен призыв на военную службу в том числе спецпоселенцев. Приказ НКВД СССР от 22 октября устанавливал норму о восстановлении в гражданских правах и снятии с учета не только призванных в армию спецпоселенцев, но и членов их семей. В ряды РККА и строительные батальоны было призвано более 60 тысяч человек, находившихся до войны на спецпоселении.

Вопреки распространенному мнению, из досрочно освобожденных заключенных ГУЛАГа и спецпоселенцев не формировали специфических «черных» подразделений, как не отправляли их и прямиком в штрафбаты. Хотя бы по той причине, что штрафные батальоны и роты в РККА появились лишь в июле 1942 года, а первая и самая массовая волна освобождений пришлась на 1941 год. Бывшие заключенные поступали либо в обычные строевые части, либо на производство по специальности.

В упоминавшемся выше постановлении ГКО от 11 апреля 1942 года о призыве в армию, в том числе спецпоселенцев, сказано: «Обязать начальника Главупраформа т. Щаденко использовать выделяемые согласно настоящему постановлению 500 000 человек на укомплектование запасных частей для подготовки маршевых пополнений и на доукомплектование выводимых с фронта стрелковых дивизий, а также на формирование танковых и других специальных частей» [13].

В отличие от не представлявших серьезной социальной опасности заключенных указанных категорий, совершенно иначе обстояло дело с осужденными за тяжкие и особо тяжкие преступления. Уже 22 июня 1941 года была принята совместная директива НКВД СССР и Прокуратуры СССР № 221, предписывающая прекратить освобождение из мест заключения (даже по отбытии срока заключения) бандитов, рецидивистов и других опасных преступников, в том числе и осужденных за контрреволюционные преступления по статье 58 УК. Указанную категорию предписывалось взять под усиленную охрану, прекратить использование на работах без конвоирования.

В этой связи В.Земсков отмечает: «Во время войны в ГУЛАГе число осужденных за контрреволюционные и другие особо опасные преступления возросло более чем в 1,5 раза. [...] Общее число задержанных с освобождением до 1 декабря 1944 г. составляло около 26 тыс. человек. Кроме того, около 60 тыс. человек, у которых закончился срок заключения, были принудительно оставлены при лагерях по «вольному найму».

Популярная сегодня в массовой культуре тема о массе «блатных» на фронтах Великой Отечественной войны, как мы видим, совершенно безосновательна. Прежде всего, в ряды РККА было передано за все время войны около миллиона прошедших лагеря бывших заключенных, при численности действующей армии на 1944 год в 6,7 млн.

человек (общий состав армии и флота к концу войны составлял 12 839 800 человек) [14].

«Контингент ГУЛАГа» в войсках составлял, таким образом, менее $1/6$.

Основная масса освобожденных и переданных в РККА заключенных была осуждена за мелкие преступления (в частности, за прогул) на незначительные сроки и никак не могла устанавливать в частях «лагерные порядки». Особо опасные преступники, в том числе уголовники-рецидивисты, освобождению и передаче в войска не подлежали, как и политические заключенные. Истории, служащие лейтмотивом современных фильмов о Великой Отечественной войне, где хороший «политический» зэк вступает в противоборство с массой урок в идущем на фронт эшелоне, являются чистым, незамутненным вымыслом. В эшелоне не могли оказаться ни те, ни другие.

Отдельно следует отметить моральное состояние заключенных ГУЛАГа в период Великой Отечественной войны. «В отчетах ГУЛАГа о настроениях заключенных отмечалось, что только незначительная их часть надеется на освобождение с помощью гитлеровцев, — отмечает в своей работе В. Земсков. — У большинства же царили патриотические настроения.

В 1944 г. трудовым соревнованием было охвачено 95 % работавших заключенных ГУЛАГа, число «отказчиков» от работы по сравнению с 1940 г. сократилось в пять раз и составляло только 0,25 % к общей численности трудоспособных заключенных».

Глава 20
СТАЛИН, КОМИССАРЫ И СОВРЕМЕННЫЕ ДЕМОКРАТЫ

Как известно из позднесоветской и постсоветской мифологии, командиры РККА отличались некомпетентностью, комиссары — пренебрежением к человеческой жизни, солдаты — повальным нежеланием сражаться за режим, принесший им столько зла.

Офицеров массово репрессировал перед войной Сталин. Комиссары отличались зверским нравом по самой своей сути. Солдаты, чьи семьи подвергались гонениям, репрессиям и большевистским экспериментам долгие 24 года, всей душой ненавидели Сталина и советский строй.

Естественно, поддерживать порядок в войсках в этих условиях можно было только массовым террором. Заградотряды, выделенные для этой цели из рядов НКВД, выстраивались за рядами наступающих армий и стреляли в спину из пулеметов «Максим». Этот образ объемно прорисован, к примеру, в знаковом для своего времени фильме «Враг у ворот» режиссера Жан-Жака Анно (2001 год).

Подразумевается, что войска НКВД набирались из каких-то совсем других людей, принципиально отличных от обычных советских.

Эти утверждения сплелись в настолько тугой клубок мифов, что разделять их вряд ли рационально. Основной их чертой по-прежнему являются демоническая фигура Сталина, образ сталинских репрессий и их продолжение на фронтах Великой Отечественной войны. В последующих главах рассмотрим их составляющие подробнее.

Анализируя поражения 1941 года, аналитик «Новой газеты» и по совместительству корреспондент радио «Свобода» Вадим Белоцерковский отмечает в статье «Война. Гитлер. Сталин»:

«Поражение было следствием гнилости сталинского диктаторского режима. Военачальники и все чиновники были парализованы страхом ответственности перед Сталиным...

Весомой причиной поражения было, вероятно, и то обстоятельство, что в 1937—1938 годах «сильная рука» Сталина вырубила более 70 процентов высшего и среднего командного состава, в том числе самых талантливых командиров...

Третью важнейшую причину немецких побед квасным патриотам тяжелее всего признавать. Она в том, что у огромной массы населения Советского Союза не было желания воевать за режим, принесший им столько страданий. Неоспоримое тому доказательство — более двух миллионов солдат, сдавшихся в плен уже в первые два-три месяца войны. Такого не знала история, если не залезать в седую древность!

Не менее яркое доказательство и создание летом 1941 года заградительных отрядов, которые должны были стрелять в отступавших солдат. Факт столь же уникальный, как и массовая сдача в плен» [15].

Здесь мы видим весь массив утверждений, изложенный буквально в паре абзацев. В нем отсутствуют комиссары, впрочем, и в других работах они появляются в качестве персонифицированных выражений «гнилостного» сталинского режима периода ВОВ, зримого его воплощения на фронте.

Интересно, что описания этого режима в современной демократической прессе практически совпадают с пропагандой из фашистских листовок Великой Отечественной войны. Наиболее известная из них «Бей жида — политрука, морда просит кирпича!» как раз изображала комиссара, спрятавшегося с наганом за спинами солдат, которых он гонит в атаку. «Комиссары и политруки принуждают вас к бессмысленному сопротивлению, — гласит текст листовки. — Гоните комиссаров и переходите к нам!»

Это пример исключительный, отнюдь не все гитлеровские листовки были столь тупо прямолинейны. «Просвещению» бойцов РККА о сути режима уделялось большое внимание, комиссары были лишь близким и видимым его проявлением. Куда поучительнее листовка, подписанная «Русский комитет: РОА»:

«Друзья и братья!

В 1932 году иудобольшевистская власть загнала лучших крестьян в ссылки, лагеря и тюрьмы, а остальное крестьянство согнали в колхозы. Хлеба в стране было еще много. Сталин со своими стряпчими послал по всей Руси автоколонны, хлеб выкачивали из глубинных пунктов и свозили в города на площади, огораживали стены из мешков с зерном на большем квадрате и туда ссыпали хлеб. Шли дожди, хлеб пропадал десятками тысяч тонн, а ГПУ искало виновников.

За экономическую контрреволюцию загоняли в тюрьмы «стрелочников», а виновниками были: сам Сталин и жиды.

[...]

Разве вы, товарищи, это забыли? Нет! Вы это хорошо помните и со мной солидарны, но беда ваша в том, что Сталин умеет вас держать под страхом и посылает умирать за ненавистную вам систему».

Если отбросить больной для фашистской пропаганды еврейский вопрос, не правда ли, удивительно знакомые слова? В другой листовке солдатам РККА разъясняется, что наступление Красной армии — временное явление, достигнутое ценой невероятных потерь. «Немцы очень сильны и весьма далеки от истощения. Они не наступают только потому, что им выгодней, чтобы наступала Красная Армия и несла огромные потери». Здесь же излагается и причина, по которой советский режим гонит тем не менее солдат в наступление: «Сталин, бросая свои полки все снова и снова на линию немецкой обороны, не считаясь при этом ни с какими потерями, преследует не военные, а политические цели. Дело в том, что Сталину нужна не вообще победа над немцами, а ему нужна такая победа, при которой он и его клика сохранят свое господство».

Нужно ли удивляться, читая в 2005 году в газете «Московский комсомолец» статью Александра Минкина «Чья победа?»:

«Мы победили. Подумав, понимаешь: победил Сталин. У него и волоса с головы не упало, ни шашлык, ни «Хванчкара», ни «Герцеговина-Флор» из пайка не исчезли. На погибшие миллионы (в том числе на родного сына) ему было плевать. Это несомненно; и он сам это подтвердил: к погибшим на войне с Гитлером миллионам добавил наших пленных, погубленных теперь уже в родных концлагерях. Был такой термин «перемещенные лица» — почти враги народа.

На счету Сталина... 30 000 000 жертв войны, еще 20—30 миллионов — лагеря и расстрелы. Итого: больше 60 миллионов. Наши военные жертвы — целиком на счету Сталина» [16].

Видите, как просто вывести 60 миллионов жертв сталинизма. Достаточно объявить, что все жертвы Великой Отечественной войны на его счету. Фашисты ни при чем.

Но даже это еще цветочки. В очередной листовке РОА (1943 год, Смоленск, за подписью лично «Председателя русского комитета генерал-лейтенанта» А. Власова) говорится:

«Русский народ — равноправный член семьи свободных народов Новой Европы!

Русский народ должен знать правду о том, что его ждет после свержения власти Сталина и установления мира. Большевики, чтобы заставить русских людей воевать за чужие интересы, лживо утверждают, что Германия несет народам СССР рабство...

Какова же правда о Новой Европе, которую Великая Германия стремится построить совместно с другими народами?.. Все народы Европы — члены единой большой семьи. В одной из речей в немецком рейхстаге вождь Германии Адольф Гитлер сказал:

«Скольких забот избежало бы человечество, и особенно народы Европы, если бы при политическом устройстве современного жизненного пространства, а также при экономическом сотрудничестве уважались бы естественные, сами собой разумеющиеся, жизненные принципы. Соблюдение этих принципов кажется мне совершенно необходимым, если мы хотим в будущем добиться больших результатов, чем сейчас. Прежде всего это относится к Европе. Народы Европы представляют собой единую семью»...

Выбор один — или европейская семья свободных, равноправных народов, или рабство под властью Сталина».

70 лет назад советский народ в обещания общего европейского дома не поверил (он поверил им позже, в конце 80 — начале 90-х). Слишком очевидно ужасна была эта «семья равноправных народов», пришедшая на советскую землю с расстрельными рвами, повсеместными висельницами и сожженными до тла деревнями. Геббельс и Власов

старались напрасно, происходящее было для советского человека очевидно.

Сегодня оно вновь не очевидно для А. Минкина. В уже цитировавшейся статье он вопрошает:

«А вдруг было бы лучше, если бы не Сталин Гитлера победил, а Гитлер — Сталина?

В 1945-м погибла не Германия. Погиб фашизм.

Аналогично: погибла бы не Россия, а режим. Сталинизм.

Может, лучше бы фашистская Германия в 1945-м победила СССР. А еще лучше б — в 1941-м! Не потеряли бы мы свои то ли 22, то ли 30 миллионов людей. И это не считая послевоенных «бериевских» миллионов.

Мы освободили Германию. Может, лучше бы освободили нас?

Прежде подобные пораженческие рассуждения (если и возникали) сразу прерывал душевный протест: нет! уж лучше Сталин, чем тысячелетнее рабство у Гитлера!

Это — миф. Это ложный выбор, подсунутый пропагандой».

Изучение фашистских листовок времен Великой Отечественной войны очень поучительно. Нужно отдать должное рейхсминистру пропаганды Йозефу Геббельсу, его труды находят поклонников и по сей день, причем поклонников в совершенно неожиданных местах. Думается, недаром в одном из своих интервью ректор РГГУ, известный демократ первой волны Юрий Афанасьев заявил: «Фашизм — это гипертрофированный либерализм» [17].

Глава 21
СОВЕТСКИЕ КОМАНДИРЫ: ТРИ КЛАССА И ФРОНТ

Некомпетентность командиров РККА, «заваливших противника трупами», объясняют сталинскими репрессиями, в ходе которых были уничтожены все талантливые офицеры. Тон этой кампании, как водится, задал Н.С. Хрущев с трибуны XX съезда:

«Весьма тяжкие последствия, особенно для начального периода войны, имело также то обстоятельство, что на протяжении 1937—1941 годов, в результате подозрительности Сталина, по клеветническим обвинениям, истреблены были многочисленные кадры армейских командиров и политработников. На протяжении этих лет репрессировано было несколько слоев командных кадров, начиная буквально от роты и батальона и до высших армейских центров, в том числе почти полностью были уничтожены те командные кадры, которые получили какой-то опыт ведения войны в Испании и на Дальнем Востоке».

За материальное подтверждение этих слов выдают обычно утверждения В. Анфилова, профессора МГИМО, ранее — старшего научного сотрудника Генерального штаба, опубликованные в газете «Красная звезда» от 22 июня 1988 г. Ссылаясь на данные совещания высшего командного и политического состава РККА 1940 года, он пишет:

«Последняя проверка, проведенная инспектором пехоты, — говорил в декабре сорокового года на совещании начальник управления боевой подготовки генерал-лейтенант В. Курдюмов, — показала, что из 225 командиров полков, привлеченных на сбор, только 25 человек оказались окончившими военные училища, остальные 200 человек — это люди, окончившие курсы младших лейтенантов и пришедшие из запаса».

Казус случился в 1993 году, когда были рассекречены и опубликованы материалы совещания, на которые ссылается В. Анфилов. Современный историк И. Пыхалов отмечает, что если посмотреть стенограмму состоявшегося 23 — 31 декабря 1940 года совещания высшего командного и политического состава Красной Армии, то выясняется, что дважды выступивший на нем генерал-лейтенант В.Н. Курдюмов ничего подобного не говорил. Если же взять официальные данные Главного управления кадров Красной Армии, то оказывается, что по состоянию на 1 января 1941 года из 1833 командиров полков 14% окончили военные академии, 60% — военные училища и лишь 26% имели ускоренное военное образование [18].

Кладезем мифов по этой теме заслуженно считается писатель Виктор Резун (Суворов). Здесь и данные выступлений, и офицеры, имевшие ускоренную подготовку курсов младших лейтенантов, и непонятно откуда взявшиеся в первый период войны комкоры и командармы — ведь к тому времени в РККА были введены генеральские звания. Хотя что значит «непонятно»? Естественно, с началом войны их выпустили из лагерей, чтобы хоть как-то компенсировать последствия репрессий командного состава РККА.

«Историк», в соответствии с принятым у него методом исследований, «забывает», что армия СССР стремительно увеличивалась. С 30-х годов по начало 40-х ее численность возросла в несколько раз. Авторитетный военный историк М. Мельтюхов в исследовании «Упущенный шанс Сталина. Советский Союз и борьба за Европу: 1939—1941» [19] приводит данные о списочной (отражающей реальное состояние) численности советских вооруженных сил:

    1930 год — 631 616
    1937 год — 1 645 983
    1939 год — 1 931 962

Подготовленных кадров действительно не хватало. Но не из-за репрессий, а по самым естественным причинам — офицеры не растут на деревьях. Ведь откуда-то взялись курсы ускоренной подготовки младших лейтенантов. Надо понимать, изведенный манией преследования Сталин разработал целую программу по одновременному уничтожению «стариков» и воспитанию молодого пополнения?

На этот момент обращает внимание в своем исследовании и М. Мельтюхов:

«Популярным мотивом историографии являются утверждения о наличии к 1 января 1941 г. 12,4% комсостава, не имевшего военного образования. Авторы новейшего обобщающего труда по истории войны отмечают, что в сухопутных войсках было 15,9% офицеров, не имевших военного образования. [...] Несмотря на расширение сети военно-учебных заведений, значительно повысить образовательный уровень комсостава не удалось, поскольку в условиях его дефицита приходилось использовать офицеров запаса, в основном не имевших высшего военного образования. Поэтому количество офицеров с высшим и средним военным образованием снизилось с 79,5% на 1 января 1937 г. до 63% на 1 января 1941 г.

Правда, в абсолютных цифрах при увеличении офицерского корпуса в 2,8 раза количество офицеров с высшим и средним военным образованием возросло в 2,2 раза — с 164 309 до 385 136 человек» [20].

Забывает «исследователь» и о практике введения генеральских званий в РККА в 1940 году. Все, однако, куда прозаичнее и к сталинским репрессиям отношения не имеет. Введение новых званий не означало автоматического переименования в соответствии с занимаемой должностью. Присвоение генеральских званий осуществлялось персонально, решение по каждому вопросу принимала специальная комиссия — комиссия Главного Военного Совета Красной Армии по представлению кандидатов на присвоение воинских званий. Причем отдельным военачальникам в присвоении генеральского звания было отказано.

Причинами появления на фронтах Великой Отечественной войны офицеров с архаичными званиями стали, таким образом, вовсе не лагеря ГУЛАГа (как максимум — не только лагеря ГУЛАГа), а тот факт, что они никуда на момент начала ВОВ не исчезали.

«Исследования» Виктора Суворова — отдельная большая тема, массивный пласт антисоветской идеологии. К сожалению, здесь мы не можем остановиться на них подробнее, хотя некоторые методы его работы стоит отметить на будущее. При всей своей внутренней алогичности они имеют тем не менее удивительное влияние на массы. Чего стоит хотя бы тезис о наступательном оружии и советской танковой промышленности: зачем СССР массово производил колесные танки? Ведь использовать их внутри страны было невозможно, у нас не было дорог. Понятно, что Сталин нацелился на германские автобаны.

Даже если не обращать внимания на то, что автобаны в Германии появились позже колесных танков в СССР, остается непонятным, зачем Советский Союз, кроме прочего, массово производил колесные машины, колесные трактора и даже колесные велосипеды. Ведь дорог у нас не было.

Вернемся к оценке масштабов репрессий в РККА 30—40-х годов, попробуем выяснить, какое влияние они оказали на боеспособность армии в преддверии войны. К счастью, открытые для исследователей архивы позволяют оценить не только масштабы предвоенных чисток в армии, но и причины, их породившие.

И. Пыхалов отмечает путаницу, которая сложилась вокруг понятия о чистках в РККА в 1930—1940 годы. Отдельные авторы, говоря о десятках тысяч репрессированных в этот период офицеров, не учитывают их дальнейшей судьбы. Генерал-полковник Д. Волкогонов утверждает, что, «по имеющимся данным, с мая 1937 года по сентябрь 1938 года, т.е. в течение полутора лет, в армии подверглись репрессиям 36 761 человек, а на флоте — более 3 тысяч». Он, однако, честно отмечает, что «часть из них была, правда, лишь уволена из РККА». В других изданиях таких уточнений не встречается. Тем не менее, подчеркивает И. Пыхалов, уже очевидно, что «в число «репрессированных» включены не только расстрелянные или хотя бы арестованные, но и лица, просто уволенные из армии» [21].

Особняком стоит вопрос о причинах чисток в РККА, его рассмотрение если и встречается, то лишь в специализированной литературе. Представление о них дает следующий документ, который также приводит И.Пыхалов:

«СПРАВКА

За последние пять лет (с 1934 г. по 25 октября 1939 г.) из кадров РККА ежегодно увольнялось следующее количество начсостава:

В 1934 г. уволены 6596 чел., или 5,9% к списочной численности, из них:

а) за пьянство и моральное разложение — 1513;

б) по болезни, инвалидности, за смертью и пр. — 4604;

в) как арестованные и осужденные — 479. Всего — 6596.

В 1935 г. уволены 8560 чел., или 7,2% к списочной численности, из них:

а) по политико-моральным причинам, служебному несоответствию, по желанию и пр. — 6719;

б) по болезни и за смертью — 1492;

в) как осужденные — 349. Всего — 8560;

В 1936 г. уволены 4918 чел., или 3,9% к списочной численности, из них:

а) за пьянство и политико-моральное несоответствие — 1942;

б) по болезни, инвалидности и за смертью — 1937;

в) по политическим мотивам (исключение из партии) — 782;

г) как арестованные и осужденные — 257. Всего — 4918.

В 1937 г. уволены 18 658 чел., или 13,6% к списочной численности, из них:

а) по политическим мотивам (исключение из партии, связь с врагами народа) — 11 104;

б) арестованных — 4474;

в) за пьянство и моральное разложение — 1139;

г) по болезни, инвалидности, за смертью — 1941.

Всего — 18 658.

В 1938 г. уволены 16 362 чел., или 11,3% к списочной численности, из них:

а) по политическим мотивам — исключенные из ВКП(б), которые, согласно директиве ЦК ВКП(б), подлежали увольнению из РККА и за связь с заговорщиками, — 3580;

б) иностранцы (латыши — 717, поляки — 1099, немцы — 620, эстонцы — 312, корейцы, литовцы и другие), уроженцы заграницы и связанные с ней, которые уволены согласно директиве народного комиссара обороны от 24.6.1938 за № 200/ш. — 4138;

в) арестованных — 5032;

г) за пьянство, растраты, хищения, моральное разложение — 2671;

д) по болезни, инвалидности, за смертью — 941.

Всего — 16 362.

В 1939 г. на 25.10 уволен 1691 чел., или 0,6% к списочной численности, из них:

а) по политическим мотивам (исключение из партии, связь с заговорщиками) — 277;

б) арестованных — 67;

в) за пьянство и моральное разложение — 197;

г) по болезни, инвалидности — 725;

д) исключено за смертью — 425.

Общее число уволенных за 6 лет составляет — 56 785 чел.

Всего уволены в 1937 и 1938 гг. — 35 020 чел., из этого числа:

а) естественная убыль (умершие, уволенные по болезни, инвалидности, пьяницы и др.) составляет — 6692, или 19,1% к числу уволенных; [50]

б) арестованные — 9506, или 27,2% к числу уволенных;

в) уволенные по политическим мотивам (исключенные из ВКП(б) — по директиве ЦК ВКП(б) — 14 684, или 41,9% к числу уволенных;

г) иностранцы, уволенные по директиве народного комиссара обороны, — 4138 чел., или 11,8% к числу уволенных.

Таким образом, в 1938 году были уволены по директиве ЦК ВКП(б) и народного комиссара обороны 7718 чел., или 41% к числу уволенных в 1938 году.

Наряду с очисткой армии от враждебных элементов часть начсостава была уволена и по необоснованным причинам. После восстановления в партии и установления неосновательности увольнения возвращены в РККА 6650 чел., главным образом капитаны, старшие лейтенанты, лейтенанты и им равные, составляющие 62 % этого числа.

На место уволенных пришло в армию проверенных кадров из запаса 8154 чел., из одногодичников — 2572 чел., из политсостава запаса — 4000 чел., что покрывает число уволенных.

Увольнение по 1939 году идет за счет естественной убыли и очистки армии от пьяниц, которых народный комиссар обороны своим приказом от 28 декабря 1938 года требует беспощадно изгонять из Красной Армии.

Таким образом, за два года (1937 и 1938) армия серьезно очистилась от политически враждебных элементов, пьяниц и иностранцев, не внушающих политического доверия.

В итоге мы имеем гораздо более крепкое политико-моральное состояние. Подъем дисциплины, быстрое выдвижение кадров, повышение в военных званиях, а также увеличение окладов содержания подняли заинтересованность и уверенность кадров и <обусловили> высокий политический подъем в РККА, показанный на деле в исторических победах в районе озера Хасан и р. Халхин-Гол, за отличие в которых Правительство наградило званием Героя Советского Союза 96 человек и орденами и медалями 23 728 человек.

Начальник 6 отдела полковник (*Ширяев*)
20 октября 1939 г.» *[22]*.

Как мы видим, отнюдь не все военнослужащие были уволены по политическим мотивам, далеко не все арестованы, из числа незаконно обвиненных в 1939 году были восстановлены в партии и возвращены в РККА 6650 человек. Немалая часть офицерского корпуса была уволена (и, видимо, частично осуждена) за служебное несоответствие, пьянство, моральное разложение, хищения, растраты.

Определенное представление о масштабах проблемы дает выдержка из приказа наркома обороны К.Е. Ворошилова № 0219 от 28 декабря 1938 года о борьбе с пьянством в РККА:

«Вот несколько примеров тягчайших преступлений, совершенных в пьяном виде людьми, по недоразумению одетыми в военную форму. 15 октября во Владивостоке четыре лейтенанта, напившиеся до потери человеческого облика, устроили в ресторане дебош, открыли стрельбу и ранили двух граждан. 18 сентября два лейтенанта железнодорожного полка при тех же примерно обстоятельствах в ресторане, передравшись между собой, застрелились. Политрук одной из частей 3 сд, пьяница и буян, обманным путем собрал у младших командиров 425 руб., украл часы и револьвер и дезертировал из части, а спустя несколько дней изнасиловал и убил 13-летнюю девочку» [23].

Осторожные оценки масштабов чисток в РККА дает военный историк И. Мельтюхов. В цитировавшемся исследовании «Упущенный шанс Сталина. Советский Союз и борьба за Европу: 1939—1941 (Документы, факты, суждения)» он отмечает:

«Наибольшие разногласия вызвал вопрос о масштабах репрессий в Красной Армии. Так, В.С. Коваль считает, что погиб весь офицерский корпус, а Л.А. Киршнер полагает, что лишь 50% офицеров были репрессированы. По мнению В.Г. Клевцова, в 1937—1938 гг. было физически уничтожено 35,2 тыс. офицеров. Д.А. Волкогонов и Д.М. Проэктор пишут о 40 тыс. репрессированных, А.М. Самсонов — о 43 тыс., Н.М. Раманичев — о 44 тыс., Ю.А. Горьков — о 48 773, Г.А. Куманев увеличивает эту цифру до 50 тыс., а А.Н. Яковлев — до 70 тыс.

В книге В.Н. Рапопорта и Ю.А. Геллера говорится примерно о 100 тыс. офицеров, однако при этом приводятся персональные сведения лишь о 651 репрессированном офицере, которые составляли 64,8% высшего комсостава на 1 января 1937 г. О.Ф. Сувениров опубликовал сначала список на 749 человек, а затем расширил его до 1 669 офицеров, погибших в 1936—1941 гг. Сведения об остальных репрессированных до сих пор отсутствуют».

Проблема с общей оценкой числа жертв репрессий, как мы видим, полностью повторяется в вопросе о сталинских чистках в РККА. Число репрессированных неизбежно возрастает от автора к автору. Однако попытки создать списки жертв приводят к появлению баз с ничтожно малым числом имен, по сравнению с заявленными ранее данными.

Историк в своем исследовании отмечает недопустимость смешивания понятий «уволенные» и «репрессированные» и предпринимает, аналогично Земскову, попытку ввести определение понятия «репрессии». К ним, по словам Мельтюхова, следует относить лишь арестованных и уволенных по политическим мотивам. Правда, отмечает он, и арестовывались офицеры за различные преступления, что также следует учитывать.

Говоря о количественной оценке репрессий в РККА, И. Мельтюхов отмечает:

«А.Т. Уколов и В.И. Ивкин на основе данных судебных органов РККА отмечают, что в 1937—1939 гг. было осуждено за политические преступления примерно 8624 человека, указывая при этом, что вряд ли стоит причислять к репрессированным осужденных за уголовные и морально-бытовые преступления. В своем новейшем исследовании О.Ф. Сувениров пишет о 1634 погибших и о 3682 осужденных военными трибуналами в 1936—1941 гг. за контрреволюционные преступления офицерах.

Пока же ограниченная источниковая база не позволяет однозначно решить этот ключевой вопрос. Имеющиеся материалы показывают, что в 1937—1939 гг. из вооруженных сил было уволено свыше 45 тыс. человек (36 898 в сухопутных войсках, 5616 в ВВС и свыше 3 тыс. во флоте). Однако к репрессированным можно отнести лишь уволенных за связь с заговорщиками и по национальному признаку, а также арестованных по политическим мотивам. Но, к сожалению, именно данные о причинах увольнений до сих пор точно неизвестны».

Крайне осторожен И. Мельтюхов и в оценке последствий чисток в РККА:

«Многие авторы считают, что репрессии сказались на уровне военно-научных разработок и это привело к отказу от многих положений военной теории, разработанных в конце 20—30-е годы. Так, Д.М. Проэктор полагает, что репрессии привели к отказу от теории «глубокой наступательной операции», к которой вновь вернулись лишь в 1940 г. Автор не только не объясняет, почему произошел этот поворот, но и не приводит никаких доказательств тому, что он вообще имел место. Ведь если бы это действительно было так, то армия получила бы новые воинские уставы и наставления, кардинально отличающиеся от принятых до 1937 г. [...]

Л.А. Киршнер утверждает, что отказ от теории «глубокой операции» привел к гипертрофированному положению кавалерии в Красной Армии. Но с этих позиций совершенно необъяснимо сокращение конницы с 32 кавалерийских дивизий на 1 января 1937 г. до 26 на 1 января 1939 г. Притом, что к началу войны в Красной Армии осталось всего 13 кавдивизий, утверждения о превалировании кавалерии выглядят несколько странно.

Другие авторы в подтверждение своей точки зрения приводят лишь общие рассуждения. Наиболее серьезным аргументом является указание на то, что военно-научные труды «врагов народа» были изъяты из библиотек. Однако не следует забывать, что войска обучаются не по трудам отдельных военачальников, пусть даже гениальным, а по воинским уставам и наставлениям, которые никто не отменял. [...]»

«Комплексное рассмотрение исследований по вопросу о репрессиях в Красной Армии показывает, что широко распространенная версия об их катастрофических для армии последствиях так и не была доказана и требует дальнейшего тщательного изучения», — резюмирует историк.

Глава 22
СОВЕТСКИЕ ЛЮДИ: ЛЮБОВЬ ИЛИ НЕНАВИСТЬ?

Наиболее сложным, с точки зрения доказательств (как с одной, так и с другой стороны), является выдвинутый пропагандистами тезис о том, что «у огромной массы населения Советского Союза не было желания воевать за режим, принесший им столько страданий». Для апологетов темы о сотнях миллионов жертв сталинских репрессий он кажется самоочевидным:

«Нас объединяют общие жертвы. Как почти в каждой российской семье кто-то погиб во время Великой Отечественной, так почти в каждой российской семье кто-то пострадал от «Большого террора», — сообщает «Новая газета» в номере от 21 февраля 2008.

«Нет в России практически ни одной семьи, не пострадавшей от сталинских репрессий. Как свидетельствуют исторические документы, миллионы человек прошли через систему ГУЛАГа, миллионы умерли в лагерях и на спецпоселениях, около миллиона было казнено», — вторит ей в июне 2008 года интеллигенция в обращении за создание общенационального мемориала памяти жертв сталинских репрессий. Среди подписавших его поэт Евгений Евтушенко, Белла Ахмадулина, экс-президент Михаил Горбачев, писатели Даниил Гранин, Борис Стругацкий, актер Юрий Соломин.

И вновь обратим внимание на постановку вопроса.

В первой цитате легко ставится знак равенства между сталинскими репрессиями и трагедией Великой Отечественной войны. Во второй содержится традиционное утверждение о миллионах, миллионах и миллионах — казненных, прошедших через ГУЛАГ и т.д. Не делается никакой попытки разделить всю массу заключенных, выделить из них хотя бы осужденных по 58-й статье (хоть и это будет не совсем точным, но тем не менее). К сожалению, в последние годы этот прием употребляется настолько часто (лучше сказать — повсеместно), что его, видимо, следует считать применяемым умышленно.

Если репрессии коснулись каждой семьи, каждого человека, сомнений в ожесточении общества быть не может. Подтверждением служит многочисленная «лагерная проза», воспоминания интеллигенции, книги А. Солженицына, В. Шаламова, подоспевшие следом «Дети Арбата» А. Рыбакова и аналогичные, повествующие о сталинском периоде.

Как удавалось все годы сталинского правления скрывать это ожесточение, предъявляя миру благостную картину фильма «Волга, Волга», — отдельный вопрос. Впрочем, и он получает авторитетные ответы: в стране существовало классическое, по Оруэллу, двоемыслие (все все знали, но не замечали). Кроме того, люди были запуганы террором.

Егор Гайдар в статье для журнала «New Times» пишет: «Угроза репрессий заставляет десятки миллионов людей, не находящихся в ГУЛАГе... смириться с тем, что у них нет права выбора места работы и жительства, что все произведенное сверх минимума, необходимого для обеспечения жизни, может быть изъято, что они не могут и мечтать о правах и свободах и воспринимают это как неизбежную реальность» [24].

Эти утверждения входят в противоречие уже с реакцией делегатов XX съезда КПСС на доклад Н.С. Хрущева. Она скрупулезно обозначена в стенограмме. Люди, которые якобы существовали все предыдущие годы в страхе перед террором, искренне изумляются и возмущаются «фактам», которые зачитывает Первый секретарь. А ведь речь идет не о простых гражданах, это члены партии, делегаты центрального партийного органа. Могли ли они пребывать в страхе и одновременно не догадываться о его существовании?

Перекос в видении событий сталинского периода очень во многом обусловлен формированием его образа именно через восприятие событий интеллигенцией. Вначале через «лагерную прозу», затем, уже в позднесоветский период, под воздействием разоблачений Н.С. Хрущева. В ГУЛАГе сидели миллионы, описали свои злоключения единицы, но именно их точка зрения возобладала в общественном мнении. Трудно сказать, как выглядели бы сегодня те события, решись кто-нибудь на эксперимент по изданию воспоминаний людей, представляющих мало-мальски репрезентативную выборку «лагерного населения» 30—40-х годов. Очевидно, что наряду с рефлексией интеллигенции мы прочли бы немало интересных строк от авторов, стоящих на иных позициях.

Речь не обязательно идет об уголовниках, для которых «зона» — дом родной, хотя и их сбрасывать со счетов не следует. Автору известны мнения людей, которые, будучи репрессированы в сталинский период на основании обвинений, которые сегодня точно обозначили бы как «политические», сами себя политзаключенными или репрессированными (как в случае раскулачивания, например) не считали. Объективно рассматривая прожитую жизнь, они отдавали должное Советской власти, которая дала жилье, медицину, образование и положение в обществе их детям. Аналогично складывалась ситуация с представлением процессов, происходящих в обществе. И здесь основной тон в послесталинский период задавала «властительница дум» интеллигенция — статьями, литературой, в последующем и телепередачами. Крестьянин или рабочий с восемью классами образования, как правило, не участвовал в этом процессе, и его голос практически не сохранился.

Образ сталинского периода мы видим через призму ограниченного числа авторов и экспертов, которые вряд ли представляют собой репрезентативный срез общества того времени.

Не желая никого обидеть, все же отмечу неприятную особенность отечественного «образованного слоя», который подвержен своеобразному интеллектуальному «стадному чувству» — куда большему, чем основная масса населения. Причем этот их потенциал направлен, как правило, в деструктивное русло: в хрущевскую «оттепель» интеллигенция творчески уничтожала культ личности, в брежневский застой на кухнях сокрушалась ужасам режима. Воспрянув с Горбачевым, принялась яростно ломать Советский Союз. Не остановилась и тогда, когда от СССР ничего не осталось, показательна родившаяся тогда фраза «Метили в коммунизм, а попали в Россию». С начала 2000-х годов эти люди снова сокрушаются. Невольно задумаешься: умеют ли они, на всякий случай, что-нибудь еще?

Несмотря на объективные сложности, сделаем попытку проанализировать настроения советского общества в предвоенный период. В первую очередь, попытаемся понять отношение людей к господствующей идеологии. Были ли они «советскими людьми», коммунистами или оставались «дореволюционными» — внешне мимикрируя под требования властей и идеологии, но с кукишем в кармане, только и ожидая возможности уйти в капиталистический рай — пусть даже и сдавшись гитлеровским войскам в первые дни войны.

Озлобление части общества, прошедшей ГУЛАГ, нам в целом известно. Попробуем более обобщенно определить настроения интеллигенции 30—40-х годов. Выяснить для себя, существовало ли в этой среде понимание происходящих в стране процессов, возможна ли была оппозиция Сталину, на чем она строилась.

Известно, что физик с мировым именем, академик АН СССР, Герой Социалистического Труда Л.Ландау был репрессирован в 1938 году по обвинению в антисоветской агитации и создании антисоветской организации (по 58-й статье). Лишь вмешательство академика П.Капицы и датского физика Н. Бора, которые взяли его на поруки, позволило спасти Ландау от лагерей. Он был освобожден в 1939 году.

Гораздо менее известно (и это также общая черта сообщений о репрессиях), за что именно был арестовал Л. Ландау. Дело в том, что в его случае действительно имела место антисоветская агитация и создание антисоветской организации. Проект «Социальная история отечественной науки» приводит текст листовок, изготовленных и распространяемых Л. Ландау в 1938 году:

«Пролетарии всех стран, соединяйтесь!

Товарищи!
Великое дело Октябрьской революции подло предано. Страна затоплена потоками крови и грязи. Миллионы невинных людей брошены в тюрьмы, и никто не может знать, когда придет его очередь. Хозяйство разваливается. Надвигается голод. Разве вы не видите, товарищи, что сталинская клика совершила фашистский переворот. Социализм остался только на страницах окончательно изолгавшихся газет. В своей бешеной ненависти к настоящему социализму Сталин сравнился с Гитлером и Муссолини. Разрушая ради сохранения своей власти страну, Сталин превращает ее в легкую добычу озверелого немецкого фашизма. Единственный выход для рабочего класса и всех трудящихся нашей страны — это решительная борьба против сталинского и гитлеровского фашизма, борьба за социализм.

Товарищи, организуйтесь! Не бойтесь палачей из НКВД. Они способны избивать только беззащитных заключенных, ловить ни о чем не подозревающих невинных людей, разворовывать народное имущество и выдумывать нелепые судебные процессы о несуществующих заговорах.

Товарищи, вступайте в Антифашистскую Рабочую Партию. Налаживайте связь с ее Московским Комитетом.

Организуйте на предприятиях группы АРП. Налаживайте подпольную технику. Агитацией и пропагандой подготавливайте массовое движение за социализм.

Сталинский фашизм держится только на нашей неорганизованности. Пролетариат нашей страны, сбросивший власть царя и капиталистов, сумеет сбросить фашистского диктатора и его клику.

Да здравствует 1 Мая — день борьбы за социализм!

> Московский комитет Антифашистской
> Рабочей Партии» [25].

Это интереснейший документ. Следует отметить ряд важных особенностей: Ландау вовсе не оспаривает коммунизм, напротив, он апеллирует к тому, что «дело Октябрьской революции подло предано». Он стремится к «истинному социализму», который, на его взгляд, извратил Сталин.

Листовка наполнена троцкистскими идеологемами. Читателю может показаться, что она мало отличается от заявлений современных демократов, но это не так. Прежде всего Ландау не говорит о тождестве Сталина, Гитлера и Муссолини. По его словам Сталин, «в своей бешеной ненависти к настоящему социализму... сравнился с Гитлером и Муссолини». И одновременно «разрушая ради сохранения своей власти страну, Сталин превращает ее в легкую добычу озверелого немецкого фашизма».

Утверждения, что Сталин отошел от настоящего социализма, дело Октябрьской революции предано, упоминания Гитлера и Муссолини явно указывают на неприятие с его стороны сталинского курса на построение социализма в отдельно взятой стране.

Важно, что в 1938 году сравнение с Гитлером и Муссолини не имело негативных коннотаций, появившихся после Великой Отечественной войны. Гитлер еще не стал чудовищем и убийцей, оставаясь вполне респектабельным европейским политиком (Вторая мировая еще даже не началась). Здесь Ландау всего лишь проводит аналогии между концепцией Сталина о построении социализма в отдельно взятой стране и концепцией построения национал-социализма в Германии или фашизма в Италии. И противопоставляет их идее перманентной революции Троцкого, идее мировой революции.

Вот в чем суть утверждений «Великое дело Октябрьской революции подло предано». Следуя ортодоксальному марксизму, лишь с победой революции трудящихся во всем мире может быть построено социалистическое и коммунистическое государство. Это и есть «настоящий социализм».

Что касается фразы о миллионах людей, брошенных в тюрьмы, — не думаю, что молодой Ландау обладал какими-либо объективными данными о масштабах репрессий. То же относится и к весьма интересной в антисталинской листовке фразе «выдумывать нелепые судебные процессы о несуществующих заговорах». Очевидно, свою организацию Л.Ландау полагал по-настоящему советской и не относил эти слова на свой счет.

В любом случае, физик относился к числу интеллигенции, которая «все знала». Тем интереснее его пример. Мы видим его явные коммунистические настроения, яркие настолько, что за «истинный социализм» он готов бороться со сталинскими искажениями идеи.

Не похож он и на запуганного репрессивной машиной человека, как не был похож и после освобождения в 1939 году. К политической деятельности Ландау больше не возвращался, он сосредоточился на науке и многие годы плодотворно работал в Советском государстве, получил признание, в 1946 году стал академиком АН СССР, лауреатом Государственной премии СССР за 1946, 1949 и 1953 годы, в 1954 году был удостоен звания Героя Соцтруда.

Важным выводом из дела Льва Ландау, которого современные исследователи преподносят как «демократа» своего времени, предшественника академика Сахарова, является глубокая коммунистичность его взглядов. Он не был тайным белогвардейцем или скрытым либералом, он был именно советским человеком. Его несогласие с текущей линией партии не означало отрицания государства рабочих и крестьян или линии Ленина. Стремление Ландау исправить ошибки на пути развития страны (как он их видел) ни в коем случае не означает его нежелания сражаться за отечество или стремление при первой возможности перейти к фашистам.

Глава 23
СОВЕТСКИЕ ЛЮДИ (ПРОДОЛЖЕНИЕ)

Куда сложнее дать современному читателю представление об общественных отношениях того времени. Как люди воспринимали происходящие в предвоенный период события? Шла подготовка к войне, с прилавков исчезали товары, была введена ответственность за прогулы, сотрудников прикрепили к предприятиям.

Как реагировали люди на репрессии? Верили, что кругом враги? Все понимали, но молчали? Как строились их взаимоотношения с Советской властью?

Определенное представление об этом дают письменные обращения граждан к руководителям государства. Они хранятся в Российском государственном архиве экономики (РГАЭ). Эти письма приводит в своем исследовании «Советская цивилизация» С.Г. Кара-Мурза [26].

В отличие от других источников они не проходили литературной правки и являются прямыми свидетельствами конца 30-х годов, что делает их неоценимыми источниками информации. Приведем некоторые из этих обращений с разумными сокращениями там, где это допустимо без потери общего смысла. Кроме представления о жизни людей, о тех сложностях, с которыми им пришлось столкнуться, о быте предвоенного периода, они представляют собой глубокий материал для анализа мировоззрения людей. С.Г. Кара-Мурза пишет: «Письма хорошо показывают, что советский строй был людям именно родным, и облегчения своего трудного положения они ожидали с ощущением своего права». Предоставим судить об этом читателю:

«С. Абуладзе — В.М. Молотову.

Уважаемый Вячеслав Михайлович!
Опять чья-то преступная лапа расстроила снабжение Москвы. Снова очереди с ночи за жирами, пропал картофель, совсем нет рыбы. На рынке все есть, но тоже мало и по четверной цене. Что касается ширпотреба, то в бесконечных очередях стоят все больше неработающие люди,

какие-то кремневые дяди и дворники, ранние уборщицы или незанятые. Сейчас — колхозники, которые часто складывают купленное в сундуки как валюту. Как быть служащему человеку? У нас нет времени часами стоять в очередях или платить бешеные цены на рынке. Вячеслав Михайлович! Неужели нельзя урегулировать снабжение продовольствием и ширпотребом? Просим Вас как нашего депутата содействовать ликвидации всяких махинаций и бескультурья в снабжении, ведь очереди развивают в людях самые плохие качества: зависть, злобу, грубость, и изматывают людям всю душу.

С совершенным уважением *С. Абуладзе*.
19 декабря, 1939 г.».

«Г.С. Бастынчук — И.В. Сталину.

Дорогой Иосиф Виссарионович!

Извините за беспокойство, но разрешите высказать Вам свою мысль.

Возможно, что она неправильна, но мне думается, что свободная торговля в стране Советов не соответствует социалистической структуре, тем более при нынешнем запросе потребителя.

Я думаю, что для Вас не секрет, что многие у нас кричат во всю глотку, что у нас всего много и все можно купить в любом магазине нашего Союза. На самом деле, не совсем правильно, и, по-моему, эти возгласы исходят от тех преступных элементов, для которых свободная торговля является доходной статьей разгульной жизни. Спрашивается, почему примерно гр. Бастынчук — рабочий с 14-летнего возраста, с производственным стажем 17 лет, с небольшой семьей в 3 человека, с зарплатой 500—600 рублей в месяц, не пьяница, не картежник — не может при свободной торговле в течение четырех лет купить хотя бы метр ситца или шерстяного материала! Разве он не нуждается в этом? Или не в состоянии? Нет, не в этом дело. Причина кроется в свободной торговле, от которой честные труженики в очередях попусту задыхаются, а преступный мир сплелся с торгующими элементами, и хотя «скрыто», но зато свободно — безучетно, разбазаривают все, что только попадает в их распоряжение для свободной торговли. И на этой преступной спекуляции — устраивают для себя все блага жизни.

Мне кажется, что вопросом свободной советской торговли надо заняться немедля и построить, и организовать ее также на социалистических началах — планировании и точном учете, чтобы мы, граждане Советского Союза, могли иметь действенный рабочий контроль и правильную отчетность в распределении жизненных потребностей человека.

Пусть стыдятся враги народа, прислуги капитализма, ибо в капиталистической системе это невозможно сделать, а у нас в стране Советов, стране, строящей коммунистическое общество, на основах плановости, равноправия и точном учете, все можно сделать, не исключая и советскую торговлю, что осуществимо при карточной или вроде ее систем.

Пусть для этого дела увеличится аппарат распределительно-торгующих организаций, но мы будем уверены, что удалим тысячи спекулянтов и связанных с ними тысячи преступных работников нынешней свободной торговли. Кроме этого мы будем уверены, что каждый гражданин СССР получит столько, сколько ему нужно и положено получить на такой-то промежуток времени. И не будет у нас того, чтобы одни делали запас на 20 лет вперед, а другие нуждались на сегодняшний день.

За такую гарантированную плановую распределительную советскую учетную торговлю, я более чем уверен, поднимут руки все честные труженики нашего Советского Союза. Надеюсь, в получении письма известите.

4.1.1940 года. Рабочий мехцеха № 2 Автозавода им. Молотова Бастынчук Григорий Савериянович. Адрес: г. Горький, 4, Комсомольская улица, д. 11-а, кв. 1».

«П.С. Клементьева — И. В. Сталину.

Дорогой Иосиф Виссарионович!

Я домохозяйка. В настоящее время живу в г. Нижнем Тагиле по ул. Дзержинской д. 45 кв. 10. Прасковья Степановна Клементьева. Имею мужа и двоих сыновей, возраст 3,5 года и 9 месяцев. Муж до выборов в депутаты Советов работал в Сталинском райсовете в должности зав. отд. кадров. После выборов, нашли что должность можно упразднить — уволили. Но это ничего. Сейчас он, т. е. с 25.1-40 г. устроился в Осоавиахим, инструктором. Это тоже не плохо, я очень довольна, что он на военной работе. Я всю жизнь стремлюсь изучить военное дело, но у меня положение неважное, двое маленьких ребятишек, кроме мужа никого родных и родственников не имею, значит и ребят оставить совершенно не на кого. Правда, постарший сын у меня ходит в садик № 4, где хорошо поправился и хорошо развивается, а вот с меньшим Боренькой положение очень серьезное. Кормить ребенка совершенно нечем. Раньше хотя при консультации работала молочная кухня. Теперь она закрыта. Готовить не из чего. Все магазины пустые, за исключением в небольшом количестве селедка, изредка если появится колбаса, то в драку. Иногда до того давка в магазине, что выносят в бессознательности.

Иосиф Виссарионович, что-то прямо страшное началось. Хлеба, и то, надо идти в 2 часа ночи стоять до 6 утра и получишь 2 кг ржаного а белого достать очень трудно. Я уже не говорю за людей, но скажу за себя. Я настолько уже истощала, что не знаю что будет дальше со мной. Очень стала слабая, целый день соль с хлебом и водой, а ребенок только на одной груди, молока нигде не достанешь. Если кто вынесет, то очередь не подступиться. Мясо самое нехорошее — 15 руб., получше — 24 руб. у колхозников. Вот как хочешь — так и живи. Не хватает на существование, на жизнь. Толкает уже на плохое. Тяжело смотреть на голодного ребенка. На что в столовой, и то нельзя купить обед домой, а только кушать в столовой. И то работает с перерывом — не из чего готовить. Иосиф Виссарионович, от многих матерей приходится слышать, что ребят хотят губить. Говорят затоплю печку, закрою трубу, пусть уснут и не встанут. Кормить совершенно нечем. Я тоже уже думаю об этом. Ну как выйти из такого положения уже не могу мыслить. Очень страшно, ведь так хочется воспитать двух сыновей. И к этому только стремишься — воспитать, выучить. Я и муж поставили перед собой задачу — старший Валерий должен быть летчиком, меньший Боренька — лейтенантом. Но вот питание пугает и очень серьезно. Иосиф Виссарионович, почему это так стало с питанием плохо. Кроме того, еще сегодня объявили, что пельмени были 7 руб. теперь будут 14 руб., колбаса была 7 руб., теперь — 14 руб. Как теперь будем жить? По-моему, Иосиф Виссарионович, здесь есть что-то такое. Ведь недавно было все и вдруг за несколько времени не стало ничего, нечем существовать дальше. Иосиф Виссарионович, лучше бы было по книжкам. Я бы хотя получила немного, но все бы получила, а за спекулянтами не получишь. Они целыми днями пропадают в магазинах.

Иосиф Виссарионович, может быть еще где есть нехорошие люди и вот приходится так страдать. Напишите мне, Иосиф Виссарионович, неужели это будет такая жизнь. Совершенно нечего кушать. Вот уже 12 часов, а я еще ничего не ела, обежала все магазины и пришла ни с чем. Иосиф Виссарионович, жду ответа, не откажите написать.

Клементьева П.С.
Поступило в ЦК ВКП(б) 2 февраля 1940 г.».

«Н.С. Неугасов — Наркомторг СССР.

Уважаемые товарищи! Алапаевск Свердловской области переживает кризис в хлебном и мучном снабжении, небывалый в истории. Люди, дети — цветы будущего мерзнут в очередях с вечера и до утра в 40-градусные морозы за два или за 4 килограмма хлеба.

Кто поверит! Если вы не поверите, то я уверяю вас. Нам говорят местные власти, что по плану все израсходовано и что хлебом кормят скот, и центр не может больше отпустить. Мы, рабочие гор. Алапаевска, ни в коем случае не верим и не будем верить, что центр об этой махинации местной власти не уведомлен. Мною послано 15/ XII — 39 г. письмо лично тов. Сталину, но оно не дошло, потому что мне ответа нет. Ни хлеба, ни муки в Алапаевск не забрасывается столько, чтобы уничтожить очереди. Я уверен, что Правительство СССР в лице тов. Сталина откликнется на сие письмо и примет срочные меры, т. е. забросит муки в мучные магазины и хлеба печеного будут выпекать столько, сколько потребуется, а людей, руководящих этим делом, привлечет к суровой ответственности, как было в 1937 году.

Мой адрес: гор. Алапаевск Свердловской области. Рабочий городок, барак № 11, кв. 73. Неугасов Ник(олай) Сем(енович).

Уверен, что партия и правительство не позволят никому издеваться над рабочим классом так, как здесь издеваются, и хочу узнать, дошло ли мое первое письмо.

Неугасов Н.С.
Поступило в НКТ 10 марта 1940 г.».

«Рабочие артели «Наша техника» — ЦК ВКП(б).

Решение это, правительства или тульских областных работников, — вредительство для полного возмущения масс. В Туле ввели карточную систему, не хуже, чем были карточки. То, что в настоящее время делается в гор. Туле, это даже ужасно думать об этом, не то что говорить об этом. Во-первых, с 23-го все магазины в Туле отдали рабочим оружейного завода, рабочим патронного завода и т. д. В артели, а также другим учреждениям, совершенно книжек не дали. А дети ходят и просят, стоя около магазина: «Дядя, пропусти взять хоть хлеба».

[...]

«Аноним — Наркомторг СССР.

Мы имеем к советской стране большой счет. Все люди равны. Это одна из основ. Разве только московские или киевские рабочие воевали за советскую власть? Другие города тоже боролись против буржуазии. Почему же теперь они должны страдать из-за отсутствия хлеба? В Кратком курсе истории партии мы читаем, что Советская власть отдала землю крестьянам, а фабрики — рабочим, и что положение каждого будет улучшено. Как раньше ни угнетали рабочего и крестьянина, но хлеб он имел. Теперь в молодой советской стране, которая богата хлебом, чтобы люди умирали от голода? Тот, кто работает, получает 1 кило хлеба.

Что же делать рабочему, у которого 3 или 4 детей. Каждому дороги его дети, которые теперь все хотят расти инженерами и летчиками, и он отдает им хлеб. Как может такой рабочий работать, когда он голоден? В Бердичеве ни за какие деньги нельзя купить хлеба. Люди стоят в очереди всю ночь, и то многие ничего не получают. Приходится также стоять в очереди за 1 кило картофеля, чтобы рабочий, придя домой, мог хоть что-нибудь поесть. Действительно, время сейчас военное. Страна нам всем достаточно дорога. Нужно себе отказывать во многом. Пусть нет сахару, соленого. Но чтобы не было хлеба? Надо давать хлеб немцам, но раньше нужно накормить свой народ, чтобы он не голодал, чтобы, если на нас нападут, мы могли дать отпор. Нужно ввести карточки, чтобы каждый, кто имеет детей, мог получать на них хлеб. А не так, чтобы старики сохли от голода, а дети росли туберкулезными.

Сейчас рабочий не может по желанию переменить работу, чтобы найти лучший заработок. Прежде чем вводить этот закон, нужно было сделать так, чтобы обеспечить каждого семейного человека. Нужно улучшить положение рабочих не агитацией, что будет хорошо, а чтобы сейчас стало лучше. После введения 8-часового рабочего дня многие были сокращены и теперь они не могут получить даже кило хлеба. Где им с семьями взять на жизнь? А ведь они ни в чем не виноваты. Где взять хлеб старикам, которые живут на иждивении детей?

В артели тоже трудно. Нормы одни для молодых и стариков. Сталин сказал, что с каждого — по способностям и каждому — по труду, а старики не могут угнаться за молодыми. Что же им на старости лет и жить не надо?

Поступило в НКТ 23 января 1941 г.
Перевод с еврейского».

Глава 24
ДРУГИЕ «РЕПРЕССИВНЫЕ» ЭЛЕМЕНТЫ ВОВ

Исторические фальсификации редко строятся на вымысле от начала и до конца. Как правило, для построения мифа достаточно чуть-чуть откровений из числа традиционных умолчаний (о которых стараются не вспоминать), немного фактов, за которыми следуют их масштабные трактовки. И делаются далеко идущие выводы, потрясающие мировоззренческие основы.

«Чем больше мы узнаем о войне — тем необъяснимей Победа. В 1964-м — через почти двадцать лет после войны — я впервые услышал о заградотрядах — о гениальной системе беззаветной храбрости. Идешь в атаку — может быть, повезет, немцы не убьют. Отступишь — свои убьют обязательно» (А. Минкин. «Чья победа?» МК. 22.06.2005.)

Существование заградотрядов — элемент умолчания, «откровение», которое несет Минкин. «Свои убьют обязательно» — это факт. «Тем необъяснимей Победа» — далеко идущий вывод, который ставит под сомнение и героизм ветеранов, и саму победу такой ценой. Минкин и пишет: «Может, лучше бы фашистская Германия в 1945-м победила СССР. А еще лучше б — в 1941-м».

Идеологи, извлекая на свет грязное белье истории, не говорят всего. Информирование не входит в их обязанности, их задача — демонизация. Чтобы не усложнять картину (миф должен быть прост, иначе к нему не потянутся люди), они умалчивают о значительной части фактов, создавая удобную и простую для восприятия картину.

О заградотрядах и штрафбатах, как отдельных элементах репрессивной машины Великой Отечественной войны, написаны в последние годы солидные работы, которые опираются на архивные документы и воспоминания участников событий. Определенным катализатором интереса исследователей к этой теме послужил выход на экраны уже в 2000-х годах ряда фильмов, подающих события Великой Отечественной войны во вполне определенном ключе. Наиболее одиозным из них следует признать сериал «Штрафбат», идеологическую поделку, собравшую воедино все мыслимые и немыслимые мифы современности.

Работы с детальным разбором этого «киношедевра», исследования, воссоздающие истинное положение вещей, доступны массовому читателю. Чтобы избежать ненужных повторений, остановимся лишь на базовых фактах и документах, регламентировавших действия заградительных отрядов и штрафных подразделений в годы ВОВ. Уже эти факты позволяют понять, насколько мифологизировано современное представление о них.

В случае с заградотрядами в массовом сознании присутствует очевидная путаница, совмещающая воедино два понятия — заградительные отряды НКВД и аналогичные армейские структуры. Первые были созданы с началом войны. 27 июня 1941 года Третье управление (контрразведка) Наркомата обороны СССР издало директиву о работе своих органов в военное время. Им, в частности, предписывалось организовать подвижные контрольно-заградительные отряды на дорогах, железнодорожных узлах, для прочистки лесов и т.д. Также в обязанность заградительных отрядов входило задержание дезертиров, задержание всего подозрительного элемента, проникшего за линию фронта, предварительное расследование и передача материалов вместе с задержанными по подсудности.

Известная путаница возникает в вопросе подчиненности заградительных отрядов первых дней войны. В феврале 1941 года система госбезопасности СССР пережила реформу, в результате которой из единого НКВД был выделен Наркомат государственной безопасности (НКГБ), а военная разведка и контрразведка были из подчинения НКВД переданы в ведение Наркомата обороны (так появилось Третье управление НКО). Вновь эти структуры были объединены в ведении НКВД в июле 1941 года, Третье управление было преобразовано в Особые отделы.

Заградительные отряды, первоначально созданные Третьим управлением Наркомата обороны СССР, практически сразу были вновь включены в структуру НКВД и далее находились в ведении Особых отделов.

Деятельность заградительных отрядов НКВД была окончательно регламентирована приказом НКВД СССР от 19 июля 1941 года, которым предписывалось при Особых отделах дивизий и корпусов сформировать отдельные стрелковые взводы, при Особых отделах армий — роты, фронтов — отдельные стрелковые бригады из войск НКВД. В их непосредственные задачи входило, действуя в тылу войск, выставлять заграждение на войсковых дорогах, путях движения беженцев, выявлять заброшенных в тыл диверсантов врага, паникеров, отставших от своих частей военнослужащих и дезертиров.

Если отставших от частей военнослужащих предписывалось поротно и повзводно, под командой проверенного командира, отправлять колоннами в расположение их частей, то дезертиров и паникеров ждал арест, скорое расследование (время его проведения ограничивалось 12 часами) и передача их судам военного трибунала. В исключительных случаях, когда того требовала обстановка, допускался расстрел дезертиров и паникеров, но каждый такой случай считался экстраординарным, о нем требовалось немедленно докладывать начальнику Особого отдела фронта.

В целом заградительные отряды НКВД занимались контрразведывательным обеспечением тылов войск, предотвращением паники и неразберихи в ходе движения частей и колонн беженцев, выявляли дезертиров и отправляли к местам службы отставших от своих частей военнослужащих. Ни о какой стрельбе в спину наступающим войскам речи, естественно, не идет — от наступающих солдат заградотряды, решавшие совершенно иные задачи, отделяло подчас более сотни километров фронтовых тылов.

Неверными являются также утверждения о войсках НКВД, которые отсиживались в тылу. Обеспечение тылов действующей армии являлось важнейшей задачей. Рядовому человеку непросто представить себе огромную инфраструктуру, усилия которой направлены на создание условий для успешных действий на передовой. Планирование операций, связь, подвоз боеприпасов, вещевого довольствия, продуктов питания, логистика и привязка транспортных маршрутов к ближайшим железнодорожным узлам, медицинское и санитарное обеспечение — неполный перечень проблем, стоящих перед тыловыми подразделениями действующей армии. Дезорганизация этого сложнейшего механизма всегда была лакомым кусочком для противника, который не упускал возможности сделать войска другой стороны небоеспособными без единого выстрела.

В тяжелые месяцы 1941 года заградительные отряды НКВД часто использовались как обычные армейские части, их бросали на передовую для ликвидации очередного прорыва немцев.

Второй тип заградительных отрядов — армейский — появился несколько позже. Он ведет свою историю с 12 сентября 1941 года. В этот день была выпущена директива ставки ВГК о создании заградительных отрядов стрелковых дивизий. В ней, в частности, говорилось [27]:

«Опыт борьбы с немецким фашизмом показал, что в наших стрелковых дивизиях имеется немало панических и прямо враждебных элементов, которые при первом же нажиме со стороны противника бросают оружие, начинают кричать: «Нас окружили!» и увлекают за собой остальных бойцов. В результате подобных действий этих элементов дивизия обращается в бегство, бросает материальную часть и потом одиночками начинает выходить из леса. Подобные явления имеют место на всех фронтах. Если бы командиры и комиссары таких дивизий были на высоте своей задачи, паникерские и враждебные элементы не могли бы взять верх в дивизии. Но беда в том, что твердых и устойчивых командиров и комиссаров у нас не так много.

В целях предупреждения указанных выше нежелательных явлений на фронте Ставка Верховного Главнокомандования приказывает:

1. В каждой стрелковой дивизии иметь заградительный отряд из надежных бойцов, численностью не более батальона (в расчете по 1 роте на стрелковый полк), подчиненный командиру дивизии и имеющий в своем распоряжении, кроме обычного вооружения, средства передвижения в виде грузовиков и несколько танков или бронемашин.

2. Задачами заградительного отряда считать прямую помощь комсоставу в поддержании и установлении твер-

дой дисциплины в дивизии, приостановку бегства одержимых паникой военнослужащих, не останавливаясь перед применением оружия, ликвидацию инициаторов паники и бегства, поддержку честных и боевых элементов дивизии, не подверженных панике, но увлекаемых общим бегством...»

Армейские заградительные отряды, как мы видим, формировались не из каких-то отборных головорезов, а из бойцов тех же частей, в которых должны были действовать. В их задачи входило личным примером, а когда и силой оружия предотвратить панику среди солдат. Из приказа видно, что бойцы армейских заградительных отрядов наделялись полномочиями применять оружие в отношении отдельных паникеров, способных деморализовать наступающие войска. Для этого требовалось их непосредственное участие в наступлении.

Ближе всего деятельность заградотрядов приблизилась к эксплуатируемому в массовом сознании мифу в 1942 году в связи с событиями на Сталинградском фронте. Знаменитый приказ И.В. Сталина №227, известный также как «Ни шагу назад», предписывал создать в пределах армий 3 — 5 хорошо вооруженных заградительных отрядов по 200 человек в каждом, поставить их в непосредственном тылу неустойчивых подразделений и обязать в случае паники и беспорядочного бегства расстреливать на месте паникеров и трусов «и тем помочь честным бойцам дивизий выполнить свой долг перед Родиной». Эти заградотряды подчинялись Особым отделам армий, то есть структурам НКВД, но формировались из бойцов армий, в которых действовали.

О практике использования сформированных в соответствии с приказом № 227 заградотрядов дает представление сообщение Особого отдела НКВД Сталинградского фронта в Управление особых отделов НКВД СССР от 14 августа 1942 года «О ходе реализации приказа № 227 и реагировании на него личного состава 4-й танковой армии» [28]:

«Всего за указанный период времени расстреляно 24 человека. Так, например, командиры отделений 414 СП, 18 СД Стырков и Добрнин, во время боя струсили, бросили свои отделения и бежали с поля боя, оба были задержаны заград. отрядом и постановлением Особдива расстреляны перед строем».

Всего к 15 октября 1942 года было сформировано 193 армейских заградительных отряда, в том числе 16 на Сталинградском фронте. При этом с 1 августа по 15 октября 1942 года заградотрядами были задержаны 140 755 военнослужащих. Из числа задержанных были арестованы 3980 человек. Расстреляны — 1189 человек, направлены в штрафные роты 2776 человек, штрафные батальоны 185 человек, возвращены в свои части 131 094 человек [29].

Истории о массовых расстрелах советских частей заградотрядами не соответствуют действительности, исходя как из их общей практики и сути решаемых задач, так и из соотнесения численности заградотрядов с числом действовавших армий. Что, безусловно, не исключает отдельных эксцессов, которые были, видимо, впоследствии раздуты до масштабов общего явления.

* * *

Не меньшая путаница сопровождает историю штрафных подразделений Красной Армии. Их появление связано с уже упоминавшимся приказом И.В. Сталина № 227. В нем предписывалось [30]:

«1. Военным Советам фронтов и прежде всего командующим фронтами:

в) сформировать в пределах фронта от одного до трех (смотря по обстановке) штрафных батальонов (по 800 человек), куда направлять средних и старших командиров и соответствующих политработников всех родов войск, провинившихся в нарушении дисциплины по трусости или неустойчивости, и поставить их на более трудные участки фронта, чтобы дать им возможность искупить кровью свои преступления против Родины.

2. Военным Советам армий и прежде всего командующим армиями:

в) сформировать в пределах армии от пяти до десяти (смотря по обстановке) штрафных рот (от 150 до 200 человек в каждой), куда направлять рядовых бойцов и младших командиров, провинившихся в нарушении дисциплины по трусости или неустойчивости, и поставить их на трудные участки армии, чтобы дать им возможность искупить кровью свои преступления перед Родиной».

Штаты штрафного батальона и роты, а также практика их формирования и применения были детализированы приказом заместителя наркома обороны СССР Г. Жуковым от 26 сентября 1942 года [31]. Цели формирования штрафных подразделений в нем указывались следующие:

«Штрафные батальоны имеют целью дать возможность лицам среднего и старшего командного, политического и начальствующего состава всех родов войск, провинившимся в нарушении дисциплины по трусости или неустойчивости, кровью искупить свои преступления перед Родиной отважной борьбой с врагом на более трудном участке боевых действий».

[...]

«Штрафные роты имеют целью дать возможность рядовым бойцам и младшим командирам всех родов войск, провинившимся в нарушении дисциплины по трусости или неустойчивости, кровью искупить свою вину перед Родиной отважной борьбой с врагом на трудном участке боевых действий».

В приказе устанавливалось время пребывания военнослужащего в штрафном подразделении — от одного до трех месяцев. Офицеры, направляемые в штрафные батальоны, подлежали разжалованию в рядовые. Ордена и медали у штрафников отбирались на время нахождения в штрафном батальоне и передавались на хранение в отдел кадров фронта.

Штрафники могли быть назначены на должности младшего командного состава с присвоением званий ефрейтора, младшего сержанта и сержанта. В этом случае им выплачивалось денежное содержание по занимаемым должностям. Остальным штрафникам содержание выплачивалось в размере 8 руб. 50 коп. в месяц. Выплата денег семье по денежному аттестату разжалованного в рядовые офицера прекращалась, семья переводилась на пособие, установленное для семей красноармейцев и младших командиров.

Освобождение из штрафной части происходило по одной из трех причин: за особо выдающееся боевое отличие (в этом случае штрафник, кроме того, представлялся к правительственной награде), по ранению (искупил вину кровью) и по истечении срока наказания. По освобождении из штрафной части бывшие штрафники восстанавливались в звании и во всех правах, им возвращали боевые награды, упоминания о судимости из личного дела изымались.

Штрафникам, получившим инвалидность, назначалась пенсия из оклада содержания по последней должности, семьям погибших штрафников назначалась пенсия на общих основаниях, как и всем семьям погибших военнослужащих.

Ничего принципиально карательного или умышленно жестокого в формируемых штрафных подразделениях не было. Командование при их создании исходило из максимально возможной в условиях тотальной войны гуманности. Интересно, что вещевое и пищевое довольствие штрафных подразделений, по воспоминаниям ветеранов, было лучше, чем в среднем по армии. Такое положение сложилось в результате несколько курьезных обстоятельств: штрафроты и штрафбаты имели армейское подчинение и снабжались непосредственно с армейских складов, в то время как снабжение частей фронта осуществлялось по цепочке от армейских складов и далее, вплоть до интендантства конкретного подразделения. В более длинной цепочке случалась, конечно, определенная «усушка», и даже не столько из-за воровства, хотя и оно имело место, сколько за счет того, что в процессе распределения лучшие вещи успевали разобрать.

До сих пор малоизвестным остается подвиг постоянного состава штрафных рот и штрафных батальонов. Отчего-то принято считать, что штрафниками командовали такие же штрафники и осужденные варились в собственном соку. Это не соответствует действительности. Штрафники не задерживались в подразделениях более трех месяцев, в то время как офицерский состав этих частей был постоянным и менялся, преимущественно, в связи с гибелью командира, воевавшего вместе со штрафниками.

В приказе Г.К. Жукова от 26 сентября 1942 года о постоянном составе штрафных подразделений говорится [32]:

«II. О постоянном составе штрафных рот

5. Командир и военный комиссар роты, командиры и политические руководители взводов и остальной постоянный начальствующий состав штрафных рот назначаются на должность приказом по армии из числа волевых и наиболее отличившихся в боях командиров и политработников.

6. Командир и военный комиссар штрафной роты пользуются по отношению к штрафникам дисциплинарной властью командира и военного комиссара полка, заместители командира и военного комиссара роты — властью командира и военного комиссара батальона, а командиры и политические руководители взводов — властью командиров и политических руководителей рот.

7. Всему постоянному составу штрафных рот сроки выслуги в званиях, по сравнению с командным, политическим и начальствующим составом строевых частей действующей армии, сокращаются наполовину.

8. Каждый месяц службы в постоянном составе штрафной роты засчитывается при назначении пенсии за шесть месяцев».

Не из осужденных, а из наиболее отличившихся в боях командиров и политработников формировался офицерский корпус штрафных подразделений вплоть до командиров рот. Это означает, что офицеры постоянного состава ходили в атаки и держали оборону наряду со штрафниками, разделяя с ними все тяготы службы в этих подразделениях, но на постоянной основе.

Также следует рассмотреть альтернативы штрафной роты для рядовых и штрафного батальона для совершивших преступление офицеров. По законам военного времени в лучшем случае осужденным грозили длительные сроки тюремного заключения, которые применялись с отсрочкой до окончания боевых действий. Что означало лагеря сразу после окончания войны. В худшем случае им грозил расстрел. Штрафные подразделения были возможностью искупить свою вину перед Родиной, снять судимость и, по воспоминаниям ветеранов, в таком качестве воспринимались большинством переменного состава как еще один шанс, предоставленный им страной.

Глава 25
В КАКОЙ ГУЛАГ ПОПАЛИ ВОЕННОПЛЕННЫЕ?

Завершая обзор сталинских репрессий периода Великой Отечественной войны, остановимся на судьбе советских военнопленных, которые, согласно распространенному заблуждению, попали после своего освобождения прямо в лагеря ГУЛАГа. В широком смысле это также относится к окруженцам, населению освобожденных территорий и угнанным на работу в Германию советским гражданам. В последние годы к репрессированным начали также причислять участников коллаборационистских формирований, сражавшихся в рядах вермахта.

С первых дней войны фашисты развернули активную работу по вербовке советских граждан, засылке в тыл диверсантов и разведывательных резидентур. Эта деятельность вполне соответствовала логике ведения войны и не являлась тайной ни для одной из воюющих сторон. Соответственно, советская сторона обоснованно ожидала появления определенного числа завербованных абвером военнослужащих в числе освобожденных военнопленных, а также солдат, вышедших из окружения.

В этой связи в конце 1941 года приказом наркома обороны № 0521 были созданы фильтрационные лагеря, задачей которых являлась проверка освобожденных из плена военнослужащих [33]. Еще раз подчеркнем: из самых элементарных соображений следует, что бывшие военнопленные и окруженцы являлись одним из наиболее простых и доступных каналов засылки резидентуры противника в тыл советских частей. Абсурдно было бы полагать, что фашисты им не воспользуются.

Историк В.Земсков отмечает, что проверку в спецлагерях НКВД проходили не только военнослужащие.

«Спецконтингент, проходивший проверку и фильтрацию в спецлагерях (ПФЛ — проверочно-фильтрационные лагеря. — *Авт.*), делился на три учетные группы:

1-я — военнопленные и окруженцы;

2-я — рядовые полицейские, деревенские старосты и другие гражданские лица, подозреваемые в изменнической деятельности;

3-я — гражданские лица (мужчины) призывных возрастов, проживавшие на территории, занятой противником.

С момента организации спецлагерей НКВД в конце 1941 г. и до 1 октября 1944 г. через них прошло 421 199 человек, в том числе 354 592 — по 1-й группе учета, 40 062 — по 2-й и 26 545 — по 3-й; из них убыло за этот же период соответственно 319 239, 3 061 и 13 187 человек» [34].

Фильтрационные лагеря, вопреки распространенному заблуждению, располагались не в Сибири, а непосредственно в тылу действующей армии. Это было обусловлено их задачами по скорейшей изоляции и проверке поступающего контингента, а также вопросами его дальнейшего распределения. Спецлагеря НКВД не являлись, таким образом, репрессивной структурой. Земсков подчеркивает, что круг лиц, направляемых в спецлагеря (ПФЛ), был весьма обширен, вплоть до находившихся во вражеском тылу советских разведчиков.

Так, в направленном 21 августа 1945 г. по ВЧ разъяснении зам. начальника отдела «Ф» НКВД СССР Запевалина на имя начальника управления войск НКВД по охране тыла Северной группы советских войск Рогатина указывалось, что репатрианты — «бывшие оперативные работники наших органов, агенты и резиденты, заброшенные в тыл противника Разведотделами Красной Армии, и участники подпольных организаций во вражеском тылу должны направляться в проверочно-фильтрационные лагери НКВД» [35].

Какова была дальнейшая судьба людей, проходивших проверку в ПФЛ? В обобщающем трехлетний опыт работы спецлагерей документе — «справке о ходе проверки б/окруженцев и б/военнопленных по состоянию на 1 октября 1944 г.» говорилось:

«Для проверки бывших военнослужащих Красной Армии, находящихся в плену или окружении противника, решением ГОКО №1069сс от 27.XII — 41 г. созданы спецлагеря НКВД.

Проверка находящихся в спецлагерях военнослужащих Красной Армии проводится отделами контрразведки «СМЕРШ» НКО при спецлагерях НКВД (в момент постановления это были Особые отделы).

Всего прошло через спецлагеря бывших военнослужащих Красной Армии, вышедших из окружения и освобожденных из плена, 354 592 чел., в том числе офицеров 50 441 чел.

Из этого числа проверено и передано:

а) в Красную Армию —	249 416 чел.
в том числе:	
в воинские части через военкоматы —	231 034 –»–
из них — офицеров	27 042 –»–
на формирование штурмовых батальонов —	18 382 –»–
из них — офицеров	161 63 –»–
б) в промышленность по постановлениям ГОКО —	30 749 –»–
в том числе — офицеров	29 –»–
в) на формирование конвойных войск и охраны спецлагерей —	5 924 –»–
3. Арестовано органами «СМЕРШ» —	11 556 –»–
из них агентов разведки и контрразведки противника —	2083 –»–
из них — офицеров (по разным преступлениям) —	1284 –»–
4. Убыло по разным причинам за все время —	
в госпитали, лазареты и умерло —	5347 –»–

5. Находятся в спецлагерях НКВД СССР
в проверке — 51 601 –»–
в том числе — офицеров 5 657 –»– [36].

Из 354 тысяч человек, подвергнутых проверке органами НКВД, были арестованы 11,5 тысячи человек, остальные успешно прошли проверку и были переданы в ряды РККА, в промышленность и даже в конвойные войска НКВД.

Без сомнения, честным бойцам, прошедшим окружение и плен, проверка в спецлагерях НКВД казалась унизительной, во многом воспринималась как проявление недоверия. Об этом говорят многие ветераны. Отсутствие такой проверки тем не менее являлось бы проявлением безумия со стороны советских властей. Известно, что резидентуры абвера выявлялись и уничтожались в СССР спустя много лет после окончания Великой Отечественной, к тому времени они служили уже новым хозяевам — противникам страны в «холодной войне».

Не стоит преувеличивать возможности контрразведки в экспресс-выявлении всех подготовленных фашистами агентов, причем в ходе продолжающихся боевых действий. Однако наскоро завербованные, повязанные кровью советских людей и направленные в тыл диверсанты и шпионы из числа военнопленных и живущих под оккупацией людей вполне поддавались выявлению в ПФЛ.

Трудно, да и не нужно рассуждать о том, была ли у советских властей иная, не столь обидная возможность выявления агентов противника. Объективно существовала огромная прореха в безопасности войск и страны, которую требовалось закрыть минимально возможными силами за максимально короткое время.

Впоследствии ПФЛ были превращены пропагандистами в лагеря ГУЛАГа, куда якобы отправлялись все освобожденные военнопленные. Что, конечно же, не соответствует действительности.

Другим элементом этого мифа является вопрос репатриации советских граждан, угнанных в фашистскую Германию. Суть его состоит в том, что многие из угнанных вовсе не желали возвращаться обратно и были репатриированы насильно, на родине же их ждали все те же лагеря ГУЛАГа.

В не менее масштабном исследовании «Репатриация советских граждан и их дальнейшая судьба» [37] В.Земсков рассматривает этот вопрос на основании документов образованного в октябре 1944 г. Управления Уполномоченного Совета Народных Комиссаров СССР по делам репатриации (это ведомство возглавлял генерал-полковник Ф.И. Голиков, бывший руководитель советской военной разведки).

Ведомство, возглавляемое Ф.И. Голиковым, установило, что к концу войны осталось в живых около 5 млн. советских граждан, оказавшихся за пределами СССР. Большинство из них составляли «восточные рабочие», т.е. советское гражданское население, угнанное на принудительные работы в Германию и другие страны. Уцелело также примерно 1,7 млн. военнопленных, включая поступивших на военную или полицейскую службу к противнику. Сюда же входили и десятки тысяч отступивших с немцами их пособников и всякого рода беженцев (часто с семьями).

С целью их возвращения на Родину была создана сеть сборно-пересыльных пунктов (СПП) Наркомата обороны и проверочно-фильтрационных пунктов (ПФП) НКВД. В задачи этих лагерей входил сбор, проверка и отправка в СССР перемещенных лиц. Серьезно ставился вопрос выявления в их среде преступных элементов, но он не являлся при создании лагерей основополагающим.

Угнанные в Германию восточные рабочие (остарбайтеры) были распылены по всей территории Европы. С окончанием войны они заполонили дороги, скитаясь без средств к существованию и знания языка, подчас не имея одежды и обуви, с маленькими детьми. Их сбор и централизованная отправка к месту жительства становились важной задачей. Людей нужно было ставить на вещевое и пищевое довольствие, не допустить голода. Как отмечает В.Земсков, репатрианты с момента поступления в лагеря СПП и до прибытия на место жительства получали паек, соответствующий нормам питания личного состава тыловых частей Красной Армии.

С медицинской точки зрения предварительная изоляция репатриантов перед отправкой в СССР была совершенно необходима, так как в их среде были распространены различные инфекционные заболевания, причем удручающе много отмечалось зараженных гонореей и сифилисом. Укомплектованность лагерей и СПП венерологами, гинекологами, терапевтами и т.п. считалась достаточной.

Интересно, что первоначально Управление по делам репатриации пыталось избежать лагерной организации сборно-пересыльных и фильтрационных пунктов на оккупированной территории. Людей размещали в жилом секторе, на квартирах местных жителей. Но после ряда случаев самосуда над бывшими «хозяевами» от такой практики пришлось отказаться.

Отдельной статьей проходили в числе репатриантов коллаборационисты. Они составляли, как отмечает В.Земсков, сравнительно небольшой удельный вес в составе советских граждан, но представляли тем не менее существенную проблему. В силу понятных причин они не горели желанием вернуться на Родину, их репатриация проходила насильственно, причем сами пособники фашистов небезосновательно не ждали от советских властей ничего хорошего.

В этой связи В. Земсков приводит показательный пример. Многие прямые пособники фашистов были приятно удивлены тем, что в СССР с ними обошлись далеко не так жестоко, как они ожидали.

«Летом 1944 г. при наступлении англо-американцев во Франции к ним попало в плен большое количество немецких солдат и офицеров, которых обычно направляли в лагеря на территории Англии. К удивлению англичан, вскоре выяснилось, что часть этих пленных не понимает по-немецки и что это, оказывается, бывшие советские военнослужащие, попавшие в немецкий плен и поступившие затем на службу в немецкую армию. По статье 193 тогдашнего Уголовного кодекса РСФСР за переход военнослужащих на сторону противника в военное время предусматривалось только одно наказание — смертная казнь с конфискацией имущества. Англичане знали об этом, но тем не менее поставили в известность Москву об этих лицах и попросили забрать их в СССР. 31 октября 1944 г. 9907 таких людей на двух английских кораблях были направлены в Мурманск, куда они прибыли 6 ноября.

Среди репатриантов высказывались предположения, что их расстреляют сразу же на мурманской пристани. Однако официальные советские представители объяснили, что Советское правительство их простило и что они не только не будут расстреляны, но и вообще освобождаются от привлечения к уголовной ответственности за измену Родине. Больше года эти люди проходили проверку в спецлагере НКВД, а затем были направлены на 6-летнее спецпоселение.

В 1952 г. большинство из них было освобождено, причем в их анкетах не значилось никакой судимости, а время работы на спецпоселении было зачтено в трудовой стаж».

Решение проблемы коллаборационистов 1941—1945 годов шло по пути последовательной гуманизации позиции советских властей. По указаниям от зимы 1941 года (директива НКВД УССР № 33881/св) выявлению и изъятию подвергался широкий спектр лиц, уличенных в сотрудничестве с фашистами, — все лица, работавшие в административных органах, созданных немцами, а также все «вражеские пособники, оказывавшие какую бы то ни было помощь и содействие оккупантам и их ставленникам в чинимых зверствах» [38].

Однако уже к осени 1943 года фактическое прощение было даровано даже рядовым бойцам антисоветских вооруженных формирований. Совместной директивой НКВД и НКГБ СССР № 494/94 предписывалось направлять рядовых разного рода «освободительных» армий, вынужденно поступивших на службу к фашистам и не замешанных в карательных операциях против мирного населения, в проверочно-фильтрационные лагеря наравне с красноармейцами, вышедшими из окружения.

Наконец, в 1945 году тысячи участников военных формирований вермахта (РОА, Казачий корпус и т.д.) были фактически амнистированы. Им было объявлено, что в связи с Победой над врагом Родина-мать проявляет к ним большое снисхождение и заменяет смертную казнь спецпоселением сроком на 6 лет [39].

В новейшей истории подобный подход к снятию напряженности на территории, охваченной войной, мы видели во второй чеченской кампании, где рядом последовательных амнистий были освобождены от ответственности и смогли возвратиться к мирной жизни тысячи членов незаконных вооруженных формирований. Критерием, как и прежде, служило вынужденное, по воле внешних обстоятельств, участие в НВФ и незапятнанность кровью мирных жителей.

Использование весьма похожих методов в недавнем конфликте позволяет предположить, что современные российские власти изучили опыт репатриации конца Великой Отечественной войны и разумно применили его на практике.

Конечно, не всех ждало скорое прощение и забвение их предыдущих «подвигов». Перешедшие на сторону врага офицеры, участники карательных акций против партизан, легионеры СС, сжигавшие деревни с мирными жителями, организаторы массовых расстрелов отправились в лагеря ГУЛАГа искупать свою вину перед Родиной. Судя по тому, как браво они маршируют сегодня в отдельных независимых государствах, с ними также обошлись необоснованно мягко.

Глава 26
ЭКСПЛУАТАЦИЯ МИФА: ПОСЛЕДНИЙ БОЙ МАЙОРА ПУГАЧЕВА

Лагерная проза стала откровением о жизни ГУЛАГа для нескольких поколений советских людей, некритический интерес к ней не снижается и сегодня. Вот уже более 50 лет эти наполненные идеологией художественные произведения воспринимаются как документальные свидетельства эпохи. В последние годы ситуация все больше напоминает трагифарс: в общеобразовательных школах учителя советуют ученикам младших классов посмотреть перед Днем Победы фильм «Последний бой майора Пугачева», основанный на колымских рассказах Варлама Шаламова.

Один из посвященных отечественному кинематографу интернет-сайтов пишет об этой киноленте:

«К 60-летию Победы компания НТВ-кино подготовила картину «Последний бой майора Пугачева», которую снял кинорежиссер Владимир Фатьянов...

События происходят в 1944—1946 годах. Главный герой — майор Пугачев — бесстрашно сражался за родину, был тяжело ранен, попал в немецкий плен, но смог бежать. Майор добрался до своих. Там, после пыток и допросов, был объявлен врагом народа и сослан на Колыму... Побои, унижения, тяжкий бессмысленный труд, разгул блатных, отнимающих у обессилевших заключенных последнюю пайку, проигрывающих в карты чужие жизни. Пугачев не может смириться с происходящим. И вновь решает вместе с группой товарищей-фронтовиков бежать. Если им предстоит умереть, то они умрут свободными людьми».

Трудно сказать, что вынесут школьники из просмотра этого «киношедевра», который ежегодно навязчиво крутят по телевидению к 9 Мая. Очевидно, они должны раз и навсегда убедиться в истинности утверждений о пленных красноармейцах, отправленных сталинским режимом в тюрьмы за то, что они честно защищали Родину.

Нужно сказать, что создатели фильма пошли куда дальше «колымского летописца», как характеризуют Шаламова исследователи его творчества. Полсерии посвящено пыткам, которым подвергают офицеры контрразведки «СМЕРШ» вырвавшегося из плена Пугачева, чтобы заставить оговорить себя.

В одноименном рассказе Шаламова подобных эпизодов нет, писатель не останавливается перед частностями. Произведение начинается с утверждений:

«...после войны пароход за пароходом шли репатриированные — из Италии, Франции, Германии — прямой дорогой на крайний северо-восток. Здесь было много людей с иными навыками, с привычками, приобретенными во время войны, — со смелостью, уменьем рисковать, веривших только в оружие. Командиры и солдаты, летчики и разведчики...» [41].

Шаламов не заостряет внимание на вопросе о том, что

делали командиры, солдаты, летчики и разведчики в Италии, Франции, Германии, как не ставит вопроса и о причинах их попадания в лагеря. Он, впрочем, не настаивает на документальности своих произведений. Перед нами просто рассказ, истину в последней инстанции делают из него отдельные исследователи. Так, некто Игорь Сухих, анализируя творчество Шаламова в статье «Жизнь после Колымы» [40], пишет:

«Как и положено физиологу-летописцу, свидетелю-документалисту, наблюдателю-исследователю, Шаламов дает всестороннее описание предмета, демонстрирует разнообразные срезы колымской "зачеловеческой" жизни».

Никаких оснований для заключений о документалистике в творчестве Варлама Шаламова не существует. Автор описывает отдельные эпизоды лагерной жизни так, как видел их сам, пропуская через призму собственного мировосприятия. Не исключено, что он искренне верил в версию «майора Пугачева», рассказанную в лагерных бараках, — и о плене, и о безвинном осуждении, и о тысячах подобных Пугачеву, которых везли кораблями на Колыму.

Но странным было бы услышать от попавших в ГУЛАГ коллаборационистов гордые признания о «военных подвигах» — сожженных деревнях или антипартизанских рейдах. Вспомним оценку настроений заключенных лагерей, которую дает в своей работе В.Земсков, констатируя явный патриотический подъем. Есть основания предполагать нелегкую участь гордых бойцов «освободительных армий», решись они рассказать о своих похождениях.

Зато в произведении Шаламова достаточно четко прослеживается власовская пропаганда, методы которой нам уже знакомы по предыдущим главам. Вот как писатель рисует фронтовые злоключения своего героя:

«Майор Пугачев вспомнил немецкий лагерь, откуда он бежал в 1944 году. Фронт приближался к городу. Он работал шофером на грузовике внутри огромного лагеря, на уборке. Он вспомнил, как разогнал грузовик и повалил колючую однорядную проволоку, вырывая наспех поставленные столбы. Выстрелы часовых, крики, бешеная езда по городу, в разных направлениях, брошенная машина, дорога ночами к линии фронта и встреча — допрос в особом отделе. Обвинение в шпионаже, приговор — двадцать пять лет тюрьмы.

Майор Пугачев вспомнил приезды эмиссаров Власова с его «манифестом», приезды к голодным, измученным, истерзанным русским солдатам.

— От вас ваша власть давно отказалась. Всякий пленный — изменник в глазах вашей власти, — говорили власовцы. И показывали московские газеты с приказами, речами. Пленные знали и раньше об этом...

Майор Пугачев не верил власовским офицерам — до тех пор, пока сам не добрался до красноармейских частей. Все, что власовцы говорили, было правдой. Он был не нужен власти. Власть его боялась.

Потом были вагоны-теплушки с решетками и конвоем — многодневный путь на Дальний Восток, море, трюм парохода и золотые прииски Крайнего Севера. И голодная зима».

Если писатель услышал все вышеизложенное в лагере, нетрудно догадаться, в каком ключе рассказывали свою историю появившиеся с окончанием войны в ГУЛАГе осужденные из репатриантов. Естественно, все они были осуждены невинно, лишь за то, что честно выполняли свой долг. Вот как Шаламов описывает спутников майора Пугачева:

«У ног его лежит летчик капитан Хрусталев, судьба которого сходна с пугачевской. Подбитый немцами самолет, плен, голод, побег — трибунал и лагерь... С Хрусталевым с первым несколько месяцев назад заговорил о побеге майор Пугачев. О том, что лучше смерть, чем арестантская жизнь, что лучше умереть с оружием в руках, чем уставшим от голода и работы под прикладами, под сапогами конвойных...

Крепко спят, прижавшись друг к другу, Левицкий и Игнатович — оба летчики, товарищи капитана Хрусталева. Раскинул обе руки танкист Поляков на спины соседей...»

Образ простых солдат, попавших в жернова сталинских репрессий, прописан емко и эмоционально. Но кем на самом деле были участники побега майора Пугачева?

Описанный в «Колымских рассказах» Шаламова эпизод имел место в действительности. Побеги из колымских лагерей не были большой редкостью, но массовый побег 12 заключенных, разоруживших охрану и открывших ворота лагеря, оставался событием уникальным. Восстановить его хронологию сумел магаданский журналист и писатель А. Бирюков, который на протяжении нескольких лет занимался историей Колымских лагерей.

В 2004 году в Новосибирске ничтожным тиражом вышла его книга «Колымские истории: очерки» [42], которая, к сожалению, практически недоступна массовому читателю. К счастью, участникам военно-исторического форума удалось разыскать это произведение и отсканировать главу «Побег двенадцати каторжников». По этой электронной версии книги [43] мы можем сегодня получить отличный от Шаламова взгляд на побег «майора Пугачева».

Писатель с удивлением констатирует, что упоминания о событиях «Последнего боя...» встречаются еще как минимум в двух произведениях лагерной прозы. У А. Солженицына:

«В 1949 году в Берлаге, в лаготделении Нижний Аттурях, началось примерно так же: разоружили конвоиров, взяли 6—8 автоматов: напали извне на лагерь, сбили охрану, перерезали телефоны; открыли лагерь. Теперь-то уж в лагере были только люди с номерами, заклейменные, обреченные, не имеющие никакой надежды.

И что же?

Зэки в ворота не пошли...»

И в автобиографическом романе «Зекамерон XX века» П. Деманта, опубликованном под псевдонимом Вернон Кресс. О бежавших он, в частности, пишет:

«В лагере прииска имени Максима Горького всех зэков выгнали на линейку, поставили на колени по пяти и начали выявлять отсутствующих. После бесчисленных криков и пинков — ведь нарядчик, который лучше всех знал в лагере людей, бежал — установили личности беглецов. Семь из них были в прошлом военными, власовцами, и еще один — немой узбек, осужденный за убийство милиционера. Народ загнали обратно в бараки, против дверей поставили пулеметы и предупредили, что будут стрелять по первому, кто посмеет открыть дверь...»

Результатами изысканий самого А.Бирюкова стали следующие данные: 25 июля 1948 года бежала, напав на охрану и завладев оружием и амуницией, так называемая «группа Тонконогова». В постановлении о возбуждении уголовного дела по факту побега заключенных, которое приводит Бирюков, сказано:

«В ночь на 26 июля 1948 г. группа каторжников: Тонконогов И.Н., Худенко В.М., Пуц Ф.С., Гой И.Ф., Демьянюк Д.В., Клюк Д.А., Янцевич М.У., Бережницкий О.Н., Сава М.М., Игошин А.Ф., Солдатов Н.А. и Маринив С.В., совершили групповое нападение на вооруженную охрану лаг. пункта № 3 ОЛП Н. Ат-Урях и убили: ст. надзирателя Васильева, дежурного по взводу Рогова, дежурного по вахте Перегудова, связали жену Перегудова Сироткину, проводника служебных собак Грызункина, забрав 7 автоматов, 1 пулемет ручной, винтовки, револьверы, патрон свыше 1000 штук и скрылись».

Совпадения с текстом Шаламова практически по всем пунктам, за исключением фамилий беглецов, которые автор либо решил изменить, либо, за давностью событий, просто не помнил. Вот как описан побег в «Последнем бое майора Пугачева»:

«Солдатов надел его одежду. Оружие и военная форма были уже у двоих заговорщиков. Все шло по росписи, по плану майора Пугачева. Внезапно на вахту явилась жена второго надзирателя — тоже за ключами, которые случайно унес муж.

— Бабу не будем душить, — сказал Солдатов. И ее связали, затолкали полотенце в рот и положили в угол.

Вернулась с работы одна из бригад. Такой случай был предвиден. Конвоир, вошедший на вахту, был сразу обезоружен и связан двумя «надзирателями». Винтовка попала в руки беглецов. С этой минуты командование принял майор Пугачев».

О главаре группы беглецов свидетельствуют строки его биографии:

«Тонконогов Иван Николаевич (по другим документам — Никитович), 1920 г. рождения, уроженец г. Лебедин Сумской области, украинец, из рабочих, образование начальное, по профессии — фотограф, в предвоенные годы был дважды судим: в 1936 г. по ст.70 УК УССР (хулиганство) на 2 года л/с и в 1938 г. по ст.33 УК УССР (как СОЭ) на 3 года л/с. [...]

...подсудимый ТОНКОНОГОВ, оставшись проживать на территории, которую временно захватил противник, добровольно поступил на службу в немецкие карательные органы в полицию и работал с апреля м-ца 1942 года по август 1942 года инспектором горполиции, адъютантом начальника полиции, а затем был назначен на должность начальника полиции с. Будылки.

Работая на указанных должностях, ТОНКОНОГОВ проводил аресты советских граждан, так: им летом 1942 года был произведен арест семьи Костьяненко за связь с партизанским отрядом. При аресте Костьяненко и его семьи — Костьяненко Марии, ТОНКОНОГОВ лично сам жестоко избивал обоих [...] В августе 1942 года произвел арест 20 чел. женщин, которых заключил под стражу... Неоднократно производил допросы задержанных советских граждан, при этом издевался и избивал их и угрожал расстрелом. Так, в апреле м-це 1942 года, допрашивая неизвестного задержанного советского гражданина, вместе с немцами выводил его на расстрел. В июле 1942 года избил шомполом неизвестную гражданку, обратившуюся к нему по поводу отобранных у нее рыболовных сетей».

Вот такой «майор Пугачев» предстает перед нами в книге магаданского журналиста А. Бирюкова. Летом 1948 года он действительно совершил свой последний «подвиг». Советская власть сохранила ему жизнь — лишь затем, чтобы с новыми жертвами застрелить его, преследуя во время побега.

Глава 27
ЭКСПЛУАТАЦИЯ МИФА:
«ИЗНАСИЛОВАННАЯ ГЕРМАНИЯ»,
ИЛИ В ЧЕМ СМЫСЛ
ФАЛЬСИФИКАЦИИ ИСТОРИИ?

Рассмотрев наиболее популярные мифы военной истории, отвлечемся на время от вопроса о сталинских репрессиях и взглянем на проблему шире.

В чем смысл исторических фальсификаций, и в частности фальсификации истории Великой Отечественной войны? Какие технологии применяют пропагандисты и насколько их утверждения соответствуют действительности? На наших глазах осуществляется большая операция по внедрению в массовое сознание мифа об «изнасилованной Германии». Проходит она явно, без лишней таинственности, грех не воспользоваться ею как учебным материалом.

Какую угрозу несут для нас мифы такого плана? Приведу пример, важный для понимания проблемы. Не так давно я стал свидетелем интернет-дискуссии по разделу Польши в 1939 году. Спор шел интеллигентно, со ссылками на документы, соглашения и нормы международного права. На определенном этапе собеседники поняли, что оперируют одной и той же фактурой, но расходятся в ее оценках. Здесь прозвучал уникальный по своей полноте вопрос: «Законодательно все понятно. Моральное рассмотрение недопустимо исходя из того, что для поляков это будет удар в спину, для украинцев и белорусов — освобождение, а что для нас? Для граждан современной России?»

Это очень точно и закономерно сформулированный вопрос о самоидентификации. Национальное, если хотите, общепринятое видение вопроса есть у поляков, у украинцев, у белорусов. Его нет у нас. Многочисленные труды историков-фальсификаторов поддерживают такое состояние общества.

Неудивительно, что на теме ВОВ сконцентрировано особое внимание пропагандистов всех мастей. Оспаривается даже сама Победа. Яркий пример — один из «последних» вопросов, который любят задать сторонники переписывания истории: «Почему тогда победители живут хуже побежденных»?

В ответ можно услышать рассуждения о плане Маршалла, сравнении экономик СССР и Западного блока, даже абсурдную в значительной мере аргументацию «потому, что мы и есть побежденные».

На полноценный ответ это не тянет, что неудивительно. В самой постановке вопроса скрыт подвох, он не подразумевает анализа соревнования экономических систем второй половины XX века. Понятия «победитель» и «побежденный» задают строгие границы области рассуждений, сводя ее к периоду окончания ВОВ — с одной стороны, и абстрактному «уровню жизни» — с другой.

Вообще-то очевидно, что разоренный тотальной войной на своей территории Советский Союз физически не мог жить лучше, чем побежденная Германия. Максимум, обе разоренные страны могли находиться примерно в равных условиях разрухи.

Существуют, однако, условия, при которых победитель-СССР мог резко повысить уровень жизни своих граждан в результате Победы. Разграбив Германию, вывезя ценности, скот и урожай, оставив немцев пухнуть с голоду на картофельных очистках. Но это мотив фашистов, которые и планировали «жить лучше, чем побежденные» (причем большая часть побежденных не должна была жить вообще).

Советский Союз, напротив, одной из главных задач на оккупированных территориях ставил снабжение местного населения. 2 мая 1945 года (напомню, что бои за рейхсканцелярию прекратились только в 15 часов 2 мая) член Военного Совета 5-й ударной армии генерал-лейтенант Боков определял основные задачи военных комендатур в Берлине:

«Выявление и учет продовольственных запасов для снабжения населения района, пуск в ход коммунально-бытовых и пищевых предприятий: водопровода, электростанций, канализации, мельниц, пекарен, булочных, консервных заводов, кондитерских и т. д., организация торговли хлебом, картофелем, мясом и изделиями легкой промышленности по удовлетворению нужд населения, открытие бань, парикмахерских, больниц, аптек, швейных и сапожных мастерских [...] Продовольственные продукты отпускаются населению через магазины по карточкам, выданным бургомистрами районов (хлеба 150 г, картофеля 300 г на человека)» [44].

11 мая появилось постановление Военного Совета 1-го Белорусского фронта о снабжении продовольствием населения Берлина. В нем, в частности, говорилось:

«1. Исходя из установленных ГОКО норм снабжения продовольствием г. Берлина в среднем на одного человека в день: хлеба — 400 — 450 г, крупы — 50 г, мяса — 60 г, жиров — 15 г, сахара — 20 г, **кофе натурального** — 50 г (выд. авт.), чая — 20 г, картофеля и овощей, молочных продуктов, соли и других продовольственных товаров — по нормам, установленным на месте, в зависимости от наличия ресурсов...

2. Интенданту фронта к 20.00 14 мая с. г. доложить Военному Совету свои соображения о возможных нормах и порядке выдачи молочных продуктов населению Берлина, а также о возможности передачи минимально необходимого самоуправлению Берлина молочного скота **из числа трофейного** (выд. авт.)» (здесь и далее, если не указано другого, документы цитируются по [44]).

Была ли у СССР установка грабить Германию? Присутствовал ли в Великой Отечественной войне мотив поднять жизненный уровень населения за счет порабощенных или ограбленных немцев?

Показательно, что этот хитро сформулированный вопрос использует именно фашистскую, а не советскую мотивацию. Правда скрыта в нем под несколькими смысловыми слоями и остается незамеченной на первый взгляд.

Подобных примеров множество. На наших глазах разворачивается многоэтапная кампания под условным названием «советские солдаты на оккупированных территориях творили зверства не меньшие, чем вермахт в СССР». Особое внимание в рамках этой темы уделяется массовым изнасилованиям немок, которые якобы происходили в Германии в 1945-м.

Воздействие темы массовых изнасилований на общественное мнение давно известно пропагандистам, она демонизирует врага, выводя его за рамки морали, этики, в целом понятия «человек». Недаром ведомство Геббельса активно эксплуатировало именно эту тему, а совсем недавно мы могли воочию наблюдать использование все того же аргумента в ходе подготовки бомбардировок Югославии.

Вот только в данном случае за рамки морали и человечности выводятся наши деды, воины-освободители.

«Красноармейцам, по большей части малообразованным, были свойственны полная неосведомленность в вопросах секса и грубое отношение к женщинам...» — пишет в статье с говорящим названием «Они изнасиловали всех немок в возрасте от 8 до 80 лет» известный британский застрельщик темы Энтони Бивор [45].

Статья изобилует жуткими подробностями о насилии в стенах монастыря, роддома («беременные и только что родившие были все изнасилованы без жалости»), статистическими данными: «Хотя как минимум 2 миллиона немок были изнасилованы, значительная их часть, если не большинство, стали жертвами групповых изнасилований».

Творчество г-на Бивора не отличается ссылками на документы, а приведенные выше цифры появляются в его работе с таким предисловием: «Один доктор подсчитал, что...» Это, впрочем, не мешает средствам массовой информации широко тиражировать его измышления.

То, что они достигают цели, видно из современных русскоязычных интернет-обсуждений творчества Бивора. Здесь можно встретить весьма патриотическую, на первый взгляд, позицию: «Мне нет дела до страданий немцев во время победоносного шествия советских войск!» Или такую: «Убежден, что это носило системный характер. И ничего особенного в этом не вижу. Война исполинских масштабов...» И даже: «Что жалеть немцев? И обсуждать это особо не надо, и каяться России не за что...»

В этих словах уже содержатся оправдания, причем самого неразумного плана. Лишенные конкретных исторических знаний, молодые люди говорят: «Немцы сами виноваты!» Если на секунду задуматься, это означает автоматическое признание массового насилия, которое чинили наши деды. «Да, насиловали, но за дело» — так звучит этот тезис, если его переформулировать. Оправдание превращается в признание.

Но был ли сам факт, на котором строятся эти утверждения? Попробуем разобраться. Вначале выясним, кто вошел на территорию Германии, кто эти «по большей части малообразованные» красноармейцы, как воспитаны, какие исповедуют ценности, что считают должным, а что — недопустимым.

Как обстояли дела с образованием военнослужащих РККА, показывает донесение начальника Политического управления 1-го Украинского фронта о политико-воспитательной работе с новым пополнением из числа граждан, освобожденных из фашистской неволи от 7 апреля 1945 года:

«За время боев на территории Германии соединения и части фронта несколько восполнили свои боевые потери в людях за счет советских граждан призывного возраста, освобожденных из немецкой неволи. На 20 марта было направлено в части более 40 000 человек. [...] Почти все молодые бойцы имеют неполное или полное среднее образование и лишь незначительная часть с высшим и начальным образованием. Неграмотные или малограмотные составляют единицы. В числе 3870 человек, поступивших в феврале на пополнение частей соединения, где начальником политотдела генерал-майор Воронов, бывших военнослужащих 873 человека, вновь призванных в армию 2997 человек, в том числе 784 женщины. По возрасту: до 25 лет — 1922, до 30 лет — 780, до 35 лет — 523, до 40 лет — 422 и старше 40 лет — 223 человека. По национальности: украинцев — 2014, русских — 1173, азербайджанцев — 221, белорусов — 125, армян — 10, узбеков — 50 и других национальностей — 125 человек».

40 тысяч человек разных возрастов и национальностей — достаточно репрезентативный срез для того, чтобы составить мнение об образовании советского человека 40-х годов. Впрочем, не образование является определяющим. Фашисты творили на территории СССР немыслимые зверства — хоть и существует общее среднее образование в

Германии со времен Бисмарка. Важно, каким моральным ориентирам следует человек, что у него за душой, если хотите.

Важные для нашей темы слова встречаем в приказе И.В. Сталина, посвященном 24-й годовщине со дня основания Красной Армии (приказ № 55 от 23.02.42). В нем сказано:

«Иногда болтают в иностранной печати, что Красная Армия имеет своей целью истребить немецкий народ и уничтожить германское государство. Это, конечно, глупая брехня и неумная клевета на Красную Армию. [...] было бы смешно отождествлять клику Гитлера с германским народом, с германским государством. Опыт истории говорит, что гитлеры приходят и уходят, а народ германский, а государство германское остается.

Сила Красной Армии состоит, наконец, в том, что у нее нет и не может быть расовой ненависти к другим народам, в том числе и к немецкому народу, что она воспитана в духе равноправия всех народов и рас, в духе уважения к правам других народов» [46].

Но, может быть, это только слова? Хорошо ли знал Сталин Красную Армию или выдавал желаемое за действительное? В записи воспоминаний ветерана ВОВ Зимакова Владимира Матвеевича читаем [47]:

«В Австрии, недалеко от немецкого Мюнхена, встретились с американцами и англичанами. Сначала 3—4 дня пьянствовали, а потом произошел эпизод. Наши ребята с ними подрались из-за негра. Увидели, как один из них негра ударил, и давай его лупить. [...] Наш комендантский взвод их всех растащил и провел границу, отведя войска из селения в лес».

Действительно, сейчас трудно представить себе такое поведение (воспитание с тех пор серьезно изменилось), однако нужно отдать должное — в отношении морального облика военнослужащих РККА Сталин в целом не ошибался. Собственно, ничего удивительного в этом нет, учитывая объемы и обстоятельность донесений Главного политического управления Красной Армии о «политико-моральном состоянии бойцов». Думаю, им позавидовали бы и нынешние социологи.

Рассматривая тему «зверств на немецкой территории», немаловажно помнить, сколь «заорганизованной» (как назвали бы это сейчас) структурой была РККА. За соблюдением воинской дисциплины, морального и политического состояния бойцов следили как непосредственные командиры, так и политработники. Соблюдение законности контролировали особые отделы и органы военной прокуратуры. Кроме того, в частях действовали партийные и комсомольские организации.

Серьезную ответственность возлагали на бойцов труженики тыла. «Мы показывали свою дисциплину, нам рабочие Южного Урала дали наказ: никакого мародерства. И ничего такого не было, потому что за нашей армией, за корпусом следили, приезжал на фронт первый секретарь челябинского обкома», — вспоминает ветеран Кулешов Павел Павлович [48].

Влияние на морально-нравственное состояние бойцов оказывал также и возрастной состав частей и соединений. В одних окопах на фронте оказались отцы, сыновья и деды. О своеобразных «дядьках» при солдатах вспоминают многие ветераны. Артиллерист Марков Николай Дмитриевич рассказывает [49]:

«С этим пополнением пришел к нам солдат по имени Петр Андреевич Перетятько, 13-го года рождения, с хутора Дубровка, Черниговской области... Это был действительно вояка. Самый настоящий пушкарь! Говорит мне: «Кацап ты! Я тебя научу, как воевать надо!» И действительно нас, пацанов, учил, как надо воевать...

Был такой случай. У Петрова, солдата из Горького, шустренького парнишки, сапоги поносились, а там немцев много побитых лежало. Он пошел и снял с убитого немца сапоги. Приходит и говорит: «Сапоги нашел!» Петя его и спрашивает: «Где ты взял?» — «С немца снял». И тогда Петя направил на него автомат: «Где взял, туда и положи. Ты знаешь, как это называется? Мародерство! Ходи босиком, но не бери».

В основном ветераны в своих воспоминаниях сходятся на том, что отношения военнослужащих Красной Армии и мирного населения на оккупированных территориях складывались нормально — насколько это вообще возможно в условиях боевых действий. Вспоминает артиллерист Назаров Борис Васильевич: «Мародерством и насилием занимались тыловики... Те, кто был на переднем крае, население, как правило, не обижали, и население к нам неплохо относилось...» «Вокруг наших батарей было очень много немецких беженцев, безоружных немецких солдат, потерявших свои части. Отношение с ними было мирное, они нас даже подкармливали» [50].

Танкист Родькин Арсентий Константинович вспоминает, как в январе 1945 года в их часть пришел немец и принес коробки с нерозданными новогодними подарками. А Петр Ильич Кириченко вспоминает [51] такой случай, произошедший с ним в Пруссии: «Я спускаюсь в подвал. Сначала темно, ничего не вижу. Когда глаза немного привыкли, увидел, что в огромном помещении сидят эти немцы, гул идет, детишки плачут. Увидели меня, все затихли и с ужасом смотрят — пришел большевистский зверь, сейчас он будет нас насиловать, стрелять, убивать. Я чувствую, что обстановка напряженная, обращаюсь к ним по-немецки, сказал пару фраз. Как они обрадовались! Потянулись ко мне, часы какие-то протягивают, подарки. Думаю: «Несчастные люди, до чего вы себя довели. Гордая немецкая нация, которая говорила о своем превосходстве, а тут такое раболепство». Появилось смешанное чувство жалости и неприязни».

Встречались и курьезные случаи. Так, в донесении начальника политического отдела 8-й гвардейской армии о поведении немецкого населения в занятых пригородах Берлина от 25 апреля 1945 г. говорится: «В населенных пунктах Вильгельмсхаген и Рансдорф работают рестораны, где имеются в продаже спиртные напитки, пиво и закуски. Причем владельцы ресторанов охотно производят продажу всего этого нашим бойцам и офицерам на оккупационные марки. 22 апреля некоторые бойцы и офицеры побывали в ресторанах и покупали спиртные напитки и закуски. Часть из них поступала осторожно — в одном из ресторанов в Рансдорфе танкисты перед тем, как пить вино, попросили хозяина ресторана выпить его первым. Но некоторые военнослужащие поступают явно неправильно, разбрасываясь оккупационными марками. Например, литр пива стоит 1 марку, а отдельные военнослужащие платят по 10—20 марок, а один из офицеров отдал за литр пива дензнак достоинством в 100 марок. Начальник политотдела 28 гв. ск полковник Бородин приказал владельцам ресторанов Рансдорфа закрыть рестораны на время, пока не закончится бой».

Конечно, тема отношений советских солдат и немецкого населения отнюдь не так однозначна. В донесении члена Военного совета 1-го Украинского фронта от 4 апреля 1945 г. читаем: «Отношение немецкого населения к Красной Армии на ранее занятой территории Германии остается враждебным. Они совершают диверсионные акты и помогают скрываться немецким солдатам, оставшимся в тылу войск фронта. Так, во время боев немецкое население города Штренгау всячески вредило нашим подразделениям...»

Из донесения начальника политотдела 7-го гвардейского кавалерийского корпуса от 30 апреля 1945 г.: «В городе Ратенов, где действует 14-я гв. кавдивизия, имели место многие случаи явно враждебного отношения немцев из гражданского населения к нашим военнослужащим. [...]

27 апреля зам. командира 54-го гв. кавполка по политчасти гв. майор Якунин... вышел на улицу. С чердака соседнего дома раздалась автоматная очередь. Стреляла немецкая женщина из автомата. Якунин получил тяжелое ранение в руку, после чего умер. [...]

28 апреля командир батареи 76-мм орудий 54-го гв. кавполка 14-й гв. кавдивизии гв. ст. лейтенант Сибирцев, находясь... в освобожденной части г. Ратенов, выстрелом с чердака был убит немцем 58 лет. В этот же день были ранены красноармеец 318 гмп Карпов и гв. старшина м/с Мальчиков (54-й гв. кавполк) при следующих обстоятельствах: ...сзади, из дома, раздалась автоматная очередь, в результате чего Карпов и Мальчиков были ранены. При обыске в доме была обнаружена немецкая семья. Хозяин дома старик был захвачен с автоматом в руках».

Нельзя отрицать и отдельных преступлений со стороны солдат Красной Армии. И.В. Сталин 19 января 1945 года подписал приказ, который требовал не допускать грубого отношения к местному населению. Этот приказ касался преимущественно проблемы «грабежей и барахольства», как это принято было тогда называть, однако внимание Сталина к проблеме достаточно показательно.

20 апреля 1945 года за подписью Сталина была издана Директива Ставки Верховного Главнокомандования об изменении отношения к немецким военнопленным и гражданскому населению. В ней от командующих войсками и членов Военных Советов требовалось «изменить отношение к немцам как к военнопленным, так и к гражданским. Обращаться с немцами лучше. Жесткое обращение с немцами вызывает у них боязнь и заставляет их упорно сопротивляться».

Аналогичные, но более подробные директивы пошли в войска от Военных Советов фронтов.

У Ставки ВГК были серьезные основания для подобных приказов. Вот фрагмент записи воспоминаний ветерана Борисова Михаила Федоровича [52]: «Желание мстить, когда вошли на немецкую территорию, было. Ребята иногда придут в дом, дадут очередь из автомата по разным портретам, по шкафам с посудой... И в то же время я видел своими глазами, как полевые кухни кормили местных жителей. [...] Вскоре после перехода границы Германии был издан приказ, регламентирующий поведение на оккупированной территории. Хотя до этого мы знали одно — убей немца, и четыре года жили этим. Этот переход давался очень тяжело. Судили многих».

Его слова подтверждает доклад военного прокурора 1-го Белорусского фронта о выполнении директивы Ставки ВГК об изменении отношения к немецкому населению от 2 мая 1945 года: «В отношении к немецкому населению со стороны наших военнослужащих, безусловно, достигнут значительный перелом. Факты бесцельных и [необоснованных] расстрелов немцев, мародерства и изнасилований немецких женщин значительно сократились, тем не менее даже и после издания директив Ставки Верховного Главнокомандования и Военного совета фронта ряд таких случаев еще зафиксирован.

Если расстрелы немцев в настоящее время почти совсем не наблюдаются, а случаи грабежа носят единичный характер, то насилия над женщинами все еще имеют место; не прекратилось еще и барахольство, заключающееся в хождении наших военнослужащих по бросовым квартирам, собирании всяких вещей и предметов и т. д.».

При этом военная прокуратура, а следовательно, и Ставка не были склонны к самоуспокоению или самообману. В продолжении доклада говорится:

«Считаю необходимым подчеркнуть ряд моментов:

1. Командиры соединений и Военные Советы армий принимают серьезные меры к тому, чтобы ликвидировать факты безобразного поведения своих подчиненных, тем не менее отдельные командиры самоуспокаиваются тем, что некоторый перелом достигнут, совершенно забывая о том, что до их сведения доходят донесения только о части насилий, грабежей и прочих безобразий, допускаемых их подчиненными [...]».

Здесь же отмечалось:

«2. Насилиями, а особенно грабежами и барахольством, широко занимаются репатриированные, следующие на пункты репатриации, а особенно итальянцы, голландцы и даже немцы. При этом все эти безобразия сваливают на наших военнослужащих.

3. Есть случаи, когда немцы занимаются провокацией, заявляя об изнасиловании, когда это не имело места. Я сам установил два таких случая.

Не менее интересно то, что наши люди иной раз без проверки сообщают по инстанции об имевших место насилиях и убийствах, тогда как при проверке это оказывается вымыслом».

Действительно, на оккупированной территории военнослужащие РККА совершали преступления. К примеру, в цитировавшемся выше докладе военного прокурора 1-го Белорусского фронта приводится 6 подобных случаев, выявленных за период с 22 по 25 апреля. «Можно привести еще целый ряд таких фактов и по другим соединениям», — пишет он.

Весьма показательный случай, дающий представление

о мерах по борьбе с преступлениями со стороны военнослужащих вспоминает ветеран Василий Павлович Брюхов [53]. Он рассказывает о судьбе своего сослуживца, командира танка лейтенанта Иванова с Белгородчины. Румыны сожгли его деревню, в подожженном сарае погибли жена Иванова и двое маленьких детей.

Часть оказалась на территории Румынии, в городе Крайово: «Выпили и пошли с механиком искать молодку... Зашли в дом, в комнате молодка лет двадцати пяти сидит, пьют чай. У нее на руках полуторагодовалый ребенок. Ребенка лейтенант передал родителям, ей говорит: «Иди в комнату», а механику: «Ты иди, трахни ее, а потом я». Тот пошел, а сам-то пацан, с девкой связи не имел. Он начал с ней шебуршиться. Она, видя такое дело, в окно выскочила и побежала. А Иванов стук услышал... Ну, он ей вдогонку дал очередь из автомата. Она упала. Они не обратили внимания и ушли...

На следующий день приходят ее родители с местными властями к нам в бригаду. А еще через день органы их вычислили и взяли — «СМЕРШ» работал неплохо... На третий день суд. На поляне построили всю бригаду, привезли бургомистра и отца с матерью... Объявили приговор: «Расстрелять перед строем. Построить бригаду. Приговор привести в исполнение»...

Бригадный особист, полковник, говорит нашему батальонному особисту, стоящему в строю бригады: «Товарищ Морозов, приговор привести в исполнение». Тот не выходит. «Я вам приказываю!»... Тот пошел. Подошел к осужденному... говорит ему: «Встань на колени»... Встал на колени, пилотку сложил за пояс: «Наклони голову». И когда он наклонил голову, особист выстрелил ему в затылок. Тело лейтенанта упало и бьется в конвульсиях...»

В этой цитате хорошо прослеживается схема: получив сообщение от местных властей, особый отдел провел расследование, установив виновного. Суд приговорил его к расстрелу перед строем, несмотря на звание, авторитет (Василий Павлович подчеркивает, что Иванов пользовался в части большим авторитетом), награды и героизм, проявленный в боях. Ветеран, рассказывая этот эпизод, описывает, какое удручающее впечатление произвела казнь на бригаду.

«Конечно, проявления жестокости, в том числе и сексуальной, случались. Их просто не могло не быть после того, что фашисты натворили на нашей земле. Но такие случаи решительно пресекались и карались. И они не стали массовыми», — говорит в интервью газете «Труд» [54] генерал армии, президент Академии военных наук Махмут Гареев.

Проблема взаимоотношений солдат РККА и мирного населения Германии не менее многогранна и сложна, чем оценки других этапов нашей истории. На приведенных выше примерах мы видим, насколько легко пропагандисты от истории приводят огромные, комплексные явления к одному знаменателю и лепят на них ярлыки: сталинизм, репрессии, малообразованные красноармейцы, победители так не живут и т.д.

Легко заметить, что методы во всех случаях используются одни и те же, а мифы военной истории сплошь и рядом пересекаются с мифами из истории страны, и наоборот. Черный миф, который мы рассматриваем как «сталинский», на самом деле гораздо шире, он нацелен на демонизацию куда больших отрезков истории. Под удар попадают чрезвычайно важные элементы нашей жизни, вокруг которых выстраивается мировоззрение общества. И этого не стоит забывать.

Последствия такой демонизации весьма серьезны. Удары по истории ВОВ, как и удар по сталинскому периоду, нанесли непоправимый урон элементам, скрепляющим нас в народ. Подробно суть этих процессов и их последствия мы рассмотрим в следующих главах.

ПРИМЕЧАНИЯ

1. Доклад «О культе личности и его последствиях». Цит. по http://www.hrono.ru/dokum/doklad20.html

2. Сборник боевых документов Великой Отечественной войны. М., Воениздат. 1947—1960. Т.28. С. 12.

3. *Н.С. Хрущев*. «Время. Люди. Власть (Воспоминания)». Книга 1. М., Московские новости. 1999. С.300 — 301.

4. Там же.

5. *А.И. Микоян.* «Так было». М., Вагриус. 1999, цит. по эл. книге.
6. «1941 год». М., Международный фонд «Демократия». 1998. Т. 2, со ссылкой на РЦХИДНИ. Ф. 84. Оп. 3. Д. 187. Л. 118—126, цит. по эл. версии.
7. *Ю.А. Горьков*, «Кремль. Ставка. Генштаб». Тверь. 1995, цит. по http://militera.lib.ru/research/gorkov2/
8. *А.И. Микоян.* «Так было». М., Вагриус. 1999.
9. «1941 год». М., Международный фонд «Демократия». 1998. Т. 2, со ссылкой на РЦХИДНИ. Ф. 84. Оп. 3. Д. 187. Л. 118—126.
10. Цит. по интернет-проекту «Российские немцы» http://www.rdinfo.ru/article.php?mode=view&own_menu_id=33041
11. «Новая и новейшая история», 2006, № 6.
12. *В. Земсков.* «ГУЛАГ (историко-социологический аспект)».
13. Цит. по http://soldat.ru, со ссылкой на РГАСПИ. Ф. 644. О. 1. Д. 29. Л. 2 — 3.
14. «Россия и СССР в войнах XX века, потери вооруженных сил». Под ред. Г.Ф. Кривошеева. М., Олма-Пресс, 2001.
15. «Новая газета», № 42, 21 июня 2001 г.
16. «Московский комсомолец», 22.06.2005, цит .по http://www.mk.ru/blogs/idmk/2005/06/22/mk-daily/56220/
17. См. интервью Михаила Ремизова с ректором РГГУ Юрием Афанасьевым. «Русский журнал», 13.02.2001, http://old.russ.ru/politics/interview/20010212_af-pr.html
18. *И. Пыхалов.* «Великая оболганная война». М., Яуза, Эксмо. 2005, цит. по эл. версии http://militera.lib.ru/research/pyhalov_i/02.html
19. *М. Мельтюхов.* Упущенный шанс Сталина. Советский Союз и борьба за Европу: 1939—1941 (Документы, факты, суждения). М., Вече. 2000, цит. по http://militera.lib.ru/research/meltyukhov/index.html
20. Там же.
21. *И. Пыхалов.* «Великая оболганная война», цит. по эл. версии http://militera.lib.ru/research/pyhalov_i/02.html
22. Там же.
23. Там же.
24. «The New Times», 19.11.2007, цит. по http://www.gaidar.org/smi/2007_11_19_nt.htm
25. «Социальная история отечественной науки», http://www.ihst.ru/projects/sohist/ со ссылкой на «Известия ЦК КПСС». 1991. № 3. С.146—147.
26. *С.Г. Кара-Мурза.* «Советская цивилизация» (том I), цит. по http://www.kara-murza.ru/books/sc_a/sc_a110.htm#hdr_156
27. *И. Пыхалов.* Великая оболганная война, цит. по эл. версии http://militera.lib.ru/research/pyhalov_i/02.html
28. Там же.
29. Там же.
30. Русский архив: Великая Отечественная: Приказы народного комиссара обороны СССР 22 июня 1941 г. — 1942 г. М., Терра. 1997, цит. по эл. версии http://militera.lib.ru/docs/da/nko/index.html
31. Там же.
32. Там же.
33. См. *И. Пыхалов.* Великая оболганная война. Со ссылкой на ЦХИДК. Ф. 1/П. Оп. 23а. Д. 2. Л. 27.
34. См. *В. Земсков.* «ГУЛАГ». (историко-социологический аспект).

35. Там же.
36. Там же.
37. *В. Земсков.* «Репатриация советских граждан и их дальнейшая судьба». Социологические исследования. Май 1995. № 5. С. 3—13, цит. по эл. версии http://www.ecsocman.edu.ru/socis/msg/210092.html
38. См. *И. Пыхалов.* Великая оболганная война.
39. Там же.
40. *И. Сухих.* Жизнь после Колымы. «Звезда», № 6, 2001 г., цит. по эл. версии http://magazines.russ.ru/zvezda/2001/6/suhuh.html
41. Здесь и далее цит. по *В. Шаламов.* Собр. соч. В 4 т., т. 1; Колымские рассказы: Колымские рассказы; Левый берег; Артист лопаты. Москва, «Художественная литература», «Вагриус», 1998, цит. по эл. версии.
42. *А.М. Бирюков.* Колымские истории: очерки. Новосибирск. 2004.
43. http://vif2ne.ru/nvk/forum/archive/1392/1392332.htm
44. Русский архив: Великая Отечественная: Битва за Берлин (Красная Армия в поверженной Германии). М., Терра, 1995, цит. по http://militera.lib.ru/docs/da/berlin_45/index.html
45. «The Guardian», 01.05.02, цит. по http://www.inosmi.ru/stories/01/12/06/3034/140671.html
46. Русский архив: Великая Отечественная: Приказы народного комиссара обороны СССР 22 июня 1941 г. — 1942 г. М., Терра, 1997, цит. по http://militera.lib.ru/docs/da/nko/index.html
47. *А. Драбкин.* Я дрался с Панцерваффе, М., ЯУЗА, ЭКСМО. 2007. С.213.
48. *А. Драбкин.* Я дрался на «Т-34», Кн. 2. М., ЯУЗА, ЭКСМО. 2008. С. 32.
49. *А. Драбкин.* Я дрался с Панцерваффе. С. 85 — 86.
50. *А. Драбкин.* Я дрался с Панцерваффе. С. 147, 152.
51. *А. Драбкин.* Я дрался на «Т-34». С. 175—176.
52. *А. Драбкин.* Я дрался с Панцерваффе. С 123.
53. *А. Драбкин.* Я дрался на «Т-34». С.215 — 216.
54. Труд, № 132 от 21.07.2005.

Часть 4
РЕПРЕССИИ И СОВРЕМЕННОСТЬ

Глава 28
КУЛЬТ ЛИЧНОСТИ СТАЛИНА: БОЛЕЗНЬ ИЛИ ОБЪЕКТИВНАЯ ОСОБЕННОСТЬ ОБЩЕСТВА?

Не имеет смысла отрицать культ личности Сталина. Он объективно существовал, с его разрушения начинаются процессы, рассматриваемые в этой книге. Причины его возникновения — отдельный очень важный вопрос.

Ответственность за формирование культа личности традиционно возлагается на советскую пропаганду. Состояние общества того периода определяют как некое затмение, сбой рациональности, говорят, что люди были оболванены.

Хрущевскую программу «оттепели» принято рассматривать как прозрение. При этом та иррациональная любовь, которую по сей день испытывают к Н.С. Хрущеву представители поколения шестидесятников, исключается из анализа. А зря, явление чрезвычайно интересно, его исследование на многое пролило бы свет. Первому секретарю готовы простить и карательную психиатрию, и гонения на Солженицына, и своеобразные отзывы о творчестве абстракционистов. Знаменитые факты биографии Хрущева, такие, как поведение на сессии ООН и обещания показать всему миру «кузькину мать», воспринимаются как забавные чудачества. Хотя вряд ли подобное поведение другого политика вызвало бы умиление у любого здравомыслящего человека.

Пора задуматься над природой этого явления, ведь безграничная, на десятилетия, любовь совмещена с некритическим восприятием поступков, вызывающих у той же аудитории резкое отторжение во всех иных случаях. Если население было оболванено при Сталине, что произошло с ним в хрущевскую эпоху? В результате какого воздействия у интеллектуальной элиты общества оказались заблокированы самые элементарные оценочные категории?

К хрестоматийным следовало бы отнести культ личности Брежнева, который без особых внешних свершений формировался в значительной мере именно пропагандой. Показательными являются недолговечность и дискретность эффекта, что позволяет усомниться в роли пропаганды как базиса этого явления.

На сломе советской государственности, казалось бы, обрывается череда формирующихся культов, но при желании их элементы можно видеть в том противоречивом отношении к М.С. Горбачеву, которое существует и сегодня. Ярлык «предатель» не клеят на наемного менеджера, это совершенно иной тип отношений.

Можно вспомнить и ту иррациональную любовь, вплоть до обожания, которая вспыхнула в обществе к Б.Н. Ельцину в конце 80-х — начале 90-х годов прошлого века.

Наконец, уже в условиях современной России, без особых, казалось бы, на то оснований, снизу начал формироваться культ В.В. Путина — отчасти как противоположности Ельцина, — чему официальная пропаганда не столько способствовала, сколько не препятствовала. Впоследствии мы наблюдали и более интересный феномен бархатной «передачи» части культовости как партии, так и президенту Медведеву.

Не исключено, что аналогичный метод мог быть применен и в 1953 году — с куда меньшими последствиями для государства. Что, однако, не было сделано в силу ряда как объективных, так и субъективных причин, о которых скажем позже.

Линию «череды культов» можно провести и в прошлое. В одной из глав мы констатировали явное существование основополагающего для советской идеологии образа В.И. Ленина. Но разве не те же чрезвычайно схожие явления мы видим в монархизме? Разве социально-экономические или классовые интересы были причиной Смутного времени, а не чехарда с престолонаследием? И разве не она имела такое влияние на умы, что чуть было не уничтожила государство?

Это удивительное свойство нашей страны — во всех ее ипостасях, будь то Российская империя, коммунистический Союз или нынешняя Российская Федерация, — приводит либеральных мыслителей в исступление. В сердцах наиболее дальновидные называют страну «тысячелетней рабой», остальные призывают искоренять рабское мышление, доставшееся от «совка».

Упоминание «совка» в этом контексте не должно удивлять, оно лишь демонстрируют идеологическую ловушку, в которую успешно загнали себя наши либералы. При Б.Н. Ельцине, на волне отрицания всего советского, предпринимались совершенно неразумные попытки позиционировать современную РФ как наследницу России царской. Естественно, в таких обстоятельствах никак нельзя было искать негативные проявления в истории до 1917 года. Все «зло» могло появиться лишь в СССР.

Но и марксистское учение не остается в стороне, напомним, что Н.С. Хрущев с многочисленными цитатами из Маркса и Энгельса доказывал порочность единоличного правления Сталина, его осуждение культа личности не вызвало у членов компартии отторжения, напротив, культ был однозначно признан преступным явлением.

Что же происходит со страной, если как минимум серьезный этап ее развития, а как максимум вся история были пронизаны некими культами? При том, что начиная с 1956 года эти явления спорадически осуждаются, а сегодня в политике и вовсе отрицаются — рассматриваются как проявления глубокого прошлого? В рассмотрении этого вопроса не обойтись без пусть и поверхностного, но анализа главных мировоззренческих концепций, через которые мы воспринимаем политическую реальность, и тех типов общества, которые они описывают.

* * *

Современная политика и политология, впитавшая основы марксизма и форсированно переучившаяся на либерализм, просто не в состоянии понять и объяснить суть происходивших процессов, она не имеет для этого подходящей теории и понятийного аппарата. То, как воспользовались образом В.В. Путина на выборах 2007—2008 годов, заставляет подозревать, что путь нащупывали в значительной мере интуитивно.

Марксизм и либерализм, служащие для подавляющей части общества главными понятийными аппаратами, в интересующем нас вопросе являются близнецами-братьями, равно отрицающими культ личности как явление архаичное и даже преступное. Это закономерно, так как марксизм во многом наследует либерализму, развивая через критику учение либеральных экономистов прошлых лет. Да, марксизм дает новые альтернативы, но первоосновой его служит тем не менее либеральная мысль.

Она проникнута экономическим детерминизмом, который наследует и марксизм. Общественные и политические процессы теории рассматривают, в первую очередь, через призму столкновения экономических интересов. Знаменитая фраза В.И. Ленина «Политика — это концентрированное выражение экономики» является ярким примером. О сходстве методологий свидетельствует знакомая каждому россиянину по газетным публикациям и телепередачам идея построения у нас в стране «гражданского общества». Та же концепция может быть выражена через марксизм как построение классового общества, в котором буржуазия (средний класс, класс собственников) из «класса в себе» превращается в «класс для себя» и берет в свои руки управление общественными процессами — вступает в классовую борьбу для отстаивания своих интересов.

Аналогично описан смысл пролетарской революции: на фоне все усиливающейся деятельности буржуазии пролетариат также обретает классовое сознание и вступает в классовую борьбу. Марксисты-меньшевики в этой связи блокировались с либералами Временного правительства — ведь следовало для начала построить в России класс буржуазии, «гражданское общество». Это большевики «прыгнули через формацию», начав строить социализм без стадии построения и развития капитализма.

Концепция классового (или гражданского) общества, развитие которого обусловлено экономическим детерминизмом, описывает тип так называемого современного общества. Не потому, что оно действительно современнее иных, само такое ранжирование типов общественных отношений задают рассматриваемые нами теории. В итоге, с одной стороны, мы имеем определение через самого себя, с другой — было бы странным, если бы теория называла описываемые отношения отсталыми или архаичными.

Так называют предшествующие отношения общества традиционного (или доиндустриального, примитивного). Либерализм и марксизм вышли из европейских буржуазных революций, которые «расчистили» капитализму дорогу через слом отношений «монарх — подданный» или шире — всех отношений традиционного типа. Эти отношения отличаются солидарностью, иерархичностью и внеэкономичностью, что является непреодолимым барьером для развития капитализма — всеобщего «равенства возможностей» или равенства всех членов общества перед «невидимой рукой рынка».

В идеале современное общество строится на принципах индивидуализма: каждый человек окружен «сферой свободы», свобода каждого заканчивается там, где начинается свобода другого. Человек, таким образом, атомизируется, из члена общества он превращается в изолированного индивида, вступающего с окружающими в деловые взаимодействия в рамках своих интересов. Модель общественных отношений повторяет модель взаимоотношений рыночных.

Иерархия или равенство традиционного общества, его солидарные отношения считаются в этой связи преступными, если хотите, контрреволюционными. Они вмешиваются в рыночный механизм нерыночными методами, тормозя или делая невозможным его развитие.

Сегодняшние заклинания экономистов о недопустимости воздействия на экономику административными рычагами вытекают из тех же представлений. Один из элементов человеческой жизни, и не самый главный (в реальности далеко не все отношения строятся на принципах купли-продажи), возведен в роль главной движущей силы.

Существует глубоко проработанная концепция управления, которая рассматривает всю западную политику как частный случай рыночных отношений. И если читатель задумается над сутью парламентской демократии в ее сегодняшнем западном понимании, он наверняка найдет тому подтверждения.

Спонтанно возникающие отношения вроде культов личности не подвержены анализу через рассматриваемые нами теории. Их понятийный аппарат не способен дать понимания сути явления, так как сам этот аппарат зародился в капиталистической среде уже после слома отношений традиционного общества, он описывает капиталистические отношения и в других случаях мало применим. Вместе с тем теория «помнит» свои истоки и способна квалифицировать такие явления как порочные, неестественные и преступные. То есть как контрреволюционные в контексте буржуазных революций и последовавшей перестройки европейского общества.

Важной для нашей темы чертой марксизма и либерализма является их евроцентризм. Взаимодействия, которые они описывают, в действительности свойственны преимущественно странам Европы. Эти государства прошли особый путь цивилизационного развития, он без преувеличения уникален и по ряду причин его вряд ли удастся повторить кому-либо еще на планете. Однако доктрины игнорируют этот факт, постулируя их глобальную, всемирную применимость, устанавливают законы человеческого развития в целом.

При критическом рассмотрении ясно, что спектр применения как либерализма, так и марксизма достаточно узок. Но разве является для нас сегодня новостью их глобальное использование, например деление стран на отсталые (еще не пошедшие окончательно по капиталистическому пути) и прогрессивные (та же Европа и США). Последняя группа стран четко застолбила за собой право называться «мировым сообществом» и пользоваться сопутствующим авторитетом, несмотря на свое явное меньшинство в мире. Здесь, конечно, помогают технологическое развитие и военная мощь.

Для нас же в этом вопросе важен тот факт, что благодаря евроцентризму либерализма и марксизма у нас возникает ощущение оторванности нашей страны, с ее непонятными общественными процессами, от «мирового сообщества». Более того, видимость порочности нашего общего развития: все не как у людей, у «всего мира».

Нам это припомнили во время перестройки и демократизации 90-х.

* * *

Противоположностью современного типа общества является общество традиционное или доиндустриальное. К сожалению, приходится пользоваться терминами социологии, которая использует понятийный аппарат марксизма или либерализма. «Современный», «традиционный», «доиндустриальный» — здесь только термины, не несущие специфической смысловой нагрузки. Общество Японии многие склонны характеризовать как традиционное, при развитой индустрии и внешне совершенно капиталистических отношениях.

История традиционного общества значительно шире капиталистического. Окончательное формирование капиталистических отношений произошло чуть более 200 лет назад в ходе «Промышленного переворота» в Великобритании второй половины XVIII века. С исторической точки зрения это совсем молодая формация. За традиционным обществом вся история человечества, оно не сдает свои позиции и сегодня.

Отношения традиционного общества представляют собой полную противоположность либерализму современного. Для него характерно сакральное представление об окружающем и о человеке, причем личность воспринимается неотделимой частью общества по принципу «частица каждого во мне и частица меня в каждом». Отсюда рождаются многочисленные связи дружбы, любви, заботы, принуждения, регулирующие общественные взаимодействия. Экономическая составляющая является одним из многих элементов. При этом велика роль служения, чувства долга, которые воспринимаются через призму естественной обязанности каждого перед большим обществом. Часто такие отношения и восприятие реальности, в силу их естественной схожести с религиозными воззрениями, называют «религиозным чувством».

Православный философ В.С. Соловьев пишет в этой связи в работе «Оправдание добра, нравственная философия» [1]: «Нельзя по существу противопоставлять личность и общество, нельзя спрашивать, что из этих двух есть цель и что только средство. Такой вопрос предполагал бы реальное существование единичной личности как уединенного и замкнутого круга, тогда как на самом деле каждое единичное лицо есть только средоточие бесконечного множества взаимоотношений с другим и другими, и отделять его от этих отношений — значит отнимать у него всякое действительное содержание жизни, превращать личность в пустую возможность существования. Представлять личное средоточие своего бытия как действительно отделенное от своей и общей жизненной сферы, связывающей его с другими центрами, есть не более как болезненная иллюзия самосознания».

Общественные отношения в традиционном обществе переплетены с личными и составляют единое целое, при этом интересы общества воспринимаются как бо́льшая ценность, чем интересы конкретного человека. В сравнении с либеральной доктриной, постулирующей защиту прав индивида, такой подход кажется чудовищным, однако он вытекает из всего хода человеческой истории: принято говорить, что человека формирует окружение, человек — существо социальное. Без окружающего общества он немыслим, быстрая деградация многочисленных робинзонов тому подтверждением. Вывод о том, что общество первично, основан на тысячелетнем опыте человеческого общежития.

Русская культура пронизана глубоким пониманием этих отношений: «Вместе мы сила», «Один в поле не воин». Сказки и предания, воспитывающие народ из поколения в поколение, воспевают коллективизм, вспомните хоть «Репку», хоть не менее известное сказание о старике, который призвал сыновей и на примере палочек из веника показал им силу единства и слабость индивидуализма.

Метафорой общественной жизни традиционного общества является коллектив, в более широком толковании — семья. Из типа связей вытекает политическое устройство и государственная структура. Если капитализм формирует «рыночную политику», то в традиционном обществе возникает схема, повторяющая семейные отношения. Иерархия выстраивается по принципу отношений отца и детей. Такое государство принято называть патерналистским, от pater (лат.) — отец.

Исследователи и политики, которые рассматривают историю России в отрыве от либеральной или марксистской теории, признают: как в Российской империи, так и в коммунистическом СССР общество являлось традиционным, а государственные отношения были патерналистскими.

С. Митрохин, сейчас лидер партии «Яблоко», а тогда депутат Госдумы, писал еще в 1999 году:

«На протяжении многих столетий в Российской империи господствовал сакрально-патерналистский тип общественного договора, который, с одной стороны, приписывал власти божественное происхождение («Вся власть от бога», «помазанник божий»), а с другой — наделял ее чертами и полномочиями патриархального главы семейства («царь-батюшка»).

Нельзя сказать, что после 1917 года структура этого договора претерпела слишком уж радикальную ломку. Место бога заступили коммунистические верования, включавшие в себя культ живых и «вечно живых» вождей, но природа власти, выводившей свою легитимность из этого, в сущности, религиозного комплекса, все равно осталась сакральной. Патерналистская составляющая старой парадигмы взаимоотношений общества и власти также, по существу, не изменилась. Черты патриархального господства были воспроизведены не только в облике «отца народов», но и в эпитетах, описывающих КПСС как коллективного носителя лучших качеств (могущество, честность, ум и т.п.), обычно приписываемых детьми именно отцам» [2].

Отмечает С. Митрохин и общую патерналистскую канву развития нашего общества вплоть до 2000-х годов:

«Ни к концу советского периода, ни к началу постсоветского власть уже не располагала сакральным ресурсом, сопоставимым по своей мощи с традиционным православием или системой коммунистических верований.

Правда, в конце 80-х — начале 90-х годов наблюдалась столь же бурная, сколь и кратковременная реанимация патерналистских ожиданий, связанная с фигурой Ельцина и олицетворяемой им верой в мессианскую роль рыночных реформ. После неизбежного разочарования в реформах наступил период неопределенности... Ни к чему не привели и попытки реставрировать сакральную составляющую патерналистского договора под видом «национальной идеи» [3].

Крайне важной для нас особенностью традиционного общества является его идеократичность. Наличие общей идеи, общего дела, общих устремлений (мессианской идеи, о которой пишет С. Митрохин) придает ему устойчивость и силу. Напротив, разрушение устремлений, сомнения в идее делают невозможными и служение, и долг и подвиг. По идеократической составляющей общества и нанес, не ведая, что творит, удар Н.С. Хрущев с трибуны XX съезда КПСС.

Непрекращающейся борьбе с устоями традиционного общества мы обязаны и очернением всего советского периода, и фальсификациями истории Великой Отечественной войны. Она является мощным символом, глубокой сакральной идеей для всех советских народов. Удары, которые наносятся в этом направлении, мы рассматривали в предыдущей части.

Общество тем не менее упорно пытается собраться, несмотря на чудовищный ущерб, полученный в последние десятилетия. Запас внутренних сил у нас, как выяснилось, неожиданно велик. Но он не может быть безграничным. Важно понимать, что уничтожение того типа общества, которое исторически сложилось у нас на протяжении веков, будет и уничтожением России в ее нынешнем виде.

* * *

Подведем некоторые итоги главы. В фигуре Сталина в 30—50-е годы реализовались патерналистские чаяния общества, построенного по принципу семьи. «Отец народов» не был простой фигурой речи или элементом пропаганды. Это определение прямо выражало ту роль, которую на

Сталина возложило общество, — главы большой семьи народов СССР.

Своеобразное видение сталинских репрессий в обществе, которое ставит в тупик современных либеральных исследователей, закономерно вытекает из этих отношений. С одной стороны, люди «не могли не видеть, но не замечали», а с другой — попавшие под каток репрессий в большинстве своем не возлагали за это вину на Сталина. Они продолжали относиться к нему как к «отцу», вопреки происходящему. Ничего удивительного в этом нет: так и в большой семье отец, не разобравшись, может наказать невиновного. Это обидно, больно, но не является поводом для «смены отца». Семья по-прежнему любит его, даже через нанесенную обиду.

Коллективизм и идократичность традиционного общества заставляют совершенно по-другому взглянуть на термин «враг народа». Человек, оторвавшийся от коллектива, вредящий своим товарищам, крадущий у соседа или наживающийся за счет всех, становится вне общества, объединенного множеством связей долга и солидарности. Поведением он исключает себя из народа, нарушая «табу», неписаные правила общежития. Он становится в позу богоборца, идущего против идеи, объединившей всех.

В этом смысле преступление уголовное, политическое, идеологическое действительно равнозначны с точки зрения общества традиционного типа. Человек, пошедший против своей семьи, против общества и страны, становится «врагом народа», это точная характеристика его поведения.

Может различаться кара за подобные поступки — порицание, бойкот, изгнание из общины (из общества), тюремное заключение и даже смертная казнь. Пугаться здесь нечему, к примеру, лишение жизни (убийство), как нарушение главного «табу», до последнего времени каралось смертью — не только по закону, но и «по справедливости». Подавляющая часть общества по сей день поддерживает идею смертной казни за особо тяжкие преступления.

Но давайте задумаемся, входят ли в их число, к примеру, экономические преступления? Автору приходилось видеть в середине 90-х годов в регионах России детские дома, в которых дети питались только тем, что могли принести им из дома воспитатели — отбирая у собственных детей. «Экономическая помощь из центра» до этих учреждений раз за разом не доходила, и дети голодали. Какой кары заслуживает ответственный за эти преступления человек, не является ли он врагом народа?

Но задумаемся и над бо́льшим. Кем является политик, оправдывающий такое положение вещей «велением момента» в условиях, когда есть силы и средства помочь, пропагандирующий «слабого толкни» — потому что этого требует построение демократии и рыночной экономики?

Либералы первой волны взяли на вооружение слегка измененную цитату из Конфуция: «Голодному надо давать не рыбу, а удочку, чтобы ее ловить». В конце концов, и дети из детдомов могут заработать на хлеб, не станем уточнять, где и как. И старики могут собирать стеклотару.

Правда, русская народная пословица, элемент традиционного общества, дающая оценку честному и бесчестному, справедливому и несправедливому, говорит по этому поводу: «Негоже бросать хлеб собакам, когда голодны дети».

Глава 29
БЫЛ ЛИ СТАЛИН «ЭФФЕКТИВНЫМ МЕНЕДЖЕРОМ»?

Предпринимаемые в последние годы робкие попытки по-новому, без истерики взглянуть на события первой половины XX века приводят к неожиданным, во многом странным результатам. Так, с подачи методического пособия по новейшей истории для учителей общеобразовательных школ под редакцией А. Филиппова, И.В. Сталин получил характеристику «эффективного менеджера». Пособие попало под уничтожающий огонь либеральной критики, что возродило надежды на широкое общественное обсуждение проблемы, но диалога, к сожалению, не вышло.

Критики, опираясь на существующий черный миф, быстро свели обсуждение в эмоциональную сферу, раз за разом ужасаясь в публикациях оправданию советского строя, Сталина и сталинских репрессий.

«Просоветскую и просталинскую направленность книги сразу выявляет ее введение, — пишет «Новая газета» в номере от 17 марта 2008 [4]. — Уже на первых страницах читатель оглушается выводом: «Советский Союз не был демократией, но он был примером лучшего, справедливого общества для многих миллионов людей во всем мире» [6]. При этом автор предпочитает умолчать, что для многих миллионов людей Советский Союз таким обществом не был, а за симпатиями трудящихся мира к СССР стоят не столько его достижения, сколько сочиненный коммунистической пропагандой образ общества «всеобщего благоденствия».

В ходе этой кампании книга превратилась уже в школьный учебник, а сама проблема была безосновательно политизирована, обвинения посыпались в сторону В.В. Путина, который довел страну до такого состояния, что школьников будут учить любви к Сталину и его политике.

Объясняя свою позицию, авторы пособия были вынуждены оправдываться, что обеление образа Сталина или отрицание сталинских репрессий не входило в их задачи. Напротив, бытующему образу бессистемных репрессий, продиктованных манией преследования «отца народов», они противопоставили новый взгляд на проблему, как на системную, продуманную политику, преследующую конкретные цели.

Естественно, это понимали и критики. Их реакция была ожидаемой, ведь даже такой, в целом антисталинский, но построенный на рациональном анализе подход, способен серьезно поколебать сложившиеся в массовом сознании образы. «Новая газета» в уже цитировавшейся выше статье пишет:

«Вроде бы большинство неприятных фактов сталинской диктатуры упомянуто, но как-то нехотя, вскользь, скороговоркой, без должного анализа и четких оценок этих фактов и явлений».

То есть в пособии недостаточно идеологии: факты есть, но не хватает «четких оценок», обличения, заклинаний об ужасах кровавой диктатуры. Понимание движущих сил и логики событий выводит проблему из сферы иррационального ужаса, превращая в поддающееся анализу знание. Язык для такого анализа попытались дать авторы книги, за что и получили удар всей мощью образа репрессий:

«Конечно, подобные умолчания неспроста. Если их не делать, то объективное освещение истории подведет к выводу о Сталине как преступнике против народов СССР, против отечественной культуры и духовности, против человечества и человечности. Именно от этого объективного вывода автор пытается увести учителей и учеников» [5].

Для нас интересен один из итогов этой идеологической схватки за чистоту мифа — прочно вошедшая в обиход характеристика И.В. Сталина как эффективного менеджера. Такого рода определения тоже являются понятийными инструментами, через которые происходит осознание исторических процессов, они направляют анализ в нужное русло, задавая для мысли своеобразную систему координат. Нужно отметить, что в самом пособии Филиппова эта характеристика отсутствует, она появилась именно в процессе обсуждения, в виде фраз «вождь всех времен и народов» выглядит [в книге] как эффективный менеджер».

Видение правителя как менеджера, наемного управляющего, которому определенными политическими инструментами временно делегированы властные полномочия, характерно для западных демократий, с их «рыночной» политической моделью. Кандидаты на правящие посты вступают в торг с обществом, их товаром является программа, «деньгами» населения — голоса. Общество «нанимает» власть в процессе выборов и «кормит» ее своими налогами. Власть при этом имеет строго ограниченные функции, которые принято определять как роль «ночного сторожа» или «полицейского на рынке» — следит за порядком, но в торги не вмешивается.

В.В. Путин, в соответствии с этой концепцией, ответил на вопросы переписи населения 2002 года: согласно его переписному листу, Президент России работает по найму в сфере оказания услуг населению. Государство современного общества выступает, таким образом, как элемент сферы услуг — наряду с парикмахерской или химчисткой. Эффективный менеджер здесь тот, кто получит больше прибыли от клиентов или больше голосов избирателей качеством своей программы.

При этом брадобрей, требующий от клиентов разобраться с конкурентами его парикмахерской, или управляющий химчисткой, отправляющий посетителей отработать на химзавод, выглядят, естественно, преступно: не для того их нанимали.

Важно понимать, что рыночный механизм не нацелен на удовлетворение потребностей всех людей. Он удовлетворяет только и исключительно платежеспособный спрос, граждане, у которых нет денег, для него просто не существуют. Мерой эффективности здесь служит прибыль. В этом смысле Анатолий Чубайс, безусловно, эффективный менеджер, который заставил людей платить за электроэнергию. Тот факт, что многие при этом лишились света за неуплату, тарифы возросли многократно, а оставшаяся со времен СССР инфраструктура не получила никакого развития, следует рассматривать положительно — все эти действия привели к увеличению прибыли компании.

Всенародная любовь к эффективному менеджеру не нужна, да и невозможна — ее не подразумевает сама суть конкуренции, которую называют «холодной гражданской войной всех против всех». Она вынуждает людей идти по головам окружающих, и не любовь является здесь критерием эффективности, а прибыль.

Напротив, в традиционном обществе, построенном по принципу семьи, любовь является неотъемлемым элементом общественной жизни. Патерналистское государство строится на отношениях правителя-отца и подданных-детей. В семье невозможна экономическая конкуренция, ведь не придет в голову мужу, вернувшемуся домой, попросить у жены счет за ужин. Как не оценивается с экономической точки зрения совместная работа всех членов семьи по уборке квартиры. Взаимоотношения строятся на сумме вкладов каждого в общее дело, но и результаты распределяются «по едокам», а не по платежеспособности.

Именно для патерналистского государства характерной чертой является любовь к правителю, культ личности «главы семьи», который может наказать за провинность, но и заботится о семейном благе.

Характеристика Сталина как «отца народов» — это классическое проявление патернализма. Определение «эффективный менеджер» здесь совершенно неуместно, оно из другой жизни другого общества, отношения в котором строятся на принципиально иной основе. Ее использование в очередной раз направляет нас по ложному пути анализа событий первой половины XX века, через применение к ним инструментов современного общества.

Подобные характеристики следует использовать с большой осторожностью, продумывая все последствия их применения. Иначе недолго осудить человека не за то, что он в действительности совершал, а за абстрактное несоответствие теории, в которою он не вписывается.

Глава 30
ЧЕГО НЕ ПОНЯЛ ХРУЩЕВ?

Мне бы не хотелось, чтобы на основании этой книги был демонизирован уже Н.С. Хрущев. Прежде всего вспомним, что свои варианты «оттепели» готовили многие из членов Политбюро после смерти И.В. Сталина. Такой выход из создавшегося положения казался им вполне разумным, так они видели политическую необходимость момента.

Во-вторых, Н.С. Хрущев действительно не ведал, что творит. Крайне маловероятно, что, готовя свои политические интриги и укрепляясь у власти, он предвидел последствия своих шагов на ближайшие 30—40 лет.

В том, что Хрущев был искренним марксистом — и по идеологии, и по образу мышления, — сомнений нет. Достаточно вспомнить, как обосновывал он невозможность националистического протурецкого подполья в Грузии:

«Промышленная продукция Грузинской республики в 27 раз превышает производство дореволюционной Грузии. В республике заново созданы многие отрасли промышленности... Сравнивая положение в своей республике с тяжелым положением трудящихся в Турции, могли ли грузины стремиться присоединиться к Турции?» [6]

Это свойственный марксистской модели экономический детерминизм. Главный казус советской истории заключается в том, что Н.С. Хрущев применял марксистскую теорию к описанию общества, живущего по другим законам. В этом тоже вина Сталина, и как бы не большая, чем возлагаемая на него сейчас ответственность за политические репрессии. Даже ближайшее окружение вождя не имело глубокого понимания этого несоответствия, им не объяснили и никаких работ, вносящих ясность в этот вопрос, не оставили.

В определенных кругах принято утверждать, что И.В. Сталин, придя к власти, реставрировал монархию. Это не более чем аллегория, иносказательно выраженные мысли о действиях Сталина в рамках традиционного общества, понимания с его стороны патерналистской сути государства.

Это понимание в целом прослеживается у большевиков. Есть основания полагать, что марксизм был использован ими как «техническая идеология», на ее основе изначально была выстроена мессианская идея — построения царства божьего на Земле, счастливой коммунистической жизни единой коммуной, идеала традиционного общества. Решением вопросов «по справедливости», «по едокам», «по честности» им удалось сплотить вокруг себя расколотое крушением империи и деятельностью Временного правительства общество.

Формирование новой мессианской идеи на основе марксизма позволило объединить людей, победить в Гражданской войне и совершить огромный рывок индустриализации — с таким подъемом и таким энтузиазмом, что виднейшие мировые экономисты просто отказывались верить результатам. Гитлер, доверяя работам экспертов из белоэмигрантов, до последнего пребывал в уверенности, что Россия — это колосс на глиняных ногах.

Почему, действуя во многом вразрез с классическим марксизмом, большевики продолжали отстаивать его правоту? Не исключено, что в этом они исходили из понимания (пусть и на интуитивном уровне) идеократичности традиционного общества и тех последствий, которые может принести пересмотр идеалов в ходе строительства государства.

Собственно, в истории Советской России и СССР вплоть до 22 июня 1941 года было не так много спокойных лет, позволяющих взяться за аккуратный пересмотр идеологической составляющей. Менять, пусть и в незначительной степени, основы мировоззрения страны в ходе Гражданской войны и послевоенного восстановления было смертельно опасно. Уже с середины 30-х государство вошло в новый предвоенный период.

В таких обстоятельствах сложилась система, при которой идеология не вполне соответствовала обществу, в котором главенствовала. Со смертью Сталина не произошло передачи сакрального знания об устройстве страны следующему поколению, воспитанному на голом марксизме. Старая гвардия «сталинистов» понимала, что происходит что-то не то, пыталась воспротивиться реформаторскому запалу молодежи, но у нее не было научного обоснования своих подозрений, не было языка, на котором можно было бы выразить свои чувства.

Хрущев нанес удар в самое сердце системы. По меткому выражению С.Г. Кара-Мурзы, он фактически сказал: «Вы идиоты — подчинялись безумному тирану и даже любили его. Теперь вы обязаны его ненавидеть и каяться, а за это я обещаю вам за три-четыре года догнать Америку по мясу и молоку». От этих слов у граждан возникло острое желание вдребезги напиться, что многие и сделали».

Вся глубина сакрального мировосприятия, вся патерналистская организация общества были подменены идеалами «молока и мяса как в США». Только невероятная стабильность нашего общества позволила ему устоять. Но Хрущев был в своем амплуа, не понимал, что вредит. В Грузии 27-кратный промышленный рост — какой национализм? Молочные реки и мясные берега — альтернатива сталинизму.

Заставьте верующего отречься от религии за палку колбасы. Примерно это попытался проверить Н.С. Хрущев. Более того, будучи в роли пророка, обладая авторитетом, близким к божественному, он заявил, что сам бог и палка колбасы — вещи вполне взаимозаменяемые.

Понимание того, что все идет неправильно, привело к смещению Н.С. Хрущева с поста Первого секретаря группой во главе с Л.И. Брежневым. Но понимания было мало, требовалось объяснить, почему все идет неправильно хотя бы самим себе. Группе Брежнева удалось на некоторое время заморозить запущенные Хрущевым процессы, но это была временная передышка. Общество уже разъедали изнутри заложенные в 1956 году идеологемы, страна уже походила на человека, из которого вытащили скелет.

А между тем росло уже следующее поколение воспитанной на марксизме интеллектуальной элиты. Для него расхождения социалистического государства с классической теорией были очевидны, их интеллектуальные усилия начинались с поисков «истинного марксизма» и завершались неизбежным пониманием, что все построено совершенно неверно. В последующем они, имея научные степени марксизма-ленинизма, занимая видные посты в партийной иерархии, в одночасье станут самыми рьяными либералами, сторонниками рынка и демократизации.

Пришедшая в 1985 году к власти команда Горбачева, видимо, знала, что делает. Они стали достойными продолжателями дела Хрущева, раз за разом нанося все более болезненные удары по и без того трещащему по швам обществу. Тема сталинских репрессий стала для них одним из основных инструментов в ходе этой кампании. О ходе «горбачевской оттепели» — в следующих главах.

Глава 31
ПОЗДНИЙ СССР: ОФИЦИАЛЬНЫЙ ВЗГЛЯД НА РЕПРЕССИИ. НОВЫЕ МИЛЛИОНЫ

Объявленная при Михаиле Горбачеве «гласность» породила бум публикаций диссидентов и эмигрантов о сталинских репрессиях. В этих условиях Политбюро ЦК КПСС принимает решение провести новое расследование всех обстоятельств преступлений того периода.

В соответствии с постановлением от 28.09.1987 г. создается Комиссия Политбюро ЦК КПСС по дополнительному изучению материалов, связанных с репрессиями, имевшими место в период 30—40-х и начала 50-х годов. Здесь проявляется первая странность этой кампании. В постановлении указано: «Передать в распоряжение Комиссии Политбюро материалы комиссий, изучавших эти вопросы после 1953 года, а также другие имеющиеся в ЦК КПСС...» [7].

Даже если центральный аппарат партии не отдавал себе отчета в ангажированности выводов комиссий хрущевского периода (что вообще-то странно), на независимое расследование такой подход не тянет. Речь идет скорее о задаче «расширить и углубить» выводы 1953—1956 годов. Дальнейшая деятельность комиссии лишь укрепляет в этом мнении.

Уже 25 декабря 1988 года, спустя всего чуть больше года (!) со дня создания комиссии, появляется записка в ЦК КПСС «Об антиконституционной практике 30—40-х и начала 50-х годов». В ней, в частности, говорится: «Комиссия Политбюро ЦК КПСС по дополнительному изучению материалов, связанных с репрессиями, имевшими место в период 30—40-х и начала 50-х годов, продолжает работу по реабилитации лиц, необоснованно осужденных в эти десятилетия. [...] Эта работа способствует формированию новой нравственной атмосферы, возрождению общественной потребности в законности и порядке, уважения к конституционным и правовым нормам. [...] В настоящее время уже пересмотрено 1 002 617 уголовных дел репрессивного характера на 1 586 104 человека. По этим делам реабилитировано 1 354 902 человека, в том числе по делам несудебных органов — 1 182 825 человек» [8].

Темпы пересмотра и реабилитации поистине фантастические, полтора миллиона человек реабилитировано за 15 месяцев работы комиссии, по 67 тысяч дел в месяц, более чем по две тысячи в день. Масштабы реабилитации заставляют усомниться, проводились ли вообще по этим делам судебные заседания. Рассмотрение в течение года такого объема дел парализовало бы всю судебную систему СССР. А если вопросы рассматривались списочно, в административном порядке, о каком возрождении уважения к конституционным нормам может идти речь?

Но достигнутые результаты не удовлетворяют комиссию. Далее в записке в ЦК КПСС указывается: «...требуют особого рассмотрения и оценки [вопросы] ...об антиконституционности, противоправности «троек», «двоек», особых совещаний, списков и т.п. Значительная часть приговоров по репрессивным делам была вынесена именно этими, несудебными и неконституционными, органами. [...] Но коль скоро подобные органы были изначально незаконны, то и любые вынесенные ими приговоры не могут считаться законными.

Подобная позиция обоснована и по юридическим, и по морально-политическим критериям. Поэтому, видимо, будет правильно, если бы Президиум Верховного Совета СССР вынес решение об объявлении всех перечисленных несудебных органов неконституционными.

Таким образом, все жертвы несудебных решений реабилитируются автоматически».

Вдумайтесь в эти строки. Комиссию не беспокоит, насколько обоснованно тот или иной человек был осужден. Она предлагает (и это будет впоследствии сделано указом Горбачева) списочно реабилитировать всех осужденных внесудебными органами, поскольку сами эти органы были незаконны. Но преступления-то совершались вне зависимости от правового обоснования деятельности тех или иных структур! Фактически реабилитация уравняла и шпиона, и террориста, и вора, и убийцу, и действительно невинно осужденного человека — все они были массово реабилитированы. Лишь на том основании, что приговор по их делу был вынесен не судом, вне зависимости от реально совершенных деяний.

Есть все основания утверждать, что задачей комиссии являлось не установление истины, а подгонка числа репрессированных под сотни миллионов, озвучиваемые в печати. У автора нет других объяснений деятельности команды Горбачева в 80—90-е годы. При этом недостача репрессированных компенсировалась существенным расширением самого понятия сталинских репрессий.

Далее в документе видим тому явные свидетельства:

«Впервые массовые репрессии были осуществлены в начале 30-х годов. Решением Комиссии ЦК ВКП(б) о выселении кулаков, во главе которой стоял А.А. Андреев, органами ОГПУ было осуществлено выселение из европейской части СССР в северные районы и Сибирь в 1930—1931 годах 356,5 тыс. крестьянских семейств общей численностью 1 680 000 человек».

Понятие репрессий расширено здесь на период коллективизации, высланные кулаки приравнены к жертвам репрессий, что ранее было совершенно немыслимо хотя бы по идеологическим соображениям. Зато позволило увеличить общее число репрессированных более чем на полтора миллиона.

Уже на этом примере можно констатировать явную антисоветскую направленность комиссии при ЦК КПСС. Вряд ли ее активные члены, среди которых вмиг ставший после развала СССР главным демократом академик Яковлев (занимавший на тот момент пост главного идеолога КПСС), не представляли себе последствий своих действий. Дальнейшее расширение понятия репрессий, распространение его на институциональные явления Советского государства, такие, как коллективизация, определившая облик советского типа сельского хозяйства, неизбежно вело к признанию преступными (или созданными на костях) огромной сферы жизни страны. Что мы, собственно, и наблюдали в 90-е.

Насколько можно называть преступной аграрную реформу? Аналогичная при Столыпине, несмотря на идиому «столыпинский галстук», была названа просто неудачной. Британское огораживание, согнав с земель крестьян и отправив многих на верную смерть от голода, дало тем не менее старт капиталистическим отношениям, создав рынок труда. Разные страны в разные периоды времени и при разных обстоятельствах проходили этапы аграрной реформы, и вряд ли можно назвать хоть один пример безболезненного преодоления этого рубежа. Крупные социальные и экономические изменения в жизни государства всегда бьют в первую очередь по крестьянству.

Во время Великой депрессии в США 5 миллионов американских фермеров были согнаны банками с земли за долги, лишившись всего, часто и жизни. До 15 миллионов людей остались без работы и средств к существованию.

Основную их массу согнали в трудовые лагеря, на строительство каналов, дорог, мостов, зачастую в необжитых и болотистых малярийных районах. Фактически люди работали за еду (зарплата на этих работах составляла 30 долларов, обязательные вычеты из нее — 25 долларов), но при этом никому не приходит в голову объявить преступным режим Рузвельта, а американское экономическое чудо — построенным на массовых репрессиях 1933—1939 годов.

В действительности комиссия идет на явное передергивание, смешивая воедино два совершенно разных исторических явления — уголовные преследования периода сталинских репрессий и государственную политику реформирования сельского хозяйства. Продолжение такой логики неизбежно ведет нас к выявлению непрерывной череды преступлений в истории любой страны (и даже человечества). Обобщающим выводом может служить лишь «вся история человечества — череда кровавых преступлений и войн».

Искусственный характер этого соединения виден с правовой точки зрения. Если по приговорам сталинского периода возможна реабилитация с судебным пересмотром материалов уголовных дел, а сами авторы записки подчеркивают юридическую обоснованность своих действий, как быть с реабилитацией жертв коллективизации? Уже в современности Генпрокуратура РФ раз за разом отказывала в реабилитации Николая II как жертвы политических репрессий — в связи с отсутствием какого-либо приговора в его отношении. В середине 2008 года адвокатам удалось добиться положительного решения по этому делу, но назвать такой вердикт иначе, чем политическим, невозможно.

Фактором репрессий вновь воспользовались как идеологическим инструментом, но на этот раз объектом демонизации был уже не И.В. Сталин, а сам советский строй. В продолжении записки читаем:

«В 40-е и 50-е годы были осуществлены административные выселения отдельных категорий граждан Прибалтики, Украины, Белоруссии, Молдавии, Таджикистана и целых народов ряда областей и автономных республик РСФСР. В общей сложности 2 300 000 человек различных национальностей были выселены в восточные районы страны».

Распространив понятие репрессий на депортации, список удалось «обогатить» еще 2 миллионами человек.

Характерно, что в начале документа, следуя примату права, незаконной объявляется деятельность внесудебных органов, а жертвами репрессий — все осужденные «тройками» и ОСО. В случае с административной высылкой в период коллективизации и депортаций внесудебным органом, следовательно, является сама Советская власть, ведущая политику произвола и беззакония. Не правда ли, знакомая идеологема?

Глава 32
И НОВЫЕ МИЛЛИОНЫ

Записка Комиссии Политбюро ЦК КПСС по дополнительному изучению материалов, связанных с репрессиями, завершается конкретными рекомендациями в адрес ЦК КПСС. В проекте постановления говорится:

«Документальные данные, изучение многочисленных дел, опыт реабилитации, накопленный непосредственно после XX и XXII съездов КПСС, а также в самое последнее время, неоспоримо свидетельствуют: в период 30—40-х и начала 50-х годов имела место антиконституционная практика, носившая организованный характер. Ее крайним выражением стали проводившиеся в этот период массовые репрессии, произвол, депортации. Репрессиям было подвергнуто 3 778 234 человека, из них 786 098 расстреляно. Депортировано 2 300 000 человек».

Проект, несмотря на год работы комиссии, «неоспоримо свидетельствует», причем депортации в нем уже поставлены в один ряд с политическими репрессиями.

13 августа 1990 года Президент СССР М.С. Горбачев подвел черту советским изысканиям новых жертв И.В. Сталина, подписав указ «О восстановлении прав всех жертв политических репрессий 20—50-х годов». В нем говорилось:

«Тяжелым наследием прошлого явились массовые репрессии, произвол и беззаконие, которые совершались сталинским руководством от имени революции, партии, народа. Начатое с середины 20-х годов надругательство над честью и самой жизнью соотечественников продолжалось с жесточайшей последовательностью несколько десятилетий» [9].

Масштабы репрессий расширены вновь: если в записке 1988 года говорилось об антиконституционной практике 30—40-х и начала 50-х годов, в указе Горбачева прямо говорится о периоде 20—50-х.

«Массовые репрессии, — говорится далее в указе, — осуществлялись большей частью путем внесудебных расправ через так называемые особые совещания, коллегии, «тройки» и «двойки». Однако и в судах попирались элементарные нормы судопроизводства».

«Но и сегодня еще не подняты тысячи судебных дел. Пятно несправедливости до сих пор не снято с советских людей, невинно пострадавших во время насильственной коллективизации, подвергнутых заключению, выселенных с семьями в отдаленные районы без средств к существованию, без права голоса, даже без объявления срока лишения свободы. Должны быть реабилитированы представители духовенства и граждане, преследовавшиеся по религиозным мотивам».

Новое расширение: в репрессии официально включена коллективизация, далее понятие распространено на преследования духовенства. То есть речь идет уже не о сталинском периоде, а обо всей истории Советского государства. Фактически за год до развала СССР его Президент объявил страну преступной, созданной при помощи террора, путем «надругательства над честью и самой жизнью соотечественников».

Мог ли представить себе Хрущев, к каким последствиям приведут спустя 40 лет его интриги, главной целью которых являлась легитимизация его собственной власти?

Глава 33
СОВРЕМЕННАЯ РОССИЯ: РЕАБИЛИТАЦИЯ ПРОДОЛЖАЕТСЯ

Распад СССР не остановил процесса увеличения числа жертв репрессий. Так как расширять это понятие в историческую перспективу было уже некуда (вся советская история первой половины XX века была объявлена преступной еще Горбачевым, а история второй начиналась с разоблачений Хрущева), процесс пошел вглубь. Законом от 18 октября 1991 года «О реабилитации жертв политических репрессий» Президент Ельцин включил в число репрессированных и подлежащих реабилитации лиц, «которые по политическим мотивам были»:

«а) осуждены за государственные и иные преступления;

б) подвергнуты уголовным репрессиям по решениям органов ВЧК, ГПУ – ОГПУ, УНКВД – НКВД, МГБ, МВД, прокуратуры и их коллегий, комиссий, особых совещаний, «двоек», «троек» и иных органов, осуществлявших судебные функции;

в) подвергнуты в административном порядке ссылке, высылке, направлению на спецпоселение, привлечению к принудительному труду в условиях ограничения свободы, в том числе в «рабочих колоннах НКВД», а также иным ограничениям прав и свобод;

г) помещены по решениям судов и несудебных органов в психиатрические учреждения на принудительное лечение» [10].

Также, согласно закону:

«пострадавшими от политических репрессий признаются дети, находившиеся вместе с родителями в местах лишения свободы, в ссылке, высылке, на спецпоселении, а также подвергшиеся другим ограничениям в правах и свободах в связи с репрессированием их родителей.

[...]

Признаются не содержащими общественной опасности нижеперечисленные деяния и реабилитируются независимо от фактической обоснованности обвинения лица, осужденные за:

а) антисоветскую агитацию и пропаганду;

б) распространение заведомо ложных измышлений, порочащих советский государственный или общественный строй;

в) нарушение законов об отделении церкви от государства и школы от церкви;

г) посягательство на личность и права граждан под видом исполнения религиозных обрядов».

Особенно впечатляют пункты об автоматической реабилитации нарушителей закона об отделении церкви от государства и школы, а также посягательство на личность и права под видом исполнения религиозных обрядов. «Закон о реабилитации» от 1991 года в этом смысле шагнул далеко вперед по отношению даже к горбачевскому.

С другой стороны, он содержит строки: «Не подлежат реабилитации лица [...] обоснованно осужденные судами, а также подвергнутые наказаниям по решению несудебных органов, в делах которых имеются достаточные доказательства [виновности]». Но это юридическое прозрение 1991 года немногого стоит — все они были списочно реабилитированы еще в 1990 указом Горбачева.

Последние (будем надеяться) изменения в закон «О реабилитации жертв политических репрессий» были внесены Госдумой 22 января 2003 года [11]. Согласно этим изменениям жертвами политических репрессий на сегодняшний день также признаются дети, оставшиеся в результате репрессий без попечения одного или обоих родителей, а также супруга (супруг), родители лиц, расстрелянных или умерших в местах лишения свободы и реабилитированных посмертно.

Таким образом, на сегодняшний день формально, с точки зрения закона о реабилитации, жертвами политических репрессий, кроме собственно незаконно осужденных в сталинский период, считаются: пострадавшие от коллективизации, депортации, иных административных переселений, их дети, супруги, родители.

К тому, что общие подсчеты числа репрессированных вышли сейчас из моды, нужно относиться, видимо, как к большому благу. Заявленные Солженицыным 110 миллионов, в свете сложившейся чрезвычайно широкой трактовки понятия репрессий и их жертв, могут оказаться всерьез заниженной цифрой. После чего жертвами коммунизма придется объявить все население Советского Союза за все время его существования и поставить, наконец, точку в этом вопросе.

Глава 34
ЭКСПЛУАТАЦИЯ МИФА: ЗА ЧТО БОЛЬШЕВИКИ ОТОБРАЛИ У КРЕСТЬЯН ПАСПОРТА И ПЕНСИИ?

В мае 2008 года на телеканале «ТВ-Центр» вышло в эфир молодежное ток-шоу на тему «Есть ли будущее у коммунизма». Доктор исторических наук, член общества «Мемориал» Ирина Щербакова выступила на нем с разоблачением преступной политики советского строя. В частности, исследователь рассказала молодежи об участи крестьян — даже паспорта колхозникам в СССР выдали лишь в 1974 году. Доктор призвала задуматься над этим фактом — до этого труд крестьян использовался фактически как рабский.

Утверждение произвело задуманный эффект. Многие в студии, как выяснилось, не знали об этом факте (в том числе и призванный судить дискуссию рок-музыкант Армен Григорян) и искренне ужаснулись. Сейчас трудно представить себе жизнь без паспорта. Проверки документов, авиабилеты, поликлиника и многое другое завязано на основной документ гражданина.

Но паспорта существовали не всегда, и отношение к ним, и нужда в их использовании в разное время были разными. Абсурдно возмущаться, например, отсутствию у сельского населения России начала XX века загранпаспортов — целые поколения наших предков проводили всю жизнь в одной деревне. За околицей, в ближайшей роще, начинался мир с большой буквы, а поездка на ярмарку в уездный центр была событием вселенским, к нему готовились месяцами.

Привычной нам сегодня паспортной системы до XX века не существовало вовсе. С XV века в Германии, а затем и в других странах Европы паспорт появляется в виде «дорожной грамоты» и служит целью отделять состоятельных путешественников от бродяг и разбойников. Существовали «чумные паспорта» (для жителей зачумленных территорий, чтобы не допустить распространения болезни), «военные паспорта» (для ловли дезертиров).

В Смутное время «дорожная грамота» появилась в России, а при Петре I «проезжие грамоты» стали обязательны для путешественников — связано это было с введением рекрутской повинности и подушной подати. Позже паспорт стал использоваться как своеобразная «налоговая декларация», уплата податей или налогов отмечалась в нем специальными знаками. По месту жительства паспорт был не нужен, получать его следовало лишь при выезде на 50 верст от дома и на срок более чем 6 месяцев.

Нужно лишь добавить, что паспорта получали только мужчины, женщин вписывали в паспорт супруга. Запись в российском паспорте образца 1912 года выглядела так: «При нем жена Ефросинья, 20 лет».

Мы видим, что до 1917 года паспорта и в России, и в Европе отнюдь не были массовым документом, их роль постепенно менялась, но по-прежнему сводилась преимущественно к «дорожной грамоте», то есть к документу, удостоверяющему благонравность и законопослушность путешественника.

На эту проблему можно взглянуть с другой стороны. Так, либеральные исследователи оценивают паспорт как инструмент «полицейского государства». С их точки зрения, документ вводит контроль над гражданином, ограничивает свободу его передвижения. Паспортная система ставит человека в зависимость от чиновника, что не исключает произвола в отношении конкретного индивида. В этом смысле идеалом принято считать США, где внутренней паспортной системы никогда не существовало.

«Родоначальником единой паспортной системы для всего населения страны стала Франция. Это произошло во время Великой Французской революции 1789—1799 годов. С введением и укреплением этой системы возникло понятие «полицейское государство», которое жестко контролирует граждан», — пишет в методическом пособии «Право на жизнь, свободу, собственность. Беседы учителя с учащимися 8 классов» коллектив авторов либерального проекта «Школа — правовое пространство».

С этой точки зрения становится вообще не понятно, в чем преступление коммунистов, оставивших крестьян без паспортов до второй половины XX века. И не следует ли, напротив, считать преступлением выдачу им паспортов в 1974 году. Впрочем, не будем забегать вперед, разберемся с паспортной проблемой.

Как вообще сложилась ситуация, при которой значительная часть населения СССР оказалась без паспортов? Казалось бы, советский режим просто обязан был пойти по французскому сценарию.

Однако большевики длительное время не восстанавливали паспортной системы царской России и не создавали своей. В течение первых 15 лет Советской власти в РСФСР, а затем в СССР вообще не было единого паспорта. Восстановление паспортной системы начинается лишь в 1932 году, когда ЦИК и СНК СССР принимают постановление «Об установлении единой паспортной системы по Союзу ССР и обязательной прописке паспортов».

В постановлении указываются причины паспортизации:

«Установить по Союзу ССР единую паспортную систему на основании положения о паспортах» [...] «В целях лучшего учета населения городов, рабочих поселков и новостроек и разгрузки этих населенных мест от лиц, несвязанных с производством и работой в учреждениях или школах и не занятых общественно-полезным трудом (за исключением инвалидов и пенсионеров), а также в целях очистки этих населенных мест от укрывающихся кулацких, уголовных и иных антиобщественных элементов».

В документе устанавливается очередность паспортизации — «охватив в первую очередь население Москвы, Ленинграда, Харькова, Киева, Одессы... [далее список городов]» — и дается поручение «правительствам союзных республик привести свое законодательство в соответствие с настоящим постановлением и положением о паспортах».

Цель введения паспортов в 1932 году, таким образом, — учет городского населения и населения рабочих поселков. Также ставится цель борьбы с преступностью. Введение паспортов на селе документом вообще не предусмотрено, однако вряд ли кто будет оспаривать несопоставимую по уровню криминогенную ситуацию города и деревни — показатели явно не в городскую пользу. Село же в СССР обычно обходилось одним участковым из местных жителей.

Паспортизация, как с целью учета населения, так и в целях борьбы с преступностью, вводила понятие «прописка по месту жительства». Аналогичный инструмент контроля — с косметическими изменениями — сохранен в России по сей день под наименованием «регистрация». Он по-прежнему вызывает множество споров, однако его эффективность в борьбе с преступностью мало у кого вызывает сомнения.

Прописка (или регистрация) являются инструментом предотвращения неконтролируемой миграции населения, в этом отношении советское паспортное уложение — прямой потомок дореволюционной и в целом европейской паспортной системы. Ничего нового, как мы видим, большевики вновь не изобрели. И в современности мэр Москвы Юрий Лужков, отстаивая регистрацию в столице, опирается все на те же принципы контроля миграции.

Однако именно на отсутствие свободы передвижения по-прежнему ссылаются сторонники «обиженных колхозников» периода СССР. «Но вот что интересно, — пишут авторы уже цитировавшегося выше учебного пособия «Беседы учителя с учащимися 8 классов». — Паспорта вводились только для жителей городов, рабочих поселков и совхозов. Крестьяне, которых стали называть колхозниками, были лишены даже права иметь паспорт. А не имея его, они оказались прикованными к своей деревне, к своему колхозу, они не могли свободно уехать в город, так как там нельзя было жить без прописки».

До окончательного абсурда доводит ситуацию статья про колхозы из «Википедии» — свободной энциклопедии»: «При введении в СССР 1932 г. паспортной системы колхозникам не выдавали паспорта, чтобы они не могли переехать в города. Чтобы вырваться из деревни, колхозники поступали в высшие учебные заведения, делали военную карьеру».

Вот до чего довел крестьянина тоталитарный советский режим!

В действительности все складывалось вовсе не так страшно. Паспорта выдавали желающим учиться в профучилище, поступить в институт, «делать военную карьеру», трудиться на вновь созданных предприятиях и т.д. По-другому и быть не могло: в ходе индустриализации требовались все новые и новые рабочие руки, и их неоткуда было взять, кроме как из деревни.

Существовала определенная проблема «просто переселиться в город» — по двум причинам, и обе зависели не от наличия паспорта, а от наличия института прописки. Государство считало своей обязанностью обеспечить человека жильем и рабочим местом. Рабочее место, кроме того, требовало определенной квалификации (и здесь желающий мог повысить свою квалификацию в училище или вузе, ограничения отсутствовали).

С другой стороны, «просто переселиться в город» без работы и жилья, не имея квалификации и образования, сложно и по сей день. Конечно, появились новые ниши для желающих, свободная экономическая миграция дает такую возможность, и каждый может, продав дом в деревне, попытать счастья в столице. Не исключено, что пополнив число бомжей на Курском вокзале.

Возможно, советская система кажется не такой гуманной, лишенной свободы и слишком заорганизованной. Но альтернатива у нас перед глазами, мы имеем возможность сравнивать. С одной стороны, гарантированное жилье и занятость, с другой — мечта об успехе. Сегодня этот вопрос каждый решает сам за себя.

Резюмируя, еще раз остановимся на важных моментах. Паспортная система изначально, с момента своего зарождения, не предусматривала поголовной паспортизации всего населения. Она преследовала конкретные задачи: выявления бандитов на дороге, контроля по сбору податей и т.д. Напротив, либеральные исследователи считают поголовную паспортизацию признаком «полицейского государства».

Советская паспортная система не являлась уникальным тоталитарным изобретением большевиков. Осуждая ее, следует, видимо, автоматически осуждать паспортную систему как дореволюционной России (и Европы), так и сегодняшнего дня.

Советская паспортная система 30-х годов, так же как и паспортные системы до нее, преследовала конкретные цели. Унизить колхозников или закрепостить их на селе — среди них не было. Как раз напротив, система была направлена на учет и контроль городского населения. В силу чего и не охватывала население сельское. При этом сельскому населению, преимущественно молодежи, не ставилось ограничений в учебе, военной карьере, работе на вновь созданных предприятиях. Паспорта в таких случаях выдавали.

Отсутствие паспортов у колхозников факт вопиющий, лишь если рассматривать проблему первых десятилетий XX века через призму современных представлений. Отсутствие паспортов у крестьян просто нелепо сравнивать с рабовладением. Утверждения мадам Щербаковой замешены на множестве передергиваний и являются очевидным элементом черного мифа, который продолжают настойчиво вдалбливать в головы доверчивых граждан.

* * *

Смежной с «паспортной» является «пенсионная» тема, в рамках которой утверждается: только в 70-е годы советские колхозники начали получать пенсии. Здесь также присутствуют, мягко выражаясь, недоговорки. Право всех граждан страны на пенсионное обеспечение было закреплено в СССР еще Конституцией 1935 года. Реализация этого права была непривычна на позднесоветский взгляд (зато совершенно обыденна на сегодняшний), что давало возможность идеологам начиная с 70-х годов XX века утверждать, что именно решение Верховного Совета СССР от 15 июля 1964 года «О пенсиях и пособиях членам колхозов», а также его изменения от 1971 года и стали началом пенсионного обеспечения крестьянства.

Если посмотреть на советскую историю со стороны, складывается впечатление, что со времен Хрущева страна жила великими свершениями, стремясь доказать, что она достойна героев прошлых эпох. Будь то посадки кукурузы, БАМ или пенсии колхозников, они подавались как эпохальные решения партии и правительства, черта времени и гениальное решение нового генсека. Тому были, естественно, объективные причины, и экономические, и политические. Кроме удовлетворения естественного честолюбия, советские власти, столкнувшись с замедлением темпов роста экономики, раз за разом пытались стимулировать энтузиазм 20—30-х и 40—50-х годов.

Тем не менее пенсионное обеспечение колхозников существовало и раньше. Закрепленная в Конституции 1936 года норма о праве на пенсии была реализована через бюджеты самих предприятий — и промышленных, и сельскохозяйственных. Единого пенсионного фонда на тот момент не существовало, выплата социальных пособий по нетрудоспособности и старости возлагалась непосредственно на артели, которые должны были создать с этой целью социальный фонд и кассу взаимопомощи.

Выплаты пенсий колхозникам по старости или нетрудоспособности, оплата больничных, отпуска по беременности — также возлагались на саму сельхозартель, для чего в типовом уставе сельхозартели был предусмотрен Фонд пенсионного обеспечения, который должен был составлять не более 2 % от всей валовой продукции предприятия.

Часть колхозников имела право на государственную пенсию — до 1964 года она полагалась председателям, механизаторам, специалистам, инвалидам Великой Отечественной войны. С 1957 года право на государственную пенсию получили члены колхозов, ставшие инвалидами в связи с выполнением долга гражданина СССР по охране колхозной собственности.

По мере своего развития государство постепенно забирало социальные обязательства у предприятий и хозяйств, перекладывая ответственность за содержание пенсионеров на свои плечи. Так, рабочие и служащие были переведены на государственные пенсии в 1956 году. Колхозники были включены в единую систему государственного пенсионного обеспечения в 1964 года. Наконец, в 1971 году порядок исчисления пенсий рабочим, служащим и колхозникам был унифицирован, вся пенсионная система была сосредоточена в руках государства и финансировалась непосредственно из госбюджета.

Выросшее в 80-х поколение уже не могло представить себе иной ситуации, государственные пенсии воспринимались как естественная часть окружающей жизни, на чем и сыграли демократические пропагандисты 90-х, объявив, что большевики лишили крестьян не только паспортов, но и пособий по старости. Интересно, что, воспользовавшись этим приемом и развалив советскую систему пенсионного обеспечения (вместе с СССР), они тут же принялись за реформу, которая отбросила нас в социальном обеспечении на многие десятилетия назад.

Глава 35
ЭКСПЛУАТАЦИЯ МИФА: ГУЛАГ НА СЛУЖБЕ ИДЕОЛОГИИ

Исторические исследования с явно заданной идеологической подоплекой появляются в печати с завидной регулярностью. В середине 2008 года издательством «Российская политическая энциклопедия» (РОССПЭН) при поддержке РАО ЕЭС России была выпущена книга «Заключенные на стройках коммунизма: ГУЛАГ и объекты энергетики в СССР» [12]. Основная мысль работы выражена уже во вступительном слове: «Следует признать: советская экономика в целом и энергетика в частности во многом были созданы... руками миллионов ЗК — заключенных сталинского ГУЛАГа».

Как указано в издании, «строительство электростанций, линий электропередачи и других энергетических объектов было одним из важнейших направлений деятельности ОГПУ — НКВД — МВД с начала 1930-х годов, когда советская экономика принудительного труда приобрела заметные масштабы».

«Мы помним о том, как в беспрецедентно короткие сроки был реализован план ГОЭЛРО. О том, как электроэнергетика страны, наполовину разрушенная в годы войны, уже в 1947 году вышла на второе место в мире по объемам производства электроэнергии. Но есть и другая сторона правды... рабский труд, искалеченная судьба, а зачастую — собственная жизнь [узников ГУЛАГа]», — значится во вступительном слове.

План ГОЭЛРО пока является одним из немногих элементов советской истории, наряду с наукой, балетом и космонавтикой, которые до сих пор не подверглись демонизации и низвержению с пьедесталов. Похоже, пришел и его черед.

Книга нейтрально заявлена как «сборник документов и фотографий», о ней сказано, что авторы «впервые в российской истории провели подробный и беспристрастный анализ советской «лагерной экономики» 30—50-х гг. XX века». Однако оценки, которыми грешат исследователи, позволяют усомниться в их беспристрастности: «Образ ГУЛАГа как электростанции, движимой слезами жертв сталинского террора...», «Немалое количество реальных киловатт/часов реальных советских электростанций было оплачено кровью узников ГУЛАГа...» и т.д.

Многое объясняет тот факт, что «издание осуществлено при финансовой поддержке РАО «ЕЭС России», причем «издательство благодарит А.Б. Чубайса, Л.Я. Гозмана и «Союз правых сил» за содействие».

Составители сборника исходят из того, что:

а) все ЗК есть невинно осужденные режимом жертвы политических репрессий;

б) практика СССР по привлечению к труду ЗК была чем-то уникальным и шокирующим среди западных демократий;

в) в лагерях для ЗК условия снабжения и труда были направлены на массовое уничтожение узников ГУЛАГа.

«С точки зрения морально-правовых критериев, принятых в цивилизованных обществах, сталинский террор и его производное — экономика принудительного труда не могут быть оценены иначе как преступные, — сообщают авторы. — Основополагающим элементом экономики ГУЛАГа была сверхэксплуатация миллионов заключенных и других «спецконтингентов» ... с выделением минимальных ресурсов для поддержания их работоспособности. Энергетический сектор экономики принудительного труда не был исключением в этом отношении».

Общее впечатление от этих строк — рабочие лагеря ГУЛАГа мало чем отличались от лагерей смерти фашистской Германии. Собственно, к такому выводу и подталкивают общественность многочисленные «исследователи» демократической направленности. Недаром сравнения коммунистического и фашистского режимов стали в определенных кругах обыденной нормой.

В этом свете особенно интересно, кого подразумевают составители сборника под «другими спецконтингентами», чья эксплуатация на строительстве электростанций названа преступной «с точки зрения морально-правовых критериев, принятых в цивилизованных обществах». Авторы информируют: «В последний период войны значительную часть контингентов принудительного труда составляли военнопленные, интернированные и арестованные немцы».

Допустим, принудительный труд военнопленных немцев назван в книге «преступным» по небрежности составителей. Но исходя из каких соображений назван преступным труд зэков? Исследователь Л.П. Рассказов, рассматривая в 2002 году закономерности формирования пенитенциарной системы России, отмечает в своей статье:

«Анализ развития института лишения свободы в России дает основание утверждать, что важнейшим фактором... является экономический. В эпоху Петра I этот фактор заявил о себе в полную силу. Именно экономические соображения были решающими при определении места отбывания тюремного заключения и ссылки... Такими местами становились территории, где требовалась рабочая сила для сооружения различных объектов и выполнения прочих работ государственного назначения (порт Рогервик, крепость Трубецкого, города Петербург, Екатеринбург, Оренбург и др.).

Заданная Петровской эпохой экономическая обусловленность... сохраняла свое значение вплоть до рубежа 1990-х гг., т.е. включая новейшую историю. Это свидетельствует, по меньшей мере, о весомости данного фактора, а также, в определенной степени, о его объективном характере».

То, что одни исследователи склонны рассматривать как имеющее объективный характер, в исследовании РАО ЕЭС без обиняков определяется как преступное. При внимательном рассмотрении все становится на свои места. Современные правозащитники и борцы за либерализацию пенитенциарных систем всего мира, осуждая труд заключенных, ссылаются на Конвенцию Международной организации труда (МОТ) об упразднении принудительного труда (Конвенция № 105 от 25 июня 1957 года). Видимо, на тех же основаниях объявляют преступной и «экономику принудительного труда» в ГУЛАГе авторы книги. В соответствии с правилами юриспруденции закон обратной силы не имеет, но это в расчет не принимается.

Но если использование труда заключенных можно считать нормой, возможно, именно в СССР 30—50-х годов оно было сопряжено с невыносимыми условиями, нацеленными на массовое уничтожение людей?

«Концентрированным выражением бесчеловечности ГУЛАГа были высокая заболеваемость, инвалидность и смертность в лагерях», — поясняют авторы исследования. Несколько непоследовательно ниже они приводят обобщенные данные о смертности в ГУЛАГе — 3 процента. И совсем уж непоследовательно замечают, что «как правило, лагеря, специализирующиеся на строительстве энергетических и гидротехнических объектов, относились к разряду относительно «благополучных». Так, Волжский лагерь... с самого начала своего существования демонстрировал сравнительно низкие показатели смертности: 1,5%».

Уже смертность в 3 процента отнюдь не кажется шокирующей цифрой, и эти данные никак не соотносятся с концепцией планомерного уничтожения заключенных.

О быте и работе заключенных на строительстве, например, Беломорканала свидетельствует отрывок из статьи уже упоминавшегося Л. Рассказова: «Во время строительства канала администрация использовала различные методы повышения эффективности выполняемых работ: соревнование между бригадами, трудколлективами, шлюзами. Объявлялись всеобщие дни рекордов... Типичнейшим пропагандистским роликом был и художественный фильм «Заключенные» о быстром и чудодейственном превращении преступников в передовых строителей нового общества».

Из самых простых соображений следует, что если заключенным крутили пропагандистские фильмы (специально для них снятые), то власти, во-первых, не готовили их уничтожения, а во-вторых, у заключенных было время для просмотра кинофильмов.

В другом месте своей статьи Л. Рассказов приводит фрагмент заметки начальника управления НКВД СССР по Дальневосточному краю Т.Д. Дерибаса, посетившего в 1934 году БАМЛАГ. «Первое, что бросается в глаза, — пишет он, — это совершенно нечеловеческие условия труда. Корчевку мелкого кустарника, пней люди вели «голыми руками и босыми ногами, и без рубашек, в одних трусах, без единой рукавицы».

Понятно, что условия труда, возмутившие начальника управления НКВД, относятся не к отсутствию рубах. Зимой в Сибири в одних трусах не выжить, речь идет о летнем периоде. Его возмущает, что люди без перчаток вынуждены корчевать кустарники и пни.

Наконец, возможно, радикальные оценки вызваны предположением, что все узники ГУЛАГа были невинно осужденными жертвами режима? Но основная масса зэков состояла все-таки отнюдь не из «политических». В «Архипелаге ГУЛАГ» Солженицына много строк уделено тому, насколько мало среди урок было «политических» и каким издевательствам подвергались они, попав в камеру к уголовникам. Как исключение из правил приводит он историю двух офицеров-разведчиков, которым удалось отбиться в камере от уголовных, установив своеобразное статус-кво.

К сожалению, нигде автору этих строк не удалось найти попыток составителей сборника документов проанализировать численность «политических» и выделить их из основной массы заключенных. «Преступной» названа эксплуатация всех скопом, как слеплены в одну массу невинно осужденные и уголовники, а образ ГУЛАГа анализируется как обобщенное выражение «зла эпохи».

Утверждается, что именно на этом фундаменте построено советское экономическое чудо и, в частности, электроэнергетика страны.

Мы видим перед собой ряд утверждений, апеллирующих к уже созданному образу сталинских репрессий. Их негативный характер, через использование труда заключенных ГУЛАГа на стройках электроэнергетики (причем утверждается их исключительная роль), распространяется на советский экономический рывок 20—30-х. Общий вывод «все построено на крови» не вызывает сомнений. Война с Советским Союзом продолжается и спустя 20 лет после его развала.

Глава 36
ЭКСПЛУАТАЦИЯ МИФА: СКЛЕРОЗ СОВЕСТИ

Основная «фактура» черного мифа о сталинских репрессиях была выплеснута в общество в период перестройки и первые годы российской независимости. Сегодня можно констатировать снижение интереса людей к «лагерным откровениям». Многие устали от потока чернухи и стремятся отгородиться от этой информации. Соответственно, меняются принципы ее подачи. Больше внимания уделяется поддержанию мифа в массовом сознании. Дальнейшая демонизация сталинского периода представляется совершенно избыточной, основные силы брошены на напоминание гражданам об ужасах 30—50-х годов.

При этом тема репрессий может быть «пристегнута» к любому событию или информационному сообщению. Типичным примером такого муссирования можно считать появляющиеся в печати с завидной регулярностью сообщения об обнаружениях все новых и новых захоронений жертв сталинских «чисток». Так, 3 октября 2007 года рабочие, проводившие реконструкцию зданий «Шереметьевского подворья» в Москве, обнаружили при углублении фундамента останки 34 человек. Неподалеку в земле был обнаружен пистолет. СМИ мгновенно облетела информация об обнаружении на останках следов огнестрельных ранений.

Уже сутки спустя, 4 октября, в СМИ прошло опровержение этой информации: «Следов насильственной смерти у останков 34 человек, обнаруженных при реконструкции «Шереметевского подворья» в центре Москве, не обнаружено. Об этом ИТАР-ТАСС сообщил руководитель следственного отдела по Тверскому району Москвы Следственного управления Следственного комитета при прокуратуре РФ по Москве Сергей Балучевский. По его словам, в связи с этой находкой начата доследственная проверка» [13].

Но маховик раскручивания темы уже запущен, радиостанция «Эхо Москвы», игнорируя опровержение, в то же время сообщает:

«Страшная находка в самом центре Москвы, почти у Кремля. На Никольской улице, 8, рабочие реставрировали дом и при углублении подвала наткнулись на останки. По предварительным сведениям, в этом массовом захоронении было 34 человека. Как сообщалось, все они были убиты выстрелами в голову, причем с близкого расстояния. Те, кто осматривал останки, сразу предположили, что речь идет о так называемой «расстрельной комнате» и о том, что люди погибли в 30-х годах прошлого века во время сталинских репрессий».

Ком новых «подробностей» разрастается. В сообщении радиостанции люди уже убиты выстрелами в голову, в сюжете впервые появляется «расстрельная комната» и упоминания о сталинских репрессиях. Сюжет продолжается комментарием специалиста:

«В центре Москвы, без сомнения, обнаружены останки репрессированных в советские годы», — сказал «Эху Москвы» историк, научный сотрудник «Мемориала» Никита Петров.

Он отметил, что для 30-х годов больше «характерен массовый характер репрессий и некая технология захоронения в загородной зоне либо кремирование на Донском кладбище». Вместе с тем историк не исключил того, что «единичные случаи закапывания прямо тут же могли быть». «Этот адрес довольно близок к зданию Военной коллегии Верховного суда, где, как известно, приводили приговоры в исполнение», — заметил Н. Петров. Он добавил, что наверняка это «не единственное место в Москве, где еще будут обнаружены жертвы советского тоталитаризма» [14].

Если в первой части сообщения те, кто осматривал останки, только предположили, что люди погибли в 30-е годы, то во второй у научного сотрудника «Мемориала» Никиты Петрова уже нет сомнений, причем, по его словам, наверняка это не единственное такое захоронение в Москве.

Версия получила научное обоснование и подкреплена авторитетом эксперта. Прозвучавшее ранее опровержение успешно забывается за новыми и новыми подробностями страшной находки. Пятого октября газета «Известия» выходит с заголовком «Возле Кремля обнаружены расстрельные подвалы НКВД?». В заметке говорится:

«В подвале Шереметьевского подворья (Никольская улица, 8) строители... обнаружили останки 34 человек и пистолет. ...Судя по характерным отверстиям в черепах, обнаружена одна из так называемых расстрельных комнат НКВД, где в середине 1930-х годов расстреливали репрессированных».

Информация от «Эха Москвы» «все они были убиты выстрелами в голову, причем с близкого расстояния» трансформировалась в «характерные отверстия в черепах», слова эксперта Петрова — в вывод об обнаружении «расстрельной комнаты». «Известия» обращаются за комментарием к собственному эксперту, в результате чего массив «фактов» разрастается во много раз. В продолжении заметки читаем:

«По данным председателя историко-просветительского общества «Мемориал» Арсения Рогинского, в доме № 8 по Никольской улице, где были обнаружены кости, располагался в те годы политотдел спецвойск НКВД. В здании наискосок через улицу (в доме № 23) находилась Военная коллегия Верховного суда СССР, где выносились приговоры «врагам народа». Главный центр террора — здание НКВД на Лубянке — от Шереметьевского подворья отделяет несколько сот метров. Сохранились свидетельства, что Военная коллегия и здание на Лубянке были соединены тоннелем, для того чтобы обеспечить бесперебойный поток «врагов народа» от места «следствия» до места «суда»...

Слухи, что приговоры приводились в исполнение где-то в центре, ходили по Москве давно.

— Теперь мы получили их подтверждение, — уверен Арсений Рогинский. — ...Вполне логично, что московские чекисты для расстрельной комнаты облюбовали подвал соседнего дома» [15].

Одновременно с «Известиями» «Независимая газета» публикует заметку о жертвах репрессий на Никольской:

«В историко-просветительском и правозащитном обществе «Мемориал» придерживаются мнения, что на Никольской найдены останки людей, расстрелянных в период сталинских репрессий в конце 30-х — начале 40-х годов XX века. Елена Жемкова, исполнительный директор общества «Мемориал», сказала, что на Никольской улице, 8, в 30-е годы прошлого века располагался политический отдел спецвойск, а напротив, в доме № 23, находилась Верховная коллегия военного суда. «Верховная коллегия военного суда — это был штаб террора. В годы большого террора она приговорила к расстрелу более 35 тысяч человек» [16].

Тему подхватывают большинство СМИ, в течение недели сюжеты об обнаружении расстрельной комнаты выходят в газетах, на Первом канале, телеканале «Россия» и РЕН-ТВ. У комментаторов нет сомнений: обнаружены жертвы сталинских репрессий. В печати озвучивается предложение о создании мемориала на месте расстрелов и даже передачи здания бывшей Верховной коллегии военного суда под музей истории политических репрессий. Обращение общественных деятелей с таким призывом распространяют СМИ.

Больше месяца спустя, 19 ноября 2007 года, в газете «Известия» появляется небольшая заметка:

«Возраст останков нескольких десятков человек, обнаруженных месяц назад при реконструкции Шереметьевского подворья в центре Москвы, составляет более 100 лет.

Об этом сообщил руководитель следственного отдела

по Тверскому району Москвы Следственного комитета при прокуратуре РФ Сергей Булучевский.

«Как установила экспертиза, возраст останков превышает 100 лет, то есть они относятся к XIX и XVIII векам, — сказал Булучевский. — Как установили эксперты, они принадлежат 74 взрослым и 9 подросткам и детям.

Вполне вероятно, что там мог находиться один из погостов или они были захоронены во время голода или мора» [17].

Обнаружение погоста XIX века, конечно, не идет ни в какое сравнение с историей о расстрельных подвалах и тайных подземных ходах сталинского НКВД. СМИ теряют к событию всякий интерес. Нужно ли говорить, что большинство изданий не публикуют даже слов Булучевского о возрасте останков! И уж, конечно, им не посвящают отдельного сюжета центральные телеканалы. В массовом сознании страшная находка на Шереметьевском подворье так и остается следствием массового террора сталинского периода.

Подобные случаи не единичны, они носят именно системный характер. Обнаружение любых останков — при строительных работах или в ходе раскопок — отдельные СМИ и авторитетные эксперты склонны объявлять в первую очередь последствиями сталинских репрессий. Если впоследствии выясняется, что за «расстрельную комнату» НКВД приняли древний погост или это захоронение жертв Первой мировой войны, — тем хуже для истории.

Глава 37
КТО ВИНОВАТ В РЕАБИЛИТАЦИИ СТАЛИНА

Происходящие сегодня в российском обществе процессы часто называют «ползучей реабилитацией Сталина». Соглашаясь с такой оценкой, дам ей парадоксальное объяснение: ответственность за нынешнюю моральную реабилитацию И.В. Сталина несут диссиденты, демократы, либералы и правозащитники. Все те, кто на протяжении десятилетий культивировал миф о сталинских репрессиях.

Для того чтобы так демонизировать советский период, нужно было приложить немалые усилия. Если сегодня взять 10 случайных примеров «преступлений коммунизма», из них 5 окажутся притянутыми к коммунизму за уши, парочка будет изрядно мифологизирована, а один окажется мифом на 100 процентов.

И если населению 20 лет насильно вбивать в голову черный миф о Сталине, уничтожившем 110 миллионов человек, не стоит удивляться реакции людей, вдруг узнавших, что цифра умышленно завышена в сто раз. Обеление образа Сталина происходит помимо их воли.

Когда демократическая пропаганда кричит о 110 миллионах, а затем из исторических работ человек узнает, что репрессировано по политическим мотивам 3 миллиона, он говорит: «Как? Всего?»

Он не думает отрицать 3 миллиона политзаключенных. Не оспаривает факт репрессий. В другой ситуации 3 миллиона были бы для него шокирующей цифрой. Но на фоне мифа о сотнях миллионов Сталин становится «совсем не таким злодеем, как рисовали».

Люди очень не любят, когда ими манипулируют. Это и есть «ползучая реабилитация Сталина». И темпы ее в ближайшее время сокращаться не будут, потому что никаких попыток деидеологизировать проблему и рассмотреть ее рационально не предпринимается.

ПРИМЕЧАНИЯ

1. *В.С.Соловьев.* «Оправдание добра, нравственная философия», цит. по эл. версии http://psylib.org.ua/books/solvs01/txt10.htm
2. *С. Митрохин.* «Новый общественный договор», http://www.yabloko.ru/Publ/Articles/mitr-5.html
3. Там же.
4. «Новая газета», 17.03.2008, http://www.novayagazeta.ru/data/2008/18/18.html
5. Там же.
6. Доклад «О культе личности и его последствиях», цит. по http://www.hrono.ru/dokum/doklad20.html
7. «История в документах. Россия XX век», http://www.idf.ru/documents/info.jsp?p=21&doc=66060
8. Там же, http://www.idf.ru/documents/info.jsp?p=21&doc=66195

9. Там же, http://www.idf.ru/documents/info.jsp?p=21&doc=68188

10. Цит. по «Банк правовых актов Государственной думы РФ», http://wbase.duma.gov.ru/ntc/vdoc.asp?kl=8661

11. «Банк правовых актов Государственной думы РФ». N 26-ФЗ, http://wbase.duma.gov.ru/ntc/vdoc.asp?kl=11942

12. «Заключенные на стойках коммунизма: ГУЛАГ и объекты энергетики в СССР». М., РОССПЭН. 2008, цит. по эл. версии http://www.rao-ees.ru/ru/info/history/show.cgi?history_zak.htm

13. См. например, http://gzt.ru/incident/2007/10/04/174304.html

14. См. http://echo.msk.ru/news/399990.html

15. См. http://www.izvestia.ru/moscow/article3108997/?print

16. См. http://www.ng.ru/events/2007-10-05/8_nikolskaya.html

17. См. http://www.izvestia.ru/news/news154758

Заключение
БЫЛ ЛИ СОВЕТСКИЙ ПЕРИОД ЭПОХОЙ СТРАДАНИЙ?

Я не ставил перед собой цели обелять сталинский период или советский проект. Я вообще сомневаюсь в необходимости обелять или очернять исторические явления — сплошь и рядом такие попытки оказываются дешевой пропагандой, а не стремлением рассмотреть исторические процессы в их развитии. Взвешенная оценка всех действующих факторов, как правило, безэмоциональна, сами факторы являются этапами реализации программы или, в худшем случае, действиями по воле внешних факторов.

Исторические процессы, внешние факторы, мирное, а то и агрессивное взаимодействие с другими странами и внутренними силами, уровень развития общества — как производственный, так и моральный — формируют достаточно узкий спектр путей развития государства. Цена выбора векторов в нем — вопрос жизни и смерти.

Те из них, которые кажутся нам сегодня естественными, прошли проверку историей и доказали свою жизнеспособность. Обладали ли аналогичным свойством альтернативные пути? Здесь простор для жанра альтернативной истории.

Являлись ли избранные пути источником исключительных страданий для нашего народа и на кого возложить за это вину? Здесь мы вновь становимся на зыбкую почву сравнений. Как соотнести страдания Первой мировой, распада Российской империи, Гражданскую войну, «сборку империи», коллективизацию, прохождение по пути индустриализации в рекордные 20 лет, наконец, трагедию и героизм Великой Отечественной?

И одновременно программу медицинской профилактики и просвещения 20-х, многократное снижение детской смертности, ликвидацию безграмотности, массовое среднее и высшее образование, электрификацию всей страны.

Кто виноват в этой череде трагических и героических эпизодов? Николай II, большевики, история?

Можно вспомнить о многочисленных перегибах в ходе коллективизации, но без коллективизации не было бы индустриализации, без индустриализации не было бы Победы, без Победы не было бы всех нас. Но и необходимость коллективизации возникла не на пустом месте.

XX век явно не был золотым для народов России. Это был век страданий и героических свершений. Наполненный и болью и радостью, как никакой другой — для всей Европы и всего мира. Но главное — он состоял из последовательности множества событий, каждое из которых достойно отдельного изучения. Обвинять во всех бедах именно советский проект — как минимум опрометчиво. Особенно когда обвинения, определяющие отношение к собственному прошлому, строятся на мифах, искажающих историю до неузнаваемости.

Эта книга — не истина в последней инстанции. Это скорее приглашение к диалогу, к обсуждению темы, которая многие десятилетия не могла быть поднята в силу объективных причин. Но и дальше замалчивать ее для нас — смерти подобно, она изнутри разъедает народ. Пора выявить причины и следствия этого процесса и, наконец, нейтрализовать их. Без гласного обсуждения, исключающего идеологические стереотипы, это невозможно.

Пора возвращать собственную историю. Дров наломано с избытком.

Приложение 1
СТАТИСТИКА СТАЛИНСКИХ РЕПРЕССИЙ

ЧИСЛЕННОСТЬ ЗАКЛЮЧЕННЫХ ГУЛАГА
(ПО СОСТОЯНИЮ НА 1 ЯНВАРЯ КАЖДОГО ГОДА) [1]

Годы	В исправительно-трудовых лагерях (ИТЛ)	Из них осужденных за контрреволюционные преступления	То же в процентах	В исправительно-трудовых колониях (ИТК)	Всего
1934	510307	135190	26,5	—	510307
1935	725483	118256	16,3	240259	965742
1936	839406	105849	12,6	457088	1296494
1937	820881	104826	12,8	375488	1196369
1938	996367	185324	18,6	885203	1881570
1939	1317195	454432	34,5	355243	1672438
1940	1344408	444999	33,1	315584	1659992
1941	1500524	420293	28.7	429205	1929729
1942	1415596	407988	29,6	361447	1777043
1943	983974	345397	35,6	500208	1484182
1944	663594	268861	40,7	516225	1179819
1945	715505	289351	41,2	745171	1460677
1946	746871	333883	59,2	956224	1703095
1947	808839	427653	54,3	912704	1721543
1948	1108057	416156	38,0	1091478	2199535

Годы	В исправительно-трудовых лагерях (ИТЛ)	Из них осужденных за контрреволюционные преступления	То же в процентах	В исправительно-трудовых колониях (ИТК)	Всего
1949	1216361	420696	34,9	1140324	2356685
1950	1416300	578912*	22,7	1145051	2561351
1951	1533767	475976	31,0	994379	2528146
1952	1711202	480766	28,1	793312	2504514
1953	1727970	465256	26,9	740554	2468524

*В лагерях и колониях.

ЧИСЛЕННОСТЬ ЗАКЛЮЧЕННЫХ В ТЮРЬМАХ СССР (ДАННЫЕ НА СЕРЕДИНУ КАЖДОГО МЕСЯЦА) [2]

Годы	Январь	Март	Май	Июль	Сентябрь	Декабрь
1939	350538	281891	225242	185514	178258	186278
1940	190266	195582	196028	217819	401146	434871
1941	487739	437492	332936	216223	229217	247404
1942	277992	298081	262464	217327	201547	221669
1943	235313	237246	248778	196119	170767	171708
1944	155213	177657	191309	218245	267885	272486
1945	279969	272113	269526	263819	191930	235092
1946	261500	278666	268117	253757	259078	290984
1947	306163	323492	326369	360878	349035	284642
1948	275850	256771	239612	228031	228258	230614

СПРАВКИ СПЕЦОТДЕЛА МВД СССР О КОЛИЧЕСТВЕ АРЕСТОВАННЫХ И ОСУЖДЕННЫХ ОРГАНАМИ ВЧК – ОГПУ – НКВД СССР В 1921–1953 ГГ. [3]

По делам органов ВЧК – ОГПУ за 1921–1929 годы

Годы	Всего арестовано	Из них		Всего осуждено	В том числе				Кем осуждены			
		За к/р преступления	В т.ч. за антисоветскую агитацию		ВМН	Лагеря и тюрьмы	Ссылка и высылка	Прочие меры	Трибуналами и судами	Коллегией ОГПУ	ОС	Тройками
1921	200271	76820		35829	9701	21724	1817	2587	35829*			
1922	119329	45405		6003	1962	2656	166	1219	6003*			
1923	104520	57289	5322	4794	414	2336	2044		4794*			
1924	92849	74055		12425	2550	4151	5724		3059		9366	
1925	72658	52033		15995	2433	6851	6274	437		2284	9221	4490
1926	62817	30676		17804	990	7547	8571	696		2323	13102	2379
1927	76983	48883		26036	2363	12267	11235	171		3434	15947	6655
1928	112803	72186		33757	869	16211	15640	1037		3756	25844	4157
1929	162726	132799	51396	56220	2109	25853	24517	3741		10262	37197	8761
Итого	1004956	590146	56718	208863	23391	99596	75988	9888	49685	22059	110677	26442

* «Кем осуждены — сведений не имеется». — Прим. документа.

По делам органов ОГПУ — НКВД за 1930—1936 годы

Годы	Всего аресто- вано	Из них			Всего осуждено	ВМН	Из них			Кем осуждены			
		За к/р преступ- ления	В т.ч. за анти- сов. агита- цию	Другие преступ- ления			Лагеря и тюрь- мы	Ссылка и вы- сылка	Прочие меры	Трибу- налами и суда- ми	Колле- гией ОГПУ	ОС	Тройка- ми
1930	331544	266679	Сведе- ний нет	64865	208069	20201	114443	58816	14609		9072	19377	179620
1931	479065	343734	100963	135331	180696	10651	105683	63269	1093		13357	14592	152747
1932	410433	195540	23484	214893	141919	2728	73946	36017	29228	49106	6604	26052	60157
1933	505256	283029	32370	222227	239664	2154	138903	54262	44345	214334		25330	
1934	205173	90417	16788	114756	78999	2056	59451	5994	11498	32577	12588	1003	32831
1935	193083	108935	43686	84148	267076	1229	185846	33601	46400	118465		29452	119159
1936	131168	91127	32110	40041	274670	1118	219418	23719	30415	114383		18969	141318
Итого	2255722	1379461	249401	876261	1391093	40137	897690	275678	177588	528865	41621	134775	685832

По делам органов НКВД за 1937—1938 годы

Годы	Всего арестовано	Из них		Всего осуждено	Меры наказания									Кем осуждены			
		За к/р преступления	В т.ч. за антисов. агитацию	За другие преступления		ВМН	Лишение свободы					Ссылка и высылка	Прочие меры	Спец-колегией	ОС	Тройками НКВД-УНКВД	ВК, В/Т и судами
							25 лет	20 лет	15 лет	До 10 лет							
1937	936750	779056	234301	157694	790665	353074	386	337	1825	426763	1366	6914	39694	45060	17911	688000
1938	638509	593326	57366	45183	554258	328618	1342	1178	3218	199771	16842	3289	95057		45768	413433
Итого	1575259	1372382	291667	202877	1344923	681692	1728	1515	5043	626534	18208	10203	134751	45060	63679	1101433

По делам за 1939—1953 годы

Годы	Всего осуждено за к/р преступления	В т.ч. по ст. 58—10	Меры наказания									Кем осуждены		
			ВМН	25 лет	От 16 до 24 лет	От 11 до 15 лет	От 6 до 10 лет	От 3 до 5 лет	До 2-х лет	Ссылка, высылка	Прочие меры	ВК, В/Т и судами	ОС	
1939	63889	24720	2552	526		883	23723	29534		3783	2888	50868	13021	
1940	71806	18371	1649			529	21514	43684		2142	2288	28894	42912	
1941	75411	35116	8001			507	40678	23815		1200	1210	48877	26534	

Год													
1942	124406	61625	23278			774	69893	18142		7070	5249	46858	77548
1943	78441	24089	3579	897		846	57727	8885	532	4787	1188	53307	25134
1944	75109	14130	3029	14779		875	46902	7633	421	649	821	64498	10611
1945	123248	14868	4252	31663		2433	70850	10791	944	1647	668	96667	26581
1946	123294	15512	2896	16289		2144	80742	16401	2367	1498	957	114974	8320
1947	78810	8391	1105	12098	259	3356	49215	8623	3030	666	458	65417	13393
1948	73269	8496		36951	1811	2687	25790	3803	1510	419	298	56012	17257
1949	75125	14768		37678	1173	1730	21450	2044	434	10316	300	36665	38460
1950	60641	13191	475	29909	818	1414	20458	1522	345	5225	475	41222	19419
1951	54775	11254	1609	30366	394	964	15769	1234	415	3425	599	45699	9076
1952	28800	6348	1612	17984	319	486	6395	491	149	773	591	27842	958
1953 (1-е полугоди)	8403	3246	198	4769	76	149	2665	211	24	38	273	8199	204

И. о. начальника 1 спецотдела МВД СССР
полковник Павлов.

ПРИМЕЧАНИЯ

1. *В.Н. Земсков.* «ГУЛАГ (историко-социологический аспект)». Социологические исследования. 1991. №.6. С.10 — 27; 1991. №.7. С.3—16, цит. по http://www.hrono.ru/statii/2001/zemskov.html
2. Там же.
3. История в документах. Россия XX век. Архив Александра Н. Яковлева со ссылкой на ГАРФ. Ф. 9401. Оп. 1. Д. 4157. Л. 201 — 205. Подлинник. Рукопись, цит. по http://www.idf.ru/documents/info.jsp?p=21&doc=55698

Приложение 2
БЫТ ЗАКЛЮЧЕННЫХ ГУЛАГА

ДОКЛАДНАЯ ЗАПИСКА КОМИССИИ ГУЛАГА
МИНИСТЕРСТВА ЮСТИЦИИ НАЧАЛЬНИКУ ГУЛАГА
И.И. ДОЛГИХ О РЕЗУЛЬТАТАХ ПРОВЕРКИ УСЛОВИЙ
РАЗМЕЩЕНИЯ И РЕЖИМА СОДЕРЖАНИЯ ЗАКЛЮЧЕННЫХ,
ПРИБЫВАЮЩИХ В КУНЕЕВСКИЙ ИТЛ [1]

27 июня 1953 г.
Секретно

Начальнику ГУЛАГа МЮ Союза ССР генерал-лейтенанту товарищу Долгих И.И.

В соответствии с Вашим указанием нами — ответственным инспектором ГУЛАГа подполковником Чирковым, начальником отделения по наблюдению за эшелонами подполковником медицинской службы Макеенко и старшим инспектором 2 Управления ГУЛАГа капитаном внутренней службы Чепелевым — проведена проверка возможности размещения, санитарно-бытовое обеспечение и соблюдение режима содержания заключенных, направляемых в Кунеевский ИТЛ.

Проверкой состояния жилого фонда и коммунально-бытовых объектов установлено, что Кунеевский ИТЛ имеет 75 153 кв. метра жилой площади, пригодной для заселения заключенными и 2089 кв. метров лечебной площади. На всей жилой и лечебной площади можно разместить с соблюдением всех требований ГУЛАГа 39 тыс. заключенных.

По состоянию на 1 июня 1953 года в Кунеевском ИТЛ содержалось 23 322 чел. заключенных, по наличию жилой площади дополнительно можно завезти 16 тыс. человек.

Заключенные размещены в одноэтажных и двухэтажных бараках, за исключением двух женских лагерных пунктов 6 и 11 лагерных отделений, где заключенные женщины размещены в палатках, причем лагерный пункт одиннадцатого лагерного отделения предложено закрыть, т.к. помещения, где размещены заключенные женщины, не пригодны для жилья. Женский лагерный пункт 6 лагерного отделения не имеет коммунально-бытовых служб (столовой, бани, прачечной, кипятилки и др.).

Все заключенные обеспечены спальными местами на одно-двухъярусных железных койках и комплектом постельных принадлежностей, за исключением заключенных, размещенных в палатках, оборудованных сплошными деревянными нарами.

Лагерные подразделения обеспечены коммунально-бытовыми помещениями, вполне обеспечивающими санитарно-бытовые и культурные нужды лагерного населения.

Санитарное состояние территорий зон удовлетворительное, произведено озеленение зон, за исключением 14 и 16 лагерных отделений, где зоны частично не очищены от строительного мусора.

В значительной части лагерных подразделений и объекта работ состояние водоснабжения неудовлетворительное. Особенно плохо с водоснабжением в лагерных отделениях 3, 13, 14 и 16: в этих подразделениях вода поступает с большими перебоями, так 8, 9, 10 и 14 июня 1953 года в 3, 13 и 14 лагерные подразделения вода не подавалась, были вынуждены пользоваться из пожарных водоемов водой сомнительной чистоты; в 16 лагерном подразделении вода привозится автоцистернами.

Пищеблоки и коммунально-бытовые объекты содержатся в удовлетворительном состоянии, полностью обеспечены необходимыми помещениями. Кухни, столовые, хлеборезки обеспечены необходимым инвентарем.

В большинстве лагерных подразделений, кроме кухонь и столовых основного питания, имеются кухни индивидуального приготовления пищи.

В лагерных подразделениях организовано платное питание для заключенных, в жилых зонах работают ларьки и магазины.

Медицинское обслуживание лагерного населения и снабжение медикаментами удовлетворительное. Лагерь в настоящее время имеет достаточное количество лечебной коечной сети. В каждом лагерном пункте есть больница или приемный покой; в 6, 16, и 17 лагерных отделениях стационары и амбулатории заканчиваются строительством.

Обеспеченность жилой площадью и коммунально-бытовыми помещениями стрелков военизированной охраны не полностью удовлетворяет требования, предъявленные ГУЛАГом.

Средняя жилая площадь на одного стрелка военизированной охраны по Кунеевскому ИТЛ составляет 3,3 кв. метра. По отдельным подразделениям жилая площадь на одного стрелка охраны доходит до 2,6 кв. метра.

В отдельных подразделениях стрелки военизированной охраны обеспечиваются спальными местами на двухъярусных железных койках. Не все подразделения охраны обеспечены коммунально-бытовыми помещениями. Так, подразделение военизированной охраны шестого лагерного отделения не имеет кухни и столовой; временно используемые для этой цели помещения к дальнейшей эксплуатации непригодны. В 3 и 4 отрядах военизированной охраны пищеблок мал, прием пищи стрелками проходит в несколько очередей. В 17 лагерном пункте стрелки охраны проживают в утепленных палатках.

Большое количество офицерского состава не обеспечено жилой площадью.

В период нашей работы в Кунеевском ИТЛ по нарядам ГУЛАГа прибыло из Ахтубинского ИТЛ 10 тысяч заключенных. Прибывающие заключенные из Ахтубинского ИТЛ из эшелонов направлялись в специально выделенные лагерные пункты для санитарной и оперативной обработки. Кроме указанных лагерных пунктов, были подготовлены к приему два пересыльных пункта в г. Сызрани и Красной Глинке.

Заключенные, прибывшие эшелонами, подвергались санитарной обработке и 4—5-дневному карантину, после чего распределялись с учетом специальностей по действующим лагерным подразделениям.

Состоящий на оперативном учете уголовно-бандитствующий состав из общей среды заключенных изымался и водворялся в штрафные изоляторы, впоследствии главари направлялись в штрафной лагерный пункт, остальные, также с учетом специальностей, направлялись в лагерные подразделения. [...]

Ответственный инспектор, *подполковник вн[утренней] службы Чирков*
И.о. нач. отделения по наблюдению за эшелонами, *подполковник мед[ицинской] службы Макеенко*
Ст. инспектор 2 Управления ГУЛАГа МЮ, *капитан внутренней службы Чепелев*

Резолюции: *т. Чиркову. Долгих. 18/IX.*
В дело Кунеевского ИТЛ. Чирков. 25/IX.

ПРИМЕЧАНИЯ

1. Заключенные на стройках коммунизма. ГУЛАГ и объекты энергетики в СССР. М., РОССПЕН. 2008. С. 395 — 397, 400, со ссылкой на ГАРФ. Ф. Р-9414. Оп. 1. Д. 724. Л. 96—102. Подлинник.

Приложение 3
ВОЕННОПЛЕННЫЕ В ЛАГЕРЯХ ГУЛАГА

ДОКЛАДНАЯ ЗАПИСКА
ЗАМЕСТИТЕЛЯ НАРКОМА ВНУТРЕННИХ ДЕЛ СССР
В.В. ЧЕРНЫШОВА СЕКРЕТАРЮ ЦК ВКП(Б) Г.М. МАЛЕНКОВУ
ОБ ИСПОЛЬЗОВАНИИ ВОЕННОПЛЕННЫХ
НА ВОССТАНОВЛЕНИИ ЭЛЕКТРОСТАНЦИЙ
ДОНБАССА [1]

26 августа 1944 г.
Секретно

Секретарю ЦК ВКП (б)
товарищу Маленкову Г.М.

По вопросу организации лагерей военнопленных по восстановлению электростанций и подстанций для обеспечения электроэнергией промышленных предприятий Донбасса УПВИ НКВД СССР сделано следующее:

При Зуевской ГРЭС 21 июля организовано лаготделение емкостью на 1500 человек при лагере НКВД № 280, г. Сталино.

При Штеровской ГРЭС 18 августа организован лагерь военнопленных емкостью на 2000 человек.

По Кураховской ГРЭС лагерь оформляется приказом на 2000 человек.

Завоз военнопленных после полной готовности лагерей к приему будет произведен из новых поступлений.

Зам. народного комиссара внутренних дел СССР
Чернышов

ДОКЛАДНАЯ ЗАПИСКА ЗАМЕСТИТЕЛЯ МИНИСТРА ВНУТРЕННИХ ДЕЛ СССР И.А. СЕРОВА ЗАМЕСТИТЕЛЮ ПРЕДСЕДАТЕЛЯ СОВЕТА МИНИСТРОВ СССР Л.П. БЕРИИ О СОКРАЩЕНИИ ВЫВОДА ВОЕННОПЛЕННЫХ НА СТРОИТЕЛЬСТВО КУРАХОВСКОЙ ГРЭС [2]

15 августа 1947 г.
Секретно

Совет Министров СССР
товарищу Берия Л.П.

По письму министра электростанций СССР тов. Жимерина № ПГ-10261 от 31 июля 1947 г. докладываю, что сокращение вывода военнопленных на строительство Кураховской ГРЭС в период январь — июль месяцы с 1536 чел. до 841 человека произошло вследствие деградации физического состояния свыше 700 человек военнопленных и переводом их в оздоровительную колонию.

По мере восстановления своего здоровья эти военнопленные будут выводиться на строительство Кураховской ГРЭС.

МВД СССР имеет по Украине ряд невыполненных обязательств по ранее вынесенным решениям правительства по поставке рабочей силы в количестве свыше 30 000 человек, в том числе: Лисичанскому химкомбинату, угольной промышленности, Южавтострою, Донбасстяжстрою и другим.

Поэтому взять на себя новые обязательства по замене в IV квартале с.г. лагеря военнопленных в количестве 2000 человек в данное время не представляется возможным из-за отсутствия контингентов.

Заместитель министра внутренних дел Союза ССР
И. Серов

Помета: В дело. Т. Жимерин информирован.

ДОКЛАДНАЯ ЗАПИСКА
ЗАМЕСТИТЕЛЯ НАРКОМА ВНУТРЕННИХ ДЕЛ СССР
В.В. ЧЕРНЫШОВА СЕКРЕТАРЮ ЦК ВКП(Б) Г.М. МАЛЕНКОВУ
О ВЫДЕЛЕНИИ ВОЕННОПЛЕННЫХ ДЛЯ ОБЪЕКТОВ
НАРКОМАТА ЭЛЕКТРОСТАНЦИЙ СССР [3]

13 сентября 1945 г.
Секретно

ЦК ВКП (6) — товарищу Маленкову Г.М.
Копия: народному комиссару электростанций СССР товарищу Жимерину

По направленному на Ваше имя письму Народного комиссара электростанций СССР тов. Жимерина за № ПГ-2456с НКВД СССР сообщает:

1. По решению ГОКО от 4 июня с.г. за № 8921сс Наркомату электростанций СССР надлежало выделить 43 000 военнопленных и дополнительно 15 000 человек на торфодобычу.

2. Фактически Наркомату электростанций СССР выделено 53 000 военнопленных, в том числе этот контингент выделен ряду предприятий, которые в представленном НКЭС СССР перечне предприятий по лимиту ГОКО не были предусмотрены, как например: Алексинской ТЭЦ выделено 1296 человек, Горэлектростанции в Череповце — 298 чел., Нижне-Туринской ГЭС — 1003 чел., электростанции в г. Горький — 475 чел. и др.

3. По решениям ГОКО от 13 августа с.г. № 9843 и 9850 поставка наркоматам военнопленных сокращена на 878 000 чел., в том числе 708 000 чел. вывозятся на родину.

В связи с этим заявки Наркоматов на выделение контингента сокращены более чем на одну треть, и выделить, в частности, 3000 военнопленных ЧелябТЭЦ, НесветайГРЭС и СевдонГРЭС в настоящее время не представляется возможным.

Заместитель народного комиссара
внутренних дел Союза ССР
Чернышов.

ДОКЛАДНАЯ ЗАПИСКА ЗАМЕСТИТЕЛЯ МИНИСТРА ВНУТРЕННИХ ДЕЛ СССР И.А. СЕРОВА ЗАМЕСТИТЕЛЮ ПРЕДСЕДАТЕЛЯ СОВЕТА МИНИСТРОВ СССР Л.П. БЕРИИ О РАСФОРМИРОВАНИИ ЛАГЕРНОГО ОТДЕЛЕНИЯ ПРИ КАЗАНСКОЙ ТЭЦ

30 июля 1947 г.
Секретно

Совет Министров СССР
товарищу Берия Л.П.

В связи с письмом управляющего треста «Казэнерго» т. Мухитдинова по вопросу снятия 500 военнопленных с работ Казанской ТЭЦ МВД СССР докладывает:

Для работ на угольном складе Казанской ТЭЦ в феврале месяце 1946 года было организовано лагерное отделение на 500 человек военнопленных. Через некоторое время проверкой было установлено, что дирекция ТЭЦ не выполняет договорных обязательств по обеспечению нормальными условиями труда и быта военнопленных, в связи с чем директор ТЭЦ неоднократно предупреждался об этом.

В июне месяце с.г. было получено сообщение о невозможности дальнейшего существования лагеря по причинам указанным выше, в связи с чем приказом тов. Чернышева лагерь был расформирован, а военнопленные переведены на другие работы.

О расформировании лагерного отделения т. Чернышовым был предупрежден т. Жимерин.

В связи с изложенным МВД СССР просит Вас отклонить ходатайство т. Жимерина о восстановлении лагерного отделения в связи с тем, что на месте военнопленных не имеется.

Заместитель министра внутренних дел Союза ССР
И. Серов

ПРИМЕЧАНИЯ

1. Заключенные на стройках коммунизма. ГУЛАГ и объекты энергетики в СССР. М., РОСПЭН. 2008. С. 92, со ссылкой на ГАРФ. Ф. Р – 9401. Оп. 2. Д. 77. Л. 372. Заверенная копия.

2. Там же. С. 93 — 94, со ссылкой на ГАРФ. Ф. Р — 5446. Оп. 49а. Д. 2205. Л. 77. Подлинник.

3. Там же. С. 97 — 98, со ссылкой на ГАРФ. Ф. Р — 9401. Оп. 2. Д. 111. Л. 83. Заверенная копия.

4. Там же. С. 99—100, со ссылкой на ГАРФ. Ф. Р — 5446. Оп. 49а. Д. 2205. Л. 89. Подлинник.

Приложение 4
«ОТТЕПЕЛЬ» Л. БЕРИИ

ПРИКАЗАНИЕ МИНИСТРА ВНУТРЕННИХ ДЕЛ СССР Л.П. БЕРИИ О СОЗДАНИИ СЛЕДСТВЕННЫХ ГРУПП ПО ПЕРЕСМОТРУ СЛЕДСТВЕННЫХ ДЕЛ [1]

№ 1 *13 марта 1953г.*
Совершенно секретно

В целях ускорения рассмотрения следственных дел, находящихся в производстве отделов и управлений МВД СССР, создать следственные группы в следующем составе:

I. По делу арестованных врачей —

Соколова К.А. — заместителя начальника Следственной части по особо важным делам;

Левшина А.В. — помощника начальника Следственной части по особо важным делам;

Иванова В.В. — начальника отдела 4-го Управления.

II. По делу арестованных быв[ших] сотрудников МГБ СССР —

Грибанова О.М. — заместителя начальника 1-го Главного управления;

Федотова П.В. — заместителя начальника Следственной части по особо важным делам;

Цветаева Е.А. — помощника начальника Следственной части по особо важным делам.

III. По делу арестованных быв[ших] работников Главного артиллерийского управления военного министерства СССР —

Боханова В.Т. — заместителя начальника 8-го отдела 3-го Управления;

Путинцева А.В. — помощника начальника Следственной части по особо важным делам.

IV. По делу арестованных МГБ Грузинской ССР группы местных работников —

Тарасова Д.П. — заместителя начальника 2-го Главного управления;

Цепкова В.Г. — заместителя начальника Следственной части по особо важным делам;

Сачкова Н. М. — заместителя начальника 8-го отдела 3-го Управления.

Руководство работой групп и рассмотрение заключений по делам поручить тт. Круглову С.Н., Кобулову Б.З. и Гоглидзе С.А. Установить срок окончания работ двухнедельный.

Результаты рассмотрения следственных дел доложить мне.

Министр внутренних дел Союза ССР *Л. Берия*

ПРИКАЗАНИЕ МИНИСТРА ВНУТРЕННИХ ДЕЛ СССР Л. П. БЕРИИ О ПЕРЕСМОТРЕ ДЕЛА ПО ОБВИНЕНИЮ БЫВШЕГО РУКОВОДСТВА ВВС И МИНИСТЕРСТВА АВИАЦИОННОЙ ПРОМЫШЛЕННОСТИ СССР [2]

18 марта 1953г.
Сов[ершенно] секретно

Придавая важное государственное значение материалам следственного дела на бывших работников ВВС Советской Армии и министерства авиационной промышленности, следствие по которому, как это установлено проверкой, было проведено бывшим Главным управлением контрразведки «Смерш» министерства вооруженных сил СССР необъективно и поверхностно, — приказываю:

1. Начальнику Следственной части по особо важным делам МВД СССР генерал-лейтенанту Влодзимирскому организовать тщательную проверку дела по обвинению бывших работников ВВС Советской Армии и минавиапрома с привлечением в необходимых случаях квалифицированных специалистов.

2. Начальнику 3-го Управления тов. Гоглидзе и начальнику 5-го Управления тов. Горлинскому оказать Следствен-

ной части по особо важным делам необходимое содействие в проверке материалов следствия и по мере надобности выделять в помощь следствию работников соответствующей квалификации.

3. Тов. Влодзимирскому работу закончить в 2-недельный срок и свое заключение представить мне.

Министр внутренних дел Союза ССР *Л. Берия*

ЗАПИСКА Л. П. БЕРИИ В ПРЕЗИДИУМ ЦК КПСС О ПРОВЕДЕНИИ АМНИСТИИ [3]

№ ЛБ-25
26 марта 1953 г.
Совершенно секретно
т. МАЛЕНКОВУ Г.М.

В настоящее время в исправительно-трудовых лагерях, тюрьмах и колониях содержится 2 526 402 человека заключенных, из них: осужденных на срок до 5 лет — 590 000, от 5 до 10 лет — 1 216 000, от 10 до 20 лет — 573 000 и свыше 20 лет — 188 000 человек. Из общего числа заключенных количество особо опасных государственных преступников (шпионы, диверсанты, террористы, троцкисты, эсеры, националисты и др.), содержащихся в особых лагерях МВД СССР, составляет всего 221 435 человек.

Содержание большого количества заключенных в лагерях, тюрьмах и колониях, среди которых имеется значительная часть осужденных за преступления, не представляющие серьезной опасности для общества, в том числе женщин, подростков, престарелых и больных людей, не вызывается государственной необходимостью.

Увеличение за последние годы общего числа заключенных объясняется в первую очередь тем, что принятые в 1947 году указы об усилении уголовной ответственности за хищения государственного и общественного имущества и за кражи личной собственности граждан предусматривают исключительно длительные сроки заключения. На 1 января 1953 г. из общего количества заключенных за указанные преступления в лагерях содержалось 1 241 919 человек.

Известное значение имело также то обстоятельство, что указом от 15 июня 1939 года было запрещено применявшееся до этого досрочное освобождение заключенных и зачет рабочих дней за хорошее отношение к труду.

В числе заключенных на срок до 5 лет имеется значительное количество осужденных за преступления, в большинстве своем совершенные впервые и не повлекшие за собой тяжких последствий (самовольный уход с работы, должностные и хозяйственные преступления, мелкие кражи, хулиганство, мелкая спекуляция и др.).

В лагерях имеется 30 000 человек, осужденных на срок от 5 до 10 лет за должностные, хозяйственные и воинские преступления, в числе которых — председатели и бригадиры колхозов, инженеры, руководители предприятий и др.

Среди заключенных отбывают наказание 438 788 женщин, из них 6286 беременных и 35 505 женщин, имеющих при себе детей в возрасте до 2 лет. Многие женщины имеют детей в возрасте до 10 лет, оставшихся на воспитании у родственников или в детских домах.

В местах заключения содержится 238 000 пожилых людей — мужчин и женщин старше 50 лет, а также 31 181 несовершеннолетних, в возрасте до 18 лет, подавляющее большинство которых отбывает наказание за мелкие кражи и хулиганство.

Около 198 000 заключенных, находящихся в лагерях, страдают тяжелым неизлечимым недугом и являются совершенно нетрудоспособными.

Известно, что заключение в лагерь, связанное с отрывом на продолжительное время от семьи, от привычных бытовых условий и занятий, ставит осужденных, их родственников и близких людей в очень тяжелое положение, часто разрушает семью, крайне отрицательно сказывается на всей их последующей жизни.

Большинство из этих заключенных хорошо ведет себя в лагерях, добросовестно относится к труду и может вернуться к честной трудовой жизни.

Учитывая изложенное, предлагается принять указ Президиума Верховного Совета СССР об амнистии.

Проектом указа предусматривается освободить из мест

заключения около 1 000 000 человек, осужденных на срок до 5 лет, осужденных независимо от срока наказания, за должностные, хозяйственные, некоторые воинские преступления, а также женщин, имеющих детей до 10 лет, и беременных женщин, несовершеннолетних в возрасте до 18 лет, пожилых мужчин и женщин и больных, страдающих тяжелым неизлечимым недугом.

Предлагается также сократить наполовину наказание осужденным к лишению свободы на срок свыше 5 лет.

Проект указа предусматривает снятие судимости и поражения в избирательных правах со всех граждан, ранее судимых и освобождаемых в силу настоящего акта амнистии.

Предлагается не распространять амнистию на осужденных на срок свыше 5 лет и привлеченных к ответственности за контрреволюционные преступления, бандитизм, крупные хищения социалистической собственности и умышленное убийство.

Одновременно с этим проектом указа признается необходимым пересмотреть уголовное законодательство, имея в виду заменить уголовную ответственность за некоторые хозяйственные, должностные, бытовые и другие менее опасные преступления мерами административного и дисциплинарного порядка, а также смягчить уголовную ответственность за отдельные преступления. Министерству юстиции СССР поручается в месячный срок разработать и внести необходимые предложения.

Пересмотр уголовного законодательства необходим потому, что ежегодно осуждается свыше 1,5 млн. человек, в том числе до 650 тыс. на различные сроки лишения свободы, из которых большая часть осуждается за преступления, не представляющие особой опасности для государства. Если этого не сделать, через 1—2 года общее количество заключенных опять достигнет 2,5—3 млн. человек.

Проект указа подготовлен Министерством внутренних дел СССР совместно с Министерством юстиции СССР и Генеральным прокурором СССР .

Л. Берия

ПРИКАЗ МИНИСТРА ВНУТРЕННИХ ДЕЛ СССР Л. П. БЕРИИ «О ЗАПРЕЩЕНИИ ПРИМЕНЕНИЯ К АРЕСТОВАННЫМ КАКИХ-ЛИБО МЕР ПРИНУЖДЕНИЯ И ФИЗИЧЕСКОГО ВОЗДЕЙСТВИЯ» [4]

№ 0068 4 апреля 1953 г.
Совершенно секретно

Министерством внутренних дел СССР установлено, что в следственной работе органов МГБ имели место грубейшие извращения советских законов, аресты невинных советских граждан, разнузданная фальсификация следственных материалов, широкое применение различных способов пыток — жестокие избиения арестованных, круглосуточное применение наручников на вывернутые за спину руки, продолжавшееся в отдельных случаях в течение нескольких месяцев, длительное лишение сна, заключение арестованных в раздетом виде в холодный карцер и др.

По указанию руководства б[ывшего] министерства государственной безопасности СССР избиения арестованных проводились в оборудованных для этой цели помещениях в Лефортовской и внутренней тюрьмах и поручались особой группе специально выделенных лиц, из числа тюремных работников, с применением всевозможных орудий пыток.

Такие изуверские «методы допроса» приводили к тому, что многие из невинно арестованных доводились следователями до состояния упадка физических сил, моральной депрессии, а отдельные из них до потери человеческого облика.

Пользуясь таким состоянием арестованных, следователи-фальсификаторы подсовывали им заблаговременно сфабрикованные «признания» об антисоветской и шпионско-террористической работе.

Подобные порочные методы ведения следствия направляли усилия оперативного состава на ложный путь, а внимание органов государственной безопасности отвлекалось от борьбы с действительными врагами Советского государства.

Приказываю:

1. Категорически запретить в органах МВД применение

к арестованным каких-либо мер принуждения и физического воздействия; в производстве следствия строго соблюдать нормы уголовно-процессуального кодекса.

2. Ликвидировать в Лефортовской и внутренней тюрьмах организованные руководством б[ывшего] МГБ СССР помещения для применения к арестованным физических мер воздействия, а все орудия, посредством которых осуществлялись пытки, уничтожить.

3. С настоящим приказом ознакомить весь оперативный состав органов МВД и предупредить, что впредь за нарушение советской законности будут привлекаться к строжайшей ответственности, вплоть до предания суду, не только непосредственные виновники, но и их руководители.

Министр внутренних дел Союза ССР *Л. Берия*

ЗАПИСКА Л.П. БЕРИИ В ПРЕЗИДИУМ ЦК КПСС ОБ ОГРАНИЧЕНИИ ПРАВ ОСОБОГО СОВЕЩАНИЯ ПРИ МВД СССР [5]

№109/Б 15 июня 1953 г.
Совершенно секретно

Постановлением ЦИК и СНК СССР от 5 ноября 1934 года при народном комиссаре внутренних дел Союза ССР было учреждено Особое Совещание, которому было предоставлено право применять к лицам, признаваемым общественно опасными:

ссылку и высылку на срок до 5 лет;
заключение в исправительно-трудовые лагеря до 5 лет;
высылку за пределы Союза ССР иностранно-подданных.

В течение последующих лет права Особого Совещания рядом решений директивных органов были значительно расширены.

Согласно постановлениям ЦК ВКП(б), с 1937 года Особое Совещание стало рассматривать дела и выносить решения о заключении в исправительно-трудовые лагеря сроком до 8 лет лиц, обвиняемых в принадлежности к правотроцкистским, шпионско-диверсионным и террористическим организациям, а также членов семей участников этих организаций и изменников Родине, осужденных к ВМН.

Постановлением Государственного Комитета Обороны от 17 ноября 1941 года Особому Совещанию было предоставлено право по возникающим в органах НКВД делам о контрреволюционных преступлениях и особо опасных деяниях против порядка управления СССР выносить с участием прокурора Союза ССР обвиняемым меры наказания, вплоть до расстрела.

Этим постановлением б[ывшее] МГБ СССР руководствовалось вплоть до последнего времени.

Помимо упомянутых выше решений директивных органов, на протяжении последних лет Президиумом Верховного Совета СССР и Советом Министров Союза ССР издан еще ряд указов и постановлений, которыми Особому Совещанию предоставлено право:

ссылать на бессрочное поселение лиц, ранее арестованных по обвинению в шпионской и диверсионно-террористической работе, принадлежности к правотроцкистским и другим антисоветским организациям, отбывших наказание, из мест заключения;

заключать в особые лагеря на 20 лет каторжных работ лиц, совершивших побеги с постоянного места поселения;

заключать в исправительно-трудовые лагеря сроком на 8 лет за уклонение от общественно полезного труда в местах спецпоселения лиц, выселенных за уклонение от трудовой деятельности в сельском хозяйстве, а также лиц, высланных в места спецпоселения навечно;

направлять на спецпоселение сроком на 5 лет лиц, занимающихся попрошайничеством и бродяжничеством;

выселять из Литовской, Латвийской, Эстонской ССР и западных областей Украины в отдаленные местности СССР членов семей участников националистического подполья.

Такое положение приводило к тому, что б[ывшее] министерство государственной безопасности СССР, злоупотребляя предоставленными широкими правами, рассматривало на Особом Совещании не только дела, которые по оперативным или государственным соображениям не могли быть переданы на рассмотрение судебных органов, но и те дела, которые были сфальсифицированы без достаточных оснований.

Учитывая, что сохранение за Особым Совещанием предоставленных прав не вызывается государственными соображениями, МВД СССР считает необходимым ограничить права Особого Совещания при министре внутренних дел СССР, разрешив ему рассмотрение дел, которые по оперативным или государственным соображениям не могут быть переданы в судебные органы, и применять меры наказания в соответствии с действующим уголовным законодательством Союза ССР, но не свыше 10 лет заключения в тюрьму, исправительно-трудовые лагеря или ссылки.

Одновременно МВД СССР считает целесообразным пересмотреть изданные за последние годы ЦК ВКП(б), Президиумом Верховного Совета и Советом Министров Союза ССР упомянутые выше указы и постановления директивных органов Союза ССР, противоречащие советскому уголовному законодательству и предоставившие Особому Совещанию широкие карательные функции.

Проекты постановления Президиума ЦК КПСС и положения об Особом Совещании при министре внутренних дел СССР прилагаются.

Л. Берия

ПРИМЕЧАНИЯ

1. Лаврентий Берия. 1953. Стенограмма июльского пленума ЦК КПСС и другие документы. Под ред. акад. А.Н. Яковлева; сост. В. Наумов, Ю. Сигачев. М., МФД. 1999. С. 17—18, со ссылкой на ГАРФ. Ф. 9401. Оп. 1. Д. 1337. Л. 1 — 2. Подлинник. Опубликовано: «Исторический архив», 1996, № 4.

2. Там же. С.18—19, со ссылкой на ГАРФ. Ф. 9401. Оп. 2. Д. 1337. Л. 20. Подлинник. Опубликовано: «Исторический архив», 1996, № 4.

3. Там же. С. 19 — 21, со ссылкой на АПРФ. Ф. 3. Оп. 52. Д. 100. Л. 7—9. Подлинник.

4. Там же. С. 28 — 29, со ссылкой на ГАРФ. Ф. 9401. Оп. 1. Д. 1299. Л. 246—247. Подлинник. Опубликовано: «Исторический архив», 1996, № 4.

5. Там же. С.62 — 64, со ссылкой на ГАРФ. Ф. 9401. Оп. 2. Д. 416. Л. 123—125. Заверенная копия. Опубликовано: «Исторический архив», 1996, № 4.

Приложение 5
РЕАБИЛИТАЦИЯ ГОРБАЧЕВА

ПОСТАНОВЛЕНИЕ ПОЛИТБЮРО ЦК КПСС
ОБ ОБРАЗОВАНИИ КОМИССИИ ПОЛИТБЮРО ЦК КПСС
ПО ДОПОЛНИТЕЛЬНОМУ ИЗУЧЕНИЮ МАТЕРИАЛОВ,
СВЯЗАННЫХ С РЕПРЕССИЯМИ, ИМЕВШИМИ МЕСТО
В ПЕРИОД 30—40-х И НАЧАЛА 50-х ГОДОВ [1]

28.09.1987

№ 85. п. II. Об образовании Комиссии Политбюро ЦК КПСС по дополнительному изучению материалов, связанных с репрессиями, имевшими место в период 30—40-[х] и начала 50-х годов.

1. Для обстоятельного изучения фактов и документов, связанных с репрессиями в период 30—40-[х] и начала 50-х годов, образовать Комиссию Политбюро ЦК КПСС в составе тт. Соломенцева М.С. (председатель), Чебрикова В.М., Яковлева А.Н., Демичева П.Н., Лукьянова А.И., Разумовского Г.П., Болдина В.И., Смирнова Г.Л.

2. Передать в распоряжение Комиссии Политбюро материалы комиссий, изучавших эти вопросы после 1953 года, а также другие имеющиеся в ЦК КПСС, Комитете партийного контроля при ЦК КПСС, Институте марксизма-ленинизма при ЦК КПСС, Комитете госбезопасности СССР, Прокуратуре СССР и Верховном Суде СССР на этот счет документы.

Разрешить Комиссии в случае необходимости изучить соответствующие материалы, имеющиеся в министерствах и ведомствах, партийных и государственных органах на местах, а также получать свидетельские показания отдельных граждан по этому вопросу.

3. Комиссии по мере готовности соответствующие выводы докладывать Политбюро ЦК КПСС.

ЗАПИСКА А.Н. ЯКОВЛЕВА, В.А. МЕДВЕДЕВА, В.М. ЧЕБРИКОВА, А.И. ЛУКЬЯНОВА, Г.П. РАЗУМОВСКОГО, Б.К. ПУГО, В.А. КРЮЧКОВА, В.И. БОЛДИНА, Г.Л. СМИРНОВА В ЦК КПСС «ОБ АНТИКОНСТИТУЦИОННОЙ ПРАКТИКЕ 30—40-х И НАЧАЛА 50-х ГОДОВ» [2]

25.12.1988
ЦК КПСС

Комиссия Политбюро ЦК КПСС по дополнительному изучению материалов, связанных с репрессиями, имевшими место в период 30—40-х и начала 50-х годов, продолжает работу по реабилитации лиц, необоснованно осужденных в эти десятилетия. Анализируются архивные материалы, рассматриваются многочисленные заявления и жалобы граждан, которые просят сообщить о судьбе родственников, датах их смерти, местах захоронений. В местных органах ведется аналогичная работа по анализу и рассмотрению той категории дел, которые от начала до конца проходили на местном уровне.

Эта работа способствует формированию новой нравственной атмосферы, возрождению общественной потребности в законности и порядке, уважения к конституционным и правовым нормам. Восстановлены честное имя и достоинство многих тысяч незапятнанных людей, снят тяжелый груз необоснованных обвинений и подозрений. В настоящее время уже пересмотрено 1 002 617 уголовных дел репрессивного характера на 1 586 104 человека. По этим делам реабилитировано 1 354 902 человека, в том числе по делам несудебных органов — 1 182 825 человек.

Помимо восстановления социальной и юридической справедливости, проводимая в этом направлении работа способствует углубленному пониманию причин, внутренних механизмов практики беззакония и произвола, оказавшей столь сильное и долговременное деформирующее воздействие на общественное развитие страны.

Вместе с тем опыт работы Комиссии ставит вопросы, требующие, как представляется, принципиальной политической и конституционной оценки. Только сейчас, в условиях демократизации общества, по существу, начинают выявляться действительные масштабы имевших место репрессий, степень их беззаконности, а тем самым — и общественно-политическое, правовое значение работы по всестороннему анализу и оценке этих явлений.

В этой связи требуют особого рассмотрения и оценки четыре группы вопросов.

1. Об антиконституционности, противоправности «троек», «двоек», особых совещаний, списков и т.п. Значительная часть приговоров по репрессивным делам была вынесена именно этими, несудебными и неконституционными, органами.

В результате изучения документальных материалов органами государственной безопасности установлено, что в период 1930—1953 годов по возбужденным органами ОГПУ, НКВД, НКГБ — МГБ 2 578 592 уголовным делам было подвергнуто репрессиям 3 778 234 человека, в том числе осуждено к высшей мере наказания (расстрелу) 786 098 человек. Среди лиц, подвергнутых репрессиям, осуждено судебными органами 1 299 828 человек (в том числе к расстрелу — 129 550 человек), несудебными органами — 2 478 406 человек (в том числе к расстрелу — 656 548 человек).

В настоящее время остаются пока непересмотренными 1 575 975 дел на 2 192 130 человек. В их общем количестве — 738 866 дел производства несудебных органов, по которым осуждено 1 097 293 человека (в том числе к расстрелу — 339 125 человек).

Руководство Верховного Суда СССР, многие юристы обращают внимание на то, что апелляционное рассмотрение приговоров, выносившихся в 1930—1953 гг. несудебными органами, придает этим последним видимость законности, тогда как в действительности их создание и функционирование, само существование были антиконституционными, не опирались на правовые акты своего времени. Но коль скоро подобные органы были изначально незаконны, то и любые вынесенные ими приговоры не могут считаться законными.

Подобная позиция обоснована и по юридическим, и по морально-политическим критериям. Поэтому, видимо, будет правильно, если бы Президиум Верховного Совета СССР вынес решение об объявлении всех перечисленных несудебных органов неконституционными.

Таким образом, все жертвы несудебных решений реабилитируются автоматически.

Вместе с тем такое решение не должно распространяться на особый порядок рассмотрения уголовных дел о грабежах, разбоях, бандитских нападениях и прочих преступлений в годы Великой Отечественной войны, когда за такие преступления проводился расстрел на месте без суда и следствия.

2. О личной ответственности Сталина и его непосредственного окружения за организацию и осуществление массовых репрессий, насаждение противоправной, антиконституционной практики. Их вина перед партией и народом за массовые репрессии и беззакония огромна и непростительна. Чем дальше, тем очевиднее становится, что вина эта носит не только моральный и политический, но и прямой юридический, уголовный характер. Общественность правомерно требует соответствующей оценки.

Впервые массовые репрессии были осуществлены в начале 30-х годов. Решением Комиссии ЦК ВКП(б) о выселении кулаков, во главе которой стоял А.А. Андреев, органами ОГПУ было осуществлено выселение из европейской части СССР в северные районы и Сибирь в 1930—1931 годах 356,5 тыс. крестьянских семейств общей численностью 1 680 000 человек. Часть их была направлена в места заключения, другая — в спецпоселения. В 1929—1933 годах органами ОГПУ было только арестовано и привлечено к уголовной ответственности 519 000 человек, причисленных к кулакам. Сюда не входят сотни тысяч раскулаченных и подлежащих ссылке.

Именно в эти годы по предложению Л.М. Кагановича были созданы так называемые «тройки». Усилению репрессий способствовало изменение законодательства в сторону предельного упрощения возможностей ареста и ведения следствия по делам политического характера. С начала 30-х годов происходит упрощение судопроизводства и одновременно ужесточение применяемых при этом мер наказания внесудебными органами.

Размах арестов был столь велик, что в специальном директивном письме ЦК ВКП(б) и СНК СССР (май 1933 года) за подписью Сталина и Молотова содержалось указание, что в местах предварительного заключения не должно быть более 400 тысяч человек. Были установлены разнарядки на количество арестов и число высылаемых лиц.

В начале 30-х годов были проведены фальсифицированные политические процессы над представителями различных групп интеллигенции. Чудовищный размах массовые репрессии приняли во второй половине 30-х годов. Они захватили партийный, советский, хозяйственный актив, широкие слои рабочих, крестьян, интеллигенции.

Инициатором и организатором массовых арестов, расстрелов без суда и следствия, депортации сотен тысяч людей был Сталин. Получила широкое распространение преступная практика, заключавшаяся в том, что НКВД составлялись списки лиц, дела которых подлежали рассмотрению в Военной коллегии Верховного суда СССР или «особым совещанием» НКВД, притом заранее определялось «наказание». Эти списки направлялись лично Сталину. В списках определялось три категории наказания: первая — расстрел, вторая — тюремное заключение от 8 до 25 лет и третья — заключение до 8 лет и высылка. В настоящее время обнаружена лишь часть списков, которые направлялись НКВД лично Сталину. Так, обнаружено 383 списка за 1937—1938 годы, в которые были включены 44 тысячи видных работников партии, военных деятелей, хозяйственников. Из этого числа 39 тысяч должны были быть осуждены по первой категории, 5 тысяч — по второй и 102 человека — по третьей. На этих списках имеются собственноручные резолюции Сталина и других членов Политбюро, в частности из 383 списков Сталиным подписано 362, Молотовым — 373, Ворошиловым — 195, Кагановичем — 191, Ждановым — 177. Есть также подписи Микояна, Ежова и С. Косиора. Члены Политбюро не только соглашались с предлагаемыми репрессиями, но и делали записи, поощрявшие работников органов НКВД к дальнейшим репрессиям, а против отдельных фамилий стояли надписи: «Бить — бить».

Самые грубые нарушения социалистической законности, введение в повседневную практику деятельности НКВД применения методов физического воздействия, пытки и истязания арестованных, которые приводили к так называемым «признательным показаниям» и оговорам невинных людей, были открыто санкционированы Сталиным от имени ЦК ВКП(б). Судя по документам, Сталин лично осуществлял контроль за репрессивной деятельностью.

Непосредственную ответственность за репрессии и беззаконие, кроме Сталина, несут Молотов, Каганович, Берия, Ворошилов, Жданов, Маленков, Микоян, Хрущев, Булганин, Андреев, С. Косиор, Суслов. Они давали личные указания об арестах, осуждении и расстрелах большого числа партийных, советских, военных и хозяйственных кадров. Для расширения и усиления массовых репрессий на местах, напряженности и взаимной подозрительности члены Политбюро выезжали в местные партийные организации, часто в сопровождении группы работников НКВД. Такие поездки, как правило, сопровождались снятием с работы и арестами первых секретарей обкомов и ЦК компартий союзных республик, репрессиями партийного и советского актива.

В.М. Молотов, будучи Председателем СНК СССР (с 1930 по 1941 годы), принял самое активное участие в организации и проведении массовых репрессий в 30-е годы. На его ответственности в первую очередь репрессии работников центрального советского аппарата. Многие из них были арестованы и физически уничтожены по его личной инициативе. Из числа народных комиссаров, входивших в СНК СССР в 1935 году, 20 человек погибли в годы репрессий. В живых остались лишь Микоян, Ворошилов, Каганович, Андреев, Литвинов и сам Молотов. Из 28 человек, составивших Совет народных комиссаров в начале 1938 года, были вскоре репрессированы 20 человек. Только за полгода с октября 1936 года по март 1937 года было арестовано около 2 тысяч работников наркоматов СССР (без Наркомата обороны, НКВД, НКИД).

В августе 1937 года Ежовым был подготовлен так называемый «оперативный» приказ НКВД о проведении массовой операции по репрессированию лиц польской национальности. На этом приказе имеются подписи: «За — И. Сталин, В. Молотов, Л. Каганович, С. Косиор». Всего за период с августа по декабрь 1937 года в ходе проведения этой операции было репрессировано 18 тысяч 193 человека. Были случаи, когда вместо санкции на тюремное заключение Молотов ставил рядом с некоторыми фамилиями отметки ВМН (высшая мера наказания). В 1949 году Молотовым был санкционирован арест многих советских и иностранных граждан, обвинявшихся в шпионаже и антисоветской деятельности. Большинство из них в настоящее время реабилитировано за отсутствием состава преступления.

Весь путь Л.М. Кагановича как политического деятеля связан с вероломством и репрессиями. Известны тяжелые последствия его деятельности в годы коллективизации на Украине, в Воронежской области, на Северном Кавказе, в Западной Сибири. Именно Каганович в начале 30-х годов выдвинул предложение о введении чрезвычайных внесудебных органов — так называемых «троек».

Особенно зловещую роль сыграл Каганович в годы массовых репрессий 1935—1939 годов. С санкции Кагановича были арестованы по обвинению в контрреволюционной и вредительской деятельности многие ответственные и рядовые работники железнодорожного транспорта и тяжелой промышленности, которые затем по сфальсифицированным материалам были осуждены к высшей мере наказания и длительным срокам тюремного заключения. Подлинные письма и санкции Кагановича на арест 1587 работников железнодорожного транспорта, репрессированных в 1937—1939 годах, составляют 5 томов. Как видно из переписки Кагановича с НКВД СССР, он в одних случаях санкционировал аресты лиц, на которых ему представлялись компрометирующие материалы, а в других сам выступал инициатором арестов.

Для организации массовых репрессий Каганович выезжал в Челябинскую, Ярославскую, Ивановскую области, Донбасс. Сразу же по приезде в Иванове он дал телеграмму Сталину: «Первое ознакомление с материалами показывает, что необходимо немедленно арестовать секретаря обкома Епанечникова, необходимо также арестовать заведующего отделом пропаганды обкома Михайлова. Когда на пленуме обкома секретарь Ивановского горкома А.А. Васильев усомнился во вражеской деятельности арестованных работников областного комитета партии, Каганович потребовал исключения его из партии и дал указание об аресте. Таким же образом он действовал и в других областных организациях, куда направлялся для расширения массовых репрессий. После его поездки в Иванове только с санкции членов Политбюро ЦК ВКП(б) было репрессировано 297 человек.

А.А. Жданов, длительное время фактически выполняя обязанности второго секретаря ЦК ВКП(б), несет прямую ответственность за организацию массовых репрессий. В сентябре 1936 года он вместе со Сталиным в телеграмме, адресованной Политбюро, требовал усиления репрессий. По их предложению НКВД возглавил Ежов. Жданов повинен в организации расправ с партийным и советским активом ряда местных партийных организаций, и в первую очередь ленинградской. В 1935—1940 годах в Ленинграде было репрессировано 68 тысяч 88 человек. Только по спискам, лично подписанным Ждановым, было репрессировано 879 ленинградцев.

Для расширения массовых репрессий Жданов выезжал в Башкирскую, Татарскую и Оренбургскую партийные организации. В Оренбургской области за пять месяцев (с апреля по сентябрь 1937 года) было репрессировано 3655 человек, из них половина приговорена к высшей мере наказания. И тем не менее Жданов, прибыв в начале сентября 1937 года в Оренбург, нашел эти репрессии недостаточными. По его телеграмме Сталину был арестован первый секретарь обкома Митрофанов, затем последовали многочисленные аресты в Оренбурге и области, и только по спискам НКВД, которые рассматривались в Политбюро после поездки Жданова, было репрессировано еще 598 человек.

После поездки Жданова в Башкирию были арестованы первый и второй секретари обкома, по спискам НКВД в Политбюро было репрессировано 342 человека из числа партийного и советского актива. После «чистки», осуществленной Ждановым в Татарской парторганизации, было арестовано 232 человека, и почти все они были расстреляны.

Активную роль сыграл Жданов в расправе над руководством ЦК комсомола в 1938 году. Выступая от имени Политбюро, он охарактеризовал секретарей ЦК комсомола как «предателей родины, террористов, шпионов, фашистов, политически прогнивших насквозь врагов народа, проводивших вражескую линию в комсомоле, как контрреволюционную банду». В его редакции была принята резолюция пленума, подтвердившая эти оценки.

Жданов был одним из организаторов августовской (1948 год) сессии ВАСХНИЛ. В докладной записке на имя Сталина от 10 июля 1948 года им были сформулированы те предложения, которые легли в основу решения сессии и положили начало травле большой группы ученых-биологов. Жданов был инициатором преследований и гонений многих представителей советской художественной культуры и науки.

Активное участие в организации репрессий принял К.Е. Ворошилов. С его санкции было организовано уничтожение кадров высших военачальников и политических работников Красной Армии. В 30-е годы были уничтожены из 5 маршалов — 3, из 16 командармов первого и второго ранга — 15, из 67 комкоров — 60, из 199 комдивов — 136, из 4 флагманов флота — 4, из 6 флагманов первого ранга — 6, из 15 флагманов второго ранга — 9. Погибли все 17 армейских комиссаров первого и второго ранга, а также 25 из 29 корпусных комиссаров.

Ворошилов несет прямую ответственность за то, что в 1937—1939 годах по сфальсифицированным материалам были обвинены в участии в так называемом «военно-фашистском заговоре» многие видные деятели и командиры Красной Армии. В бытность его наркомом обороны в Красной Армии за 1936—1940 годы было репрессировано свыше 36 тысяч человек. В архиве КГБ выявлено свыше 300 санкций Ворошилова на арест видных военачальников Красной Армии. Запросы и справки НКВД СССР, направленные в 1937—1938 годах на имя Ворошилова о санкционировании арестов и увольнений из армии командного состава РККА в связи с раскрытием «военно-фашистского заговора», составляют 60 томов. В ряде случаев Ворошилов сам был инициатором арестов и репрессий видных командиров Красной Армии, в том числе Федько (его первый заместитель), Орлова (командующий ВМС), Смирнов (нарком ВМФ).

Н.С. Хрущев, работая в 1936—1937 годах первым секретарем МК и МГК ВКП(б), а с 1938 года — первым секретарем ЦК КП(б)У, лично давал согласие на аресты значительного числа партийных и советских работников. В архиве КГБ хранятся документальные материалы, свидетельствующие о причастности Хрущева к проведению массовых репрессий в Москве, Московской области и на Украине в предвоенные годы. Он, в частности, сам направлял документы с предложениями об арестах руководящих работников Моссовета, Московского обкома партии. Всего за 1936—1937 годы органами НКВД Москвы и Московской области было репрессировано 55 тысяч 741 человек.

С января 1938 года Хрущев возглавлял партийную организацию Украины. В 1938 году на Украине было арестовано 106 тысяч 119 человек. Репрессии не прекратились и в последующие годы. В 1939 году было арестовано около 12 тысяч человек, а в 1940 году — около 50 тысяч человек. Всего за 1938—1940 годы на Украине было арестовано 167 тысяч 565 человек.

Усиление репрессий в 1938 году на Украине НКВД объяснялось тем, что в связи с приездом Хрущева особо возросла контрреволюционная активность правотроцкистского подполья. Лично Хрущевым были санкционированы репрессии в отношении нескольких сот человек, которые подозревались в организации против него террористического акта.

Летом 1938 года с санкции Хрущева была арестована большая группа руководящих работников партийных, советских, хозяйственных органов и в их числе заместители председателя Совнаркома УССР, наркомы, заместители наркомов, секретари областных комитетов партии. Все они были осуждены к высшей мере наказания и длительным срокам заключения. По спискам, направленным НКВД СССР в Политбюро, только за 1938 год было дано согласие на репрессии 2140 человек из числа республиканского партийного и советского актива.

Прямую ответственность за участие в массовых репрессиях несет А.И. Микоян. С его санкции были арестованы сотни работников системы Наркомпищепрома, Наркомвнешторга СССР. Микоян не только давал санкции на арест, но и сам выступал инициатором арестов. Так, в письме на имя Ежова от 15 июля 1937 года он предлагал осуществить репрессии в отношении ряда работников Всесоюзного научно-исследовательского института рыбного хозяйства и океанографии Наркомпищепрома СССР. Аналогичные представления делались Микояном и в отношении работников ряда организаций Внешторга СССР. Осенью 1937 года Микоян выезжал в Армению для проведения чистки партийных и государственных органов этой республики от «врагов народа». В результате этой кампании погибли сотни и тысячи кадров партийных, советских работников. Микояна в этой поездке сопровождал Маленков и группа работников НКВД. Результатом непосредственной деятельности Микояна и Маленкова был арест 1365 коммунистов.

Микоян возглавлял комиссию по обвинению в контрреволюционной деятельности видных членов партии. Он, в частности, вместе с Ежовым был докладчиком на февральско-мартовском Пленуме ЦК ВКП(б) по делу Бухарина (1937 год). Именно Микоян выступал от имени Политбюро ЦК ВКП(б) на торжественном активе НКВД, посвященном 20-летию органов ВЧК — ГПУ — НКВД. После восхваления деятельности Ежова, оправдания массовых беззаконных репрессий Микоян закончил свой доклад словами: «Славно поработало НКВД за это время!» — имея в виду 1937 год.

Г.М. Маленков, занимая пост заведующего отделом руководящих кадров ЦК ВКП(б), имел непосредственное отношение к большинству акций, которые предпринимались НКВД в отношении руководящих партийных работников и в центре, и на местах. Он неоднократно вместе с представителями НКВД выезжал в местные партийные организации для осуществления массовых репрессий. Так, Маленков вместе с Ежовым выезжал в 1937 году в Белоруссию, где был учинен настоящий разгром партийной организации республики. Было немало случаев, когда Маленков лично присутствовал на допросах и пытках арестованных партийных руководителей. Именно таким путем Маленков вместе с Берия сфабриковали дело о контрреволюционной организации в Армении.

Вместе с работниками НКВД Маленков выезжал для организации репрессий против партийного актива в Саратовскую, Тамбовскую и ряд других областей.

Произведенной проверкой установлена преступная роль Маленкова в фабрикации «ленинградского дела».

А.А. Андреев, будучи членом Политбюро и секретарем ЦК ВКП(б), лично участвовал в организации репрессий во многих республиканских партийных организациях Средней Азии, и в частности Узбекистане и Таджикистане, в ряде областных и краевых организаций Поволжья и Северного

Кавказа. Только после его поездки в Саратовскую партийную организацию по спискам НКВД Сталиным, Молотовым и другими было санкционировано применение высшей меры наказания к 430 работникам области, 440 партийным и советским работникам Узбекистана, 344 — Таджикистана.

Отдельно следует сказать о М.И. Калинине, который, будучи Председателем ЦИК СССР, подписал подготовленное Сталиным и Енукидзе постановление от 1 декабря 1934 года «О внесении изменений в действующие уголовно-процессуальные кодексы союзных республик». Это незаконное постановление развязало руки для проведения репрессивных мер, сделав возможным рассмотрение дел без участия сторон, без права подачи ходатайств о помиловании, а также предусмотрев немедленное приведение приговора к высшей мере наказания в исполнение. Возглавляя с 1931 года по 1946 год Комиссию по расследованию и разрешению судебных дел при ЦИК СССР, Калинин, по существу, потворствовал практике беззакония и массового террора, оставляя без рассмотрения прошения о помиловании репрессированных лиц.

Произвол Сталина и его окружения способствовал произволу других, в том числе руководителей на местах, превращал беззаконие и преступления в средства политики, антиконституционность и противоправие — в норму, разрушительные последствия которых полностью преодолеть практически невозможно.

В инструмент осуществления массовых репрессий были превращены органы ОГПУ — НКВД, прокуратуры, суды. В проведение репрессий были втянуты руководители партийных органов на местах.

Массовые репрессии не прекратились в конце 30-х годов. Уже после окончания Великой Отечественной войны одно за другим фабрикуются дела на большие группы партийных, советских работников, представителей интеллигенции. Только по так называемому «ленинградскому делу» были незаконно репрессированы тысячи людей, в том числе видные деятели партии, члены Политбюро, Секретариата и Оргбюро Центрального Комитета партии.

Значительная группа советской интеллигенции была репрессирована в связи с деятельностью «Еврейского антифашистского комитета». Фактически инициатором этой расправы был М.А. Суслов. 26 ноября 1946 года он направил Сталину записку, в которой содержались клеветнические обвинения в адрес комитета. Эта записка послужила основанием для проведения следствия органами МГБ. По делу «Еврейского антифашистского комитета» было осуждено 140 человек, из них 23 — к высшей мере наказания, 20 человек — к 25 годам тюремного заключения.

Суслов — участник массовых репрессий в бытность его секретарем Ростовского обкома. Став первым секретарем Орджоникидзевского крайкома партии, он не только резко возражал против освобождения ряда невинно осужденных лиц, но и настаивал на новых арестах. Комиссия НКВД СССР в июле 1939 года докладывала Берия, что Суслов недоволен работой краевого управления НКВД, так как оно проявляет благодушие и беспечность. Суслов прямо называл лиц, арест которых необходим. В результате в 1939 и 1940 гг. в крае усилились репрессии. Как председатель Бюро ЦК ВКП(б) по Литве, он несет непосредственную ответственность за репрессии, незаконные выселения большой группы лиц из Прибалтики. Суслов был инициатором и организатором преследований и травли многих видных представителей советской художественной и научной интеллигенции.

3. О местах захоронения жертв массовых репрессий и увековечении их памяти.

В последнее время в средствах массовой информации, обращениях общественных организаций и заявлениях граждан все чаще и настойчивее ставятся вопросы о розыске мест захоронения репрессированных лиц и увековечении их памяти.

В архивах КГБ СССР нет документальных материалов, содержащих сведения о всех конкретных местах захоронения, именах похороненных и их числе. В результате опроса бывших сотрудников НКВД и информации, полученной от местного населения, удалось выявить часть участков захоронений. По приблизительным подсчетам, в них погребено около 200 000 человек. Время захоронения тоже установлено приблизительно.

Вопросы восстановления справедливости приобрели

сейчас исключительное политическое значение. Полной реабилитации невинно пострадавших, увековечения их памяти ждут общественность, их родственники и близкие. Такие меры способствовали бы практическому утверждению в повседневной жизни гуманистических норм и идеалов, укрепили бы авторитет и престиж СССР в мире.

4. О восстановлении исторической справедливости по отношению к безвинно депортированным гражданам.

В письмах ЦК компартий Латвии, Литвы и Эстонии ставится вопрос об отмене постановлений ЦК ВКП(б) и СНК СССР, на основании которых были произведены административные выселения в 40-х и начале 50-х годов отдельных категорий граждан с территории этих республик.

В 40-е и 50-е годы были осуществлены административные выселения отдельных категорий граждан Прибалтики, Украины, Белоруссии, Молдавии, Таджикистана и целых народов ряда областей и автономных республик РСФСР. В общей сложности 2 300 000 тысяч человек различных национальностей были выселены в восточные районы страны.

Решения о депортации касались тех граждан, которые, по заключению органов НКВД — НКГБ и местных властей, представляли социальную опасность или потенциально могли представлять ее в случае осложнения обстановки в регионе. Им не предъявлялись обвинения в уголовных преступлениях, для обоснования выселения не проводилось каких-либо установленных законом или иных специальных расследований с участием представителей правоохранительных органов, не было и необходимого судопроизводства.

С учетом изложенного полагали бы целесообразным:
— рекомендовать Президиуму Верховного Совета СССР законодательным актом признать противоречащими Конституции СССР, социалистическим принципам и нормам морали действия и решения «троек», «двоек», «особых совещаний», списки и прочие формы массовых репрессий. Объявить все такие акты незаконными, а вытекающие из них правовые, политические и гражданские последствия, ущемляющие права граждан и унижающие их достоинство, — не имеющими юридической силы. Тем самым будут полностью реабилитированы все пострадавшие, в том числе и те, у которых не осталось в живых родных и близких.

Продолжить в установленном законом порядке рассмотрение уголовных дел на осужденных судебными органами.

Прокуратуре СССР, Верховному суду СССР, КГБ СССР, Минюсту СССР и Минфину СССР обеспечить работу по возмещению в установленном порядке материального ущерба реабилитированным.

Все перечисленное не может распространяться на изменников Родины и карателей периода Великой Отечественной войны, нацистских преступников, участников националистических бандформирований и их пособников, на работников, занимавшихся фальсификацией уголовных дел, а также на лиц, совершивших умышленные убийства и другие общеуголовные преступления. В отношении перечисленных категорий действует установленный законом порядок обжалования и рассмотрения вынесенных им приговоров;

— рекомендовать Президиуму Верховного Совета СССР, Совету Министров СССР, Президиумам Верховных Советов и Советам Министров союзных и автономных республик, другим местным органам власти отменить принятые указы и постановления, связанные с присвоением имен Ворошилова, Жданова, Калинина, Микояна и Суслова городам, районам, поселкам, улицам, предприятиям, колхозам и совхозам, воинским частям, кораблям и судам, учебным заведениям и другим учреждениям и организациям, расположенным на территории соответствующих республик, краев и областей. Рекомендовать отменить также все прочие акты, связанные с увековечением памяти указанных лиц;

— рекомендовать Государственному комитету СССР по народному образованию представить в Совет Министров СССР предложения по переименованию и реорганизации стипендий имени указанных лиц, выплачиваемых студентам и аспирантам различных учебных заведений;

— поручить ЦК компартий союзных республик, крайкомам и обкомам партии создать из представителей партийных, советских органов, органов прокуратуры, КГБ и МВД, общественных организаций комиссии по увековечению памяти жертв репрессий. Комиссиям провести работу по выявлению мест захоронений, приведению их в надлежащий порядок, сооружению памятников и мемориалов.

Все расходы, связанные с увековечением памяти жертв репрессий, целесообразно осуществлять за счет государства, в связи с чем следовало бы поручить Совету Министров СССР изыскать необходимые средства для проведения этих работ. Готовность государства нести такие расходы не должна рассматриваться как противодействие самодеятельным инициативам общественности по увековечению памяти жертв репрессий. Было бы целесообразно стремиться к соединению здесь средств и усилий государства и общественности;

— рекомендовать Советам народных депутатов, органам внутренних дел и прокуратуры, государственной безопасности разработать и осуществить меры по охране мест захоронений жертв репрессий, исключив случаи самовольных раскопок и эксгумаций. Предусмотреть при этом обязанность перечисленных органов проводить тщательное расследование по каждому заявлению о предполагаемом наличии таких захоронений с привлечением к нему представителей общественности и освещением результатов расследования в местных средствах массовой информации.

Работа по осуществлению перечисленных мер должна вестись гласно, на широкой демократической основе и при строжайшем соблюдении положений Конституции СССР, процессуальных и иных норм и требований действующего законодательства. Она призвана стать школой воспитания правового сознания масс, их гражданской и политической зрелости, направлена на цели построения правового социалистического государства и общества.

Постановление ЦК КПСС по данному вопросу целесообразно опубликовать в печати в изложении и полностью постановление и записку с некоторыми извлечениями — в «Известиях ЦК КПСС». Контроль за выполнением постановления возложить на Государственно-правовой и Идеологический отделы ЦК КПСС.

Проекты постановления ЦК КПСС и сообщения в печати прилагаются.

А. Яковлев, В. Медведев, В. Чебриков, А. Лукьянов,
Г. Разумовский, Б. Пуго, В. Крючков,
В. Болдин, Г. Смирнов

[Приложения]

Проект

ПОСТАНОВЛЕНИЕ ЦК КПСС

Об антиконституционной практике 30—40-х и начала 50-х годов и восстановлении исторической справедливости

Документальные данные, изучение многочисленных дел, опыт реабилитации, накопленный непосредственно после XX и XXII съездов КПСС, а также в самое последнее время, неоспоримо свидетельствуют: в период 30—40-х и начала 50-х годов имела место антиконституционная практика, носившая организованный характер. Ее крайним выражением стали проводившиеся в этот период массовые репрессии, произвол, депортации. Репрессиям было подвергнуто 3 778 234 человека, из них 786 098 расстреляно. Депортировано 2 300 000 человек.

Подобная практика обернулась трагическими последствиями для судеб миллионов советских людей. Она оказала пагубное воздействие на общественно-экономическое развитие страны; утверждала в сознании и в практике пренебрежение к нормам закона и морали, к человеческой жизни; стимулировала процессы разложения кадров, ставила многих в положение потенциально преследуемых за проявления инициативы, различий во мнениях, самостоятельности, партийной и гражданской ответственности. Прогрессу советского общества, его нравственному самосовершенствованию, делу социализма и авторитету партии был нанесен серьезный ущерб. Компрометировался путь социалистического развития, который в глазах многих честных людей ассоциировался с произволом и беззаконием сталинщины.

За допущенные массовые репрессии и беззакония огромная и непростительная вина перед партией и народом лежит на Сталине и его ближайшем окружении: Берии, Молотове, Кагановиче, Ворошилове, Калинине, Маленкове, Жданове, Микояне, Хрущеве, Булганине, Андрееве, Суслове, а также Вышинском, Ежове, Ягоде, Абакумове, Ульрихе и других. В инструмент произвола и осуществления массовых репрессий ими были превращены органы НКВД, прокуратуры и суда. Верхом беззакония, попрания действующих конституции и законов стали специально созданные несудебные органы — так называемые «тройки», «особые совещания», а также практика утверждения списков репрессируемых.

Вопросы восстановления исторической, юридической, человеческой справедливости имеют исключительное политическое и общественное значение. От их конкретного решения зависит, на какой основе будет формироваться в нашем обществе социалистическое правовое государство, в каком направлении пойдет развитие общественного сознания и нравственности. Вспышки политического экстремизма, возникающие в настоящее время, попытки решать назревшие проблемы методами незаконного силового давления своими морально-психологическими истоками восходят к антиконституционной практике 30 — 40-х и начала 50-х годов, объективно способствуют сохранению в обществе бацилл произвола.

К настоящему времени реабилитировано 1 354 902 человека. Полной реабилитации всех невинно пострадавших, увековечения их памяти ждут общественность, их родственники и близкие. Четкого указания на ответственность инициаторов и организаторов антиконституционной практики требуют интересы нравственного обновления и развития социализма. Сложившееся в последние годы в общественном сознании новое понимание содержания и сути противозаконных явлений прошлого, вызвавших их объективных и субъективных причин должно найти отражение в соответствующих документах Коммунистической партии и Советского государства.

ЦК КПСС постановляет:

1. Вынести на рассмотрение Президиума Верховного Совета СССР предложение законодательным актом признать противоречащими Конституции СССР, социалистическим принципам народовластия, нормам морали «тройки», «двойки», «особые совещания», утверждение списков и прочие формы массовых репрессий. Объявить все такие акты незаконными, а вытекающие из них правовые, политические и гражданские последствия, ущемляющие права граждан и унижающие их достоинство, — не имеющими юриди-

ческой силы. Признать тем самым полностью реабилитированными всех пострадавших от указанных актов.

Продолжить в установленном законом порядке рассмотрение уголовных дел на осужденных судебными органами.

Признать, что все перечисленное не может распространяться на изменников Родины и карателей периода Великой Отечественной войны, нацистских преступников, участников националистических бандформирований и их пособников, на работников, занимавшихся фальсификацией уголовных дел, а также на лиц, совершивших умышленные убийства и другие общеуголовные преступления. В отношении перечисленных категорий действует установленный законом порядок обжалования и повторного рассмотрения вынесенных им приговоров.

Прокуратуре СССР, Верховному Суду СССР, КГБ СССР, Минюсту СССР и Минфину СССР обеспечить работу по возмещению в установленном порядке материального ущерба реабилитированным, извещению их родственников.

2. Признать целесообразным, чтобы Президиум Верховного Совета СССР, Совет Министров СССР, Президиумы Верховных Советов и Советы Министров союзных и автономных республик, другие местные органы власти отменили ранее принятые ими указы и постановления, связанные с присвоением имен Ворошилова, Жданова, Калинина, Микояна, Андреева и Суслова городам, районам, поселкам, улицам, предприятиям, колхозам и совхозам, воинским частям, кораблям и судам, учебным заведениям и другим учреждениям и организациям, расположенным на территории соответствующих республик, краев и областей. Рекомендовать отменить также все прочие акты, связанные с увековечением памяти указанных лиц.

Рекомендовать Государственному комитету СССР по народному образованию представить в Совет Министров СССР предложения по переименованию и реорганизации стипендий имени указанных лиц, выплачиваемых студентам и аспирантам различных учебных заведений.

3. Поручить ЦК компартий союзных республик, крайкомам и обкомам КПСС создать из представителей партийных, советских органов, органов прокуратуры, КГБ и МВД, общественных организаций комиссии по увековечению па-

мяти жертв репрессий. Комиссиям провести работу по выявлению мест захоронений, приведению их в надлежащий порядок, сооружению памятников и мемориалов.

Все расходы, связанные с увековечением памяти жертв репрессий, рекомендовать осуществлять за счет государства. Совету Министров СССР изыскать для этого необходимые средства и возможности. В случаях возникновения местных инициатив, сбора общественных средств и пожертвований следует стремиться к органическому соединению и взаимодополнению усилий государства и общественности в проведении соответствующих работ.

Рекомендовать Советам народных депутатов, органам внутренних дел и прокуратуры, государственной безопасности на местах разработать и осуществить меры по охране захоронений жертв репрессий, исключив случаи самовольных раскопок и эксгумаций. Проводить тщательное расследование по каждому заявлению о предполагаемом наличии таких захоронений с привлечением к нему представителей общественности и освещением результатов расследования в средствах массовой информации.

4. Опубликовать данное постановление ЦК КПСС в печати в изложении и полностью — постановление и записку (с извлечениями) в «Известиях ЦК КПСС».

5. Контроль за выполнением настоящего постановления возложить на Государственно-правовой и Идеологический отделы ЦК КПСС.

[Приложение]

П р о е к т

УКАЗ ПРЕЗИДИУМА ВЕРХОВНОГО СОВЕТА СССР

Об отмене решений троек НКВД, Коллегии ОГПУ и Особого Совещания при НКВД — МГБ — МВД СССР

В целях восстановления социалистических принципов народовластия, а также ликвидации последствий нарушения социалистической законности, имевшего место в период 30—40-х и начала 50-х годов, Президиум Верховного Совета СССР постановляет:

1. Отменить как неконституционные решения бывших троек НКВД — УНКВД, Коллегии ОГПУ и Особого Совещания при НКВД — МГБ — МВД СССР, вынесенные ими в период 30—40-х и начала 50-х годов и не отмененные к моменту издания настоящего Указа Верховным Судом СССР.

Считать всех граждан, которые были осуждены указанными органами, реабилитированными, за исключением изменников Родины и карателей периода Великой Отечественной войны, нацистских преступников, участников националистических бандформирований и их пособников, работников, занимавшихся фальсификацией уголовных дел, а также лиц, совершивших умышленные убийства и другие общеуголовные преступления, в отношении которых действует установленный законом порядок обжалования вынесенных приговоров.

2. Поручить Совету Министров СССР рассмотреть вопросы, связанные с жилищным и пенсионным обеспечением реабилитированных лиц, указанных в статье 1, и возмещением им иного ущерба, причиненного необоснованным осуждением, и принять по ним соответствующие решения.

3. Министерству юстиции СССР и Прокуратуре Союза ССР совместно с Министерством внутренних дел СССР и Комитетом государственной безопасности СССР определить порядок сообщения гражданам о реабилитации в соответствии с настоящим Указом.

УКАЗ ПРЕЗИДЕНТА СССР «О ВОССТАНОВЛЕНИИ ПРАВ ВСЕХ ЖЕРТВ ПОЛИТИЧЕСКИХ РЕПРЕССИЙ 20—50-х ГОДОВ» [3]

№ 556 13 августа 1990 г.

Тяжелым наследием прошлого явились массовые репрессии, произвол и беззаконие, которые совершались сталинским руководством от имени революции, партии, народа. Начатое с середины 20-х годов надругательство над честью и самой жизнью соотечественников продолжалось с жесточайшей последовательностью несколько десятилетий. Тысячи людей были подвергнуты моральным и физическим истязаниям, многие из них истреблены. Жизнь их семей и близких была превращена в беспросветную полосу унижений и страданий.

Сталин и его окружение присвоили практически неограниченную власть, лишив советский народ свобод, которые в демократическом обществе считаются естественными и неотъемлемыми.

Массовые репрессии осуществлялись большей частью путем внесудебных расправ через так называемые особые совещания, коллегии, «тройки» и «двойки». Однако и в судах попирались элементарные нормы судопроизводства.

Восстановление справедливости, начатое XX съездом КПСС, велось непоследовательно и, по существу, прекратилось во второй половине 60-х годов.

Специальной комиссией по дополнительному изучению материалов, связанных с репрессиями, реабилитированы тысячи безвинно осужденных; отменены незаконные акты против народов, подвергшихся переселению из родных мест; признаны незаконными решения внесудебных органов ОГПУ — НКВД — МГБ в 30—50-е годы по политическим делам; приняты и другие акты по восстановлению в правах жертв произвола.

Но и сегодня еще не подняты тысячи судебных дел. Пятно несправедливости до сих пор не снято с советских людей, невинно пострадавших во время насильственной коллективизации, подвергнутых заключению, выселенных с семьями в отдаленные районы без средств к существованию, без права голоса, даже без объявления срока лишения свободы. Должны быть реабилитированы представители духовенства и граждане, преследовавшиеся по религиозным мотивам.

Скорейшее преодоление последствий беззаконий, политических преступлений на почве злоупотреблений властью необходимо всем нам, всему обществу, вставшему на путь морального возрождения, демократии и законности.

Выражая принципиальное осуждение массовых репрессий, считая их несовместимыми с нормами цивилизации и на основании статей 127[7] и 114 Конституции СССР, постановляю:

1. Признать незаконными, противоречащими основным гражданским и социально-экономическим правам человека

репрессии, проводившиеся в отношении крестьян в период коллективизации, а также в отношении всех других граждан по политическим, социальным, национальным, религиозным и иным мотивам в 20—50-х годах, и полностью восстановить права этих граждан.

Совету Министров СССР, правительствам союзных республик в соответствии с данным Указом внести в законодательные органы до 1 октября 1990 года предложения о порядке восстановления прав граждан, пострадавших от репрессий.

2. Настоящий Указ не распространяется на лиц, обоснованно осужденных за совершение преступлений против Родины и советских людей во время Великой Отечественной войны, в предвоенные и послевоенные годы.

Совету Министров СССР внести в Верховный Совет СССР проект законодательного акта, определяющего перечень этих преступлений и порядок признания по суду лиц, осужденных за их совершение, не подлежащими реабилитации по основаниям, предусмотренным настоящим Указом.

3. Учитывая политическое и социальное значение полного решения всех вопросов, связанных с восстановлением прав граждан, необоснованно репрессированных в 20—50-е годы, возложить наблюдение за этим процессом на Президентский совет СССР.

Президент Союза Советских
Социалистических Республик *М. Горбачев*.

ПРИМЕЧАНИЯ

1. История в документах. Россия XX век. Архив Александра Н. Яковлева. Со ссылкой на РГАНИ. Ф. 3. Оп. 103. Д. 96. Л. 3. Подлинник. Машинопись. Опубликовано: Известия ЦК КПСС. 1989. № 1. С. 109, цит. по http://www.idf.ru/documents/info.jsp?p=21&doc=66060

2. Там же, со ссылкой на АП РФ. Ф. 3. Оп. 67. П. 59(90). Л. Б/Н. Подлинник. Машинопись, цит. по http://www.idf.ru/documents/info.jsp?p=21&doc=66195

3. Там же, со ссылкой на «Правда». 1990. 14 августа; Ведомости Верховного Совета СССР. 1990. № 34. Ст. 647, цит. по http://www.idf.ru/documents/info.jsp?p=21&doc=68188

Приложение 6
ЗАКОН О РЕАБИЛИТАЦИИ ЖЕРТВ ПОЛИТИЧЕСКИХ РЕПРЕССИЙ

ЗАКОН РОССИЙСКОЙ СОВЕТСКОЙ ФЕДЕРАТИВНОЙ СОЦИАЛИСТИЧЕСКОЙ РЕСПУБЛИКИ

О реабилитации жертв политических репрессий [1]

За годы Советской власти миллионы людей стали жертвами произвола тоталитарного государства, подверглись репрессиям за политические и религиозные убеждения, по социальным, национальным и иным признакам.

Осуждая многолетний террор и массовые преследования своего народа как несовместимые с идеей права и справедливости, Верховный Совет РСФСР выражает глубокое сочувствие жертвам необоснованных репрессий, их родным и близким, заявляет о неуклонном стремлении добиваться реальных гарантий обеспечения законности и прав человека.

Целью настоящего Закона является реабилитация всех жертв политических репрессий, подвергнутых таковым на территории РСФСР с 25 октября (7 ноября) 1917 года, восстановление их в гражданских правах, устранение иных последствий произвола и обеспечение посильной в настоящее время компенсации материального и морального ущерба.

I. ОБЩИЕ ПОЛОЖЕНИЯ

С т а т ь я 1. Политическими репрессиями признаются различные меры принуждения, применяемые государством по политическим мотивам, в виде лишения жизни или свободы, помещения на принудительное лечение в психиатрические лечебные учреждения, выдворения из страны и лишения гражданства, выселения групп населения из мест проживания, направления в ссылку, высылку и на спецпоселение, привлечения к принудительному труду в условиях ограничения свободы, а также иное лишение или ограничение прав и свобод лиц, признававшихся социально опасными для государства или политического строя по классовым, социальным, национальным, религиозным или иным признакам, осуществлявшееся по решениям судов и других органов, наделявшихся судебными функциями, либо в административном порядке органами исполнительной власти и должностными лицами.

С т а т ь я 2. Настоящий Закон распространяется на всех советских граждан — граждан РСФСР и других республик, иностранных граждан, а также лиц без гражданства, подвергшихся политическим репрессиям на территории РСФСР с 25 октября (7 ноября) 1917 года.

Наряду с лицами, к которым непосредственно были применены меры принуждения, пострадавшими от политических репрессий признаются дети, находившиеся вместе с родителями в местах лишения свободы, в ссылке, высылке, на спецпоселении, а также подвергшиеся другим ограничениям в правах и свободах в связи с репрессированием их родителей. Восстановление прав и предоставление социально-бытовых льгот этим лицам производится в случаях, специально установленных законодательством СССР и РСФСР.

С т а т ь я 3. Подлежат реабилитации лица, которые по политическим мотивам были:

а) осуждены за государственные и иные преступления;

б) подвергнуты уголовным репрессиям по решениям органов ВЧК, ГПУ — ОГПУ, УНКВД — НКВД, МГБ, МВД, прокуратуры и их коллегий, комиссий, «особых совещаний», «двоек», «троек» и иных органов, осуществлявших судебные функции;

в) подвергнуты в административном порядке ссылке, высылке, направлению на спецпоселение, привлечению к принудительному труду в условиях ограничения свободы, в том числе в «рабочих колоннах НКВД», а также иным ограничениям прав и свобод;

г) помещены по решениям судов и несудебных органов в психиатрические учреждения на принудительное лечение.

С т а т ь я 4. Не подлежат реабилитации лица, перечисленные в статье 3 настоящего Закона, обоснованно осужденные судами, а также подвергнутые наказаниям по решению несудебных органов, в делах которых имеются достаточные доказательства по обвинению в совершении следующих преступлений:

а) измена Родине в форме шпионажа, выдачи военной или государственной тайны, перехода военнослужащего на сторону врага;

шпионаж, террористический акт, диверсия;

б) совершение насильственных действий в отношении гражданского населения и военнопленных, а также пособничество изменникам Родины и фашистским оккупантам в совершении таких действий во время Великой Отечественной войны;

в) организация бандформирований и участие в совершении ими убийств, грабежей и других насильственных действий;

г) военные преступления и преступления против правосудия.

С т а т ь я 5. Признаются не содержащими общественной опасности нижеперечисленные деяния и реабилитируются независимо от фактической обоснованности обвинения лица, осужденные за:

а) антисоветскую агитацию и пропаганду;

б) распространение заведомо ложных измышлений, порочащих советский государственный или общественный строй;

в) нарушение законов об отделении церкви от государства и школы от церкви;

г) посягательство на личность и права граждан под видом исполнения религиозных обрядов, то есть по статьям 70 (в редакции, действовавшей до Указа Президиума Верховного Совета РСФСР от 11 сентября 1990 года), 190-1 142 и 227 Уголовного кодекса РСФСР и аналогичным нормам ранее действовавшего законодательства.

II. ПОРЯДОК РЕАБИЛИТАЦИИ

С т а т ь я 6. Заявления о реабилитации могут быть поданы самими репрессированными, а равно любыми лицами или общественными организациями. Заявления подаются по месту нахождения органа или должностного лица, принявшего решение о применении репрессий, в отношении лиц, указанных в пункте «в» статьи 3 настоящего Закона, — в органы внутренних дел, в отношении прочих репрессированных — в органы прокуратуры.

Срок рассмотрения заявлений о реабилитации не может превышать трех месяцев.

С т а т ь я 7. Органы внутренних дел по заявлениям заинтересованных лиц или общественных организаций устанавливают факт применения ссылки, высылки, направления на спецпоселение, привлечения к принудительному труду в условиях ограничения свободы и иных ограничений прав и свобод, установленных в административном порядке, и выдают справку о реабилитации.

При отсутствии документальных сведений факт применения репрессии может быть установлен на основании свидетельских показаний в судебном порядке.

Решение органов внутренних дел об отказе в выдаче справки о реабилитации может быть обжаловано в суд в порядке, предусмотренном для обжалования неправомерных действий органов государственного управления и должностных лиц, ущемляющих права граждан.

С т а т ь я 8. Органы прокуратуры с привлечением по их поручению органов государственной безопасности и внутренних дел устанавливают и проверяют все дела с не отмененными до введения в действие настоящего Закона решениями судов и несудебных органов на лиц, подлежащих реабилитации в соответствии с пп. «а», «б», «г» статьи 3 и статьей 5 настоящего Закона. Порядок указанной работы и распределение обязанностей определяются Генеральным прокурором РСФСР.

По материалам проверки органы прокуратуры составляют заключения и выдают справки о реабилитации заявителям, а при отсутствии таковых периодически представляют сведения о реабилитированных для публикации в местной печати.

При отсутствии оснований для реабилитации органы

прокуратуры в случае поступления заявлений заинтересованных лиц или общественных организаций направляют дело с заключением в суд в соответствии со статьей 9 настоящего Закона.

С т а т ь я 9. Решения по делам, предусмотренным частью третьей статьи 8 настоящего Закона, принимаются:

а) на осужденных — судами, которыми выносились последние судебные решения. Дела, по которым приговоры, определения, постановления были вынесены упраздненными или расформированными судами, а также военными трибуналами в отношении гражданских лиц, передаются на рассмотрение тех судов, к подсудности которых эти дела отнесены по действующему законодательству. Территориальная подсудность дела определяется по месту вынесения последнего судебного решения;

б) подвергнутых внесудебным репрессиям: в отношении гражданских лиц — Верховными Судами автономных республик, областными, краевыми судами, судами автономных областей, автономных округов, а в отношении военнослужащих — военными трибуналами округов и флотов, на территории которых действовали соответствующие несудебные органы.

В случае спора о подсудности дела могут передаваться из одного суда в другой по распоряжению Председателя Верховного Суда РСФСР.

С т а т ь я 10. Дела, поступившие в суд с отрицательным заключением прокурора, рассматриваются в судебных заседаниях по правилам пересмотра судебных решений в порядке надзора, установленном действующим уголовно-процессуальным законодательством РСФСР изъятиями, предусмотренными настоящим Законом.

В результате рассмотрения дела суд признает лицо не подлежащим реабилитации либо признает, что лицо репрессировано необоснованно, отменяет состоявшееся решение и дело в отношении него прекращает. Суд может также внести изменения в ранее состоявшееся решение.

В отношении лица, признанного судом не подлежащим реабилитации, заявителям вручается копия определения (постановления) суда, а в случае признание его необоснованно репрессированным — справка о реабилитации. Определение (постановление) суда может быть опротестовано прокурором и обжаловано заинтересованными лицами и общественными организациями в вышестоящий суд.

С т а т ь я 11. Реабилитированные лица, а с их согласия или в случае их смерти — родственники имеют право на ознакомление с материалами прекращенных уголовных и административных дел и получение копий документов непроцессуального характера. Ознакомление других лиц с указанными материалами производится в порядке, установленном для ознакомления с материалами государственных архивов. Использование полученных сведений в ущерб правам и законным интересам проходящих по делу лиц и их родственников не допускается и преследуется в установленном законом порядке.

Реабилитированные лица и их наследники имеют право на получение сохранившихся в делах рукописей, фотографий и других личных документов.

По ходатайству заявителей органы, осуществляющие архивное хранение дел, связанных с репрессиями, обязаны сообщить им время, причины смерти и место погребения реабилитированного.

III. ПОСЛЕДСТВИЯ РЕАБИЛИТАЦИИ

С т а т ь я 12. Лица, реабилитированные в порядке, установленном настоящим Законом, восстанавливаются в утраченных ими в связи с репрессиями социально-политических и гражданских правах, воинских и специальных званиях, им возвращаются ордена и медали.

При признании лица необоснованно репрессированным только в части предъявленного обвинения осуществляется восстановление тех прав, которые были нарушены в связи с необоснованными политическими обвинениями.

С т а т ь я 13. Признается право реабилитированных проживать в тех местностях и населенных пунктах, где они проживали до применения к ним репрессий. Это право распространяется также на членов их семей и других родственников, проживавших совместно с репрессированными. При отсутствии документальных данных факт вынужденного переселения, сопряженного с репрессиями родственников, может устанавливаться судом.

С т а т ь я 14. Восстанавливаются в гражданстве РСФСР все жители РСФСР, лишенные гражданства без их свободного волеизъявления. Восстановление в гражданстве осуществляется в порядке, предусмотренном законодательством Союза ССР и РСФСР.

С т а т ь я 15. Лицам, подвергшимся репрессиям в виде лишения свободы и реабилитированным в соответствии с настоящим Законом, органами социального обеспечения по месту их жительства на основании справки о реабилитации выплачивается денежная компенсация из расчета 180 рублей за каждый месяц лишения свободы, но не более чем 25 тысяч рублей, из средств республиканского бюджета РСФСР.

Выплаты компенсации производятся как единовременно, так и в ином порядке, установленном Советом Министров РСФСР, при условии, что в течение первых трех месяцев с момента обращения реабилитированного в органы социального обеспечения выплачивается не менее одной трети общей суммы, а выплата остальной суммы производится в течение трех лет.

Выплата компенсации наследникам не производится, кроме случаев, когда компенсация была начислена, но не получена реабилитированным.

Лицам, на которых распространяется действие Указа Президиума Верховного Совета СССР от 18 мая 1981 года «О возмещении ущерба, причиненного гражданину незаконными действиями государственных и общественных организаций, а также должностных лиц при исполнении ими служебных обязанностей», компенсация производится за вычетом сумм, выплаченных на основании этого Указа.

С т а т ь я 16. Лица, подвергшиеся репрессиям в виде лишения свободы, ссылки и высылки, реабилитированные в соответствии с настоящим Законом, члены их семей, а также лица, необоснованно помещавшиеся по политическим мотивам в психиатрические лечебные учреждения, имеют право на первоочередное получение жилья в случаях, если они утратили право на занимаемое жилое помещение в связи с репрессиями и в настоящее время нуждаются в улучшении жилищных условий, а также в случаях, указанных в статье 13 настоящего Закона. Тем же категориям лиц, проживающим в сельской местности, предоставляется право на получение беспроцентной ссуды и первоочередное обеспечение строительными материалами для строительства жилья.

Лица, подвергшиеся репрессиям в виде лишения свободы, ссылки или высылки, реабилитированные в соответствии с настоящим Законом, а также лица, необоснованно помещавшиеся по политическим мотивам в психиатрические лечебные учреждения, имеющие инвалидность или являющиеся пенсионерами, имеют право на:

первоочередное получение путевок для санаторно-курортного лечения и отдыха;

внеочередное оказание медицинской помощи и снижение стоимости лекарств по рецепту врача на 50 процентов;

бесплатное обеспечение автомобилем класса ЗАЗ-9688М при наличии соответствующих медицинских показаний;

бесплатный проезд всеми видами городского пассажирского транспорта (кроме такси), а также автомобильным транспортом общего пользования (кроме такси) в сельской местности в пределах административного района проживания;

бесплатный проезд (туда и обратно) один раз в год железнодорожным транспортом, а в районах, не имеющих железнодорожного сообщения, — водным, воздушным или междугородным автомобильным транспортом со скидкой 50 процентов стоимости проезда;

снижение оплаты жилой площади, коммунальных услуг на 50 процентов в пределах норм, предусмотренных действующим законодательством;

первоочередную установку телефона;

первоочередное вступление в садоводческие общества и жилищно-строительные кооперативы;

первоочередной прием в дома-интернаты для престарелых и инвалидов, проживание в них на полном государственном обеспечении с сохранением не менее 25 процентов назначенной пенсии;

бесплатное изготовление и ремонт зубных протезов (за исключением протезов из драгоценных металлов), льготное обеспечение другими протезно-ортопедическими изделиями;

льготное обеспечение продуктовыми и промышленными товарами.

Лица, реабилитированные в соответствии с настоящим Законом, имеют право на бесплатную консультацию адвокатов по вопросам, связанным с реабилитацией.

Реабилитированным лицам, имеющим право на предусмотренные настоящим Законом льготы, выдается свидетельство единого образца, который утверждается Советом Министров РСФСР.

С т а т ь я 17. Действие статей 12—16 настоящего Закона распространяется на жертвы политических репрессий, которые были реабилитированы до принятия настоящего Закона.

С т а т ь я 18. Списки лиц, реабилитированных на основании настоящего Закона, с указанием основных биографических данных, обвинений, по которым они признаны реабилитированными, периодически публикуются органами печати местных Советов народных депутатов, Верховных Советов республик в составе РСФСР и Верховного Совета РСФСР.

Работники органов ВЧК, ГПУ — ОГПУ, УНКВД — НКВД, МГБ, прокуратуры, судьи, члены комиссий, «особых совещаний», «двоек», «троек», работники других органов, осуществлявших судебные полномочия, судьи, участвовавшие в расследовании и рассмотрении дел о политических репрессиях, несут уголовную ответственность на основании действующего уголовного законодательства. Сведения о лицах, признанных в установленном порядке виновными в фальсификации дел, применении незаконных методов расследования, преступлениях против правосудия, периодически публикуются органами печати.

IV. ЗАКЛЮЧИТЕЛЬНЫЕ ПОЛОЖЕНИЯ

С т а т ь я 19. Для контроля за исполнением настоящего Закона создается Комиссия Верховного Совета РСФСР по реабилитации, которой обеспечивается полный доступ к архивам судов, военных трибуналов, прокуратуры органов государственной безопасности, внутренних дел и другим архивам, находящимся на территории РСФСР.

Комиссии по реабилитации предоставляется право распространять действие статей 12—16 настоящего Закона на лиц, реабилитированных в общем порядке, когда имеются основания рассматривать факт привлечения их к ответственности и осуждение как политическую репрессию.

Президент РСФСР *Б. ЕЛЬЦИН*

Москва, Дом Советов РСФСР
18 октября 1991 года
№ 1761-I

РОССИЙСКАЯ ФЕДЕРАЦИЯ
ФЕДЕРАЛЬНЫЙ ЗАКОН

О внесении изменений и дополнений в Закон Российской Федерации «О реабилитации жертв политических репрессий» [2]

Принят Государственной Думой 22 января 2003 года
Одобрен Советом Федерации 29 января 2003 года

С т а т ь я 1. Внести в Закон Российской Федерации от 18 октября 1991 года № 1761-I «О реабилитации жертв политических репрессий» (Ведомости Съезда народных депутатов РСФСР и Верховного Совета РСФСР, 1991, № 44, ст. 1428; Российская газета, 1993, 15 октября, № 193; Собрание законодательства Российской Федерации, 1995, № 45, ст. 4242) следующие изменения и дополнения:

статью 1-1 изложить в следующей редакции:

«С т а т ь я 1-1. Подвергшимися политическим репрессиям и подлежащими реабилитации признаются: дети, находившиеся вместе с репрессированными по политическим мотивам родителями или лицами, их заменявшими, в местах лишения свободы, в ссылке, высылке, на спецпоселении;

дети, оставшиеся в несовершеннолетнем возрасте без

попечения родителей или одного из них, необоснованно репрессированных по политическим мотивам»;

статью 2-1 изложить в следующей редакции:

«Статья 2-1. Пострадавшими от политических репрессий признаются дети, супруга (супруг), родители лиц, расстрелянных или умерших в местах лишения свободы и реабилитированных посмертно. Восстановление утраченных прав и предоставление льгот указанным лицам производятся в случаях, специально установленных настоящим Законом, иными нормативными правовыми актами Российской Федерации, нормативными правовыми актами субъектов Российской Федерации. Супруге (супругу) льготы предоставляются, если она (он) не вступила (не вступил) в другой брак»;

в статье 8-1:

часть первую после слов «По заявлениям заинтересованных лиц или общественных организаций о признании» дополнить словами «подвергшимися политическим репрессиям и подлежащими реабилитации лиц, указанных в статье 1-1 настоящего Закона, либо», а после слов «о признании лиц» дополнить словами «подвергшимися политическим репрессиям и подлежащими реабилитации либо»;

часть вторую после слов «о признании лиц» дополнить словами «подвергшимися политическим репрессиям и подлежащими реабилитации либо».

Статья 2. Настоящий Федеральный закон вступает в силу с 1 января 2003 года.

Президент Российской Федерации *В. Путин*

Москва, Кремль
9 февраля 2003 года
№ 26-ФЗ

ПРИМЕЧАНИЯ

1. Цит. по: «Банк правовых актов Государственной думы РФ», http://wbase.duma.gov.ru/ntc/vdoc.asp?kl=8661
2. «Банк правовых актов Государственной думы РФ». № 26-ФЗ, http://wbase.duma.gov.ru/ntc/vdoc.asp?kl=11942

Оглавление

Введение ... 5

ЧАСТЬ 1. ФАКТИЧЕСКИЙ МАТЕРИАЛ ... 9
Глава 1. Сотни миллионов
репрессированных ... 9
Глава 2. Исторический взгляд на проблему ... 12
Глава 3. Контрреволюционные
преступления ... 16
Глава 4. Много или мало?
Материал для сравнения ... 28
Глава 5. Другие репрессивные законы:
«три колоска» ... 30
Глава 6. Закон о прогулах ... 39
Глава 7. Лаврентий Берия ... 48
Глава 8. О внесудебных органах и других
преступлениях большевиков ... 54
Глава 9. Депортация народов ... 58
Глава 10. Несколько слов о терроре НКВД ... 62

**ЧАСТЬ 2. РАЗОБЛАЧЕНИЕ КУЛЬТА
ЛИЧНОСТИ** ... 67
Глава 11. От смерти Сталина до XX съезда ... 67
Глава 12. История разоблачения: XX съезд ... 71
Глава 13. Формирование мифа:
Ленин против Сталина ... 73
Глава 14. Формирование мифа:
«Большой террор» 1937 года ... 80
Глава 15. Сталин и нападение
фашистской Германии ... 85
Глава 16. Последствия доклада
«О культе личности» ... 90

**ЧАСТЬ 3. СТАЛИНСКИЕ РЕПРЕССИИ
В ПЕРИОД ВОВ** ... 96
Глава 17. Несколько слов о глобусе
Хрущева ... 96

Глава 18. Депортация немцев 103
Глава 19. ГУЛАГ в годы ВОВ 108
Глава 20. Сталин, комиссары и современные демократы 111
Глава 21. Советские командиры: три класса и фронт 116
Глава 22. Советские люди: любовь или ненависть? 126
Глава 23. Советские люди (продолжение) . . . 133
Глава 24. Другие «репрессивные» элементы ВОВ 140
Глава 25. В какой ГУЛАГ попали военнопленные? 149
Глава 26. Эксплуатация мифа: последний бой майора Пугачева . . . 156
Глава 27. Эксплуатация мифа: «Изнасилованная Германия», или В чем смысл фальсификации истории? 163

ЧАСТЬ 4. РЕПРЕССИИ И СОВРЕМЕННОСТЬ . . 178
Глава 28. Культ личности Сталина: болезнь или объективная особенность общества? 178
Глава 29. Был ли Сталин «эффективным менеджером»? 189
Глава 30. Чего не понял Хрущев? 193
Глава 31. Поздний СССР: официальный взгляд на репрессии. Новые миллионы 196
Глава 32. И новые миллионы 201
Глава 33. Современная Россия: реабилитация продолжается 203
Глава 34. Эксплуатация мифа: за что большевики отобрали у крестьян паспорта и пенсии? 205
Глава 35. Эксплуатация мифа: ГУЛАГ на службе идеологии 212
Глава 36. Эксплуатация мифа: склероз совести 217
Глава 37. Кто виноват в реабилитации Сталина 221

Заключение. Был ли советский период эпохой страданий? 224

Приложения

Приложение 1. Статистика сталинских репрессий 226
Приложение 2. Быт заключенных ГУЛАГа . . 233
Приложение 3. Военнопленные в лагерях ГУЛАГа 237
Приложение 4. «Оттепель» Л. Берии 242
Приложение 5. Реабилитация Горбачева . . . 251
Приложение 6. Закон о реабилитации жертв политических репрессий 274

Литературно-художественное издание

ЗАПРЕЩЕННАЯ ИСТОРИЯ. ОТ ВАС ЭТО СКРЫВАЮТ!

Лысков Дмитрий Юрьевич

ЗАПРЕТНАЯ ПРАВДА О «СТАЛИНСКИХ РЕПРЕССИЯХ»
«Дети Арбата» лгут!

Издано в авторской редакции
Ответственный редактор *И. Петровский*
Художественный редактор *П. Волков*
Технический редактор *В. Кулагина*
Компьютерная верстка *И. Ковалева*
Корректор *Р. Годгильдиева*

ООО «Яуза-пресс»
109439, Москва, Волгоградский пр-т, д. 120, корп. 2.
Тел.: (495) 745-58-23, факс: 411-68-86-2253.

Для корреспонденции:
127299, Москва, ул. Клары Цеткин, д. 18/5.
Тел.: (495) 745-58-23

Подписано в печать 18.11.2011.
Формат 84х108^1/$_{32}$. Гарнитура «Петербург».
Печать офсетная. Усл. печ. л. 15,12.
Тираж 3000 экз. Заказ №102

Отпечатано с электронных носителей издательства.
ОАО «Тверской полиграфический комбинат». 170024, г. Тверь, пр-т Ленина, 5.
Телефон: (4822) 44-52-03, 44-50-34, Телефон/факс: (4822) 44-42-15.
Home page – www.tverpk.ru Электронная почта (E-mail) sales@tverpk.ru

ISBN 978-5-9955-0361-3